설일체유부의 수행도론

프라즈냐 총서
62

설일체유부의 수행도론

| 현관도現觀道 형성의 배경 연구를 중심으로 |

김경희 저

운주사

이 책을 묵묵히 자신의 길을 가고 있는
남편 김도균에게 바친다.

서언

이 책은 필자가 2013년 일본 오타니 대학(大谷大學)에 제출하여 학위를 수여받은 박사학위 청구논문인 『說一切有部における現觀道形成の研究』를 바탕으로 추가 연구한 것이다. 필자의 박사학위논문은 필자가 일본 학술잡지에 발표했던 세 편의 논문과 설일체유부(이하 유부)의 문헌에서 사념주, 사선근, 사성제의 검토를 통해 유부의 현관도가 형성되어 가는 배경에 대한 번역연구를 바탕으로 탐구한 것을 기반으로 하고 있다. 이 책에서 필자는 『아비달마구사론阿毘達磨俱舍論』(Abhidharmakośabhāṣya, 이하 AKBh)「현성품賢聖品」제1~32게송에 제시된 가행위인 부정관·지식념·사념주·사선근, 그리고 현관의 개념을 중심으로 살펴보았다.

널리 알려진 대로 AKBh는 유부의 교의학을 비판적·체계적으로 정리한 텍스트이기 때문에 유부의 본래 의미를 파악하기 위해서는 정통유부의 6족足과 발지發智, 『아비달마발지론阿毘達磨發智論』의 주석서인 『아비달마대비바사론阿毘達磨大毘婆沙論』에 대한 정확하고 체계적인 이해가 선행되어야 한다. 또한 AKBh가 영향을 받고 있는 『아비담심론阿毘曇心論』, 『아비담심론경阿毘曇心論經』, 『잡아비심론雜阿毘曇心論』의 견해와 AKBh에 비판적인 『아비달마순정리론阿毘達磨順正理論』과의 상호 관련성을 정확하게 이해하는 것도 중요하다. 또한 AKBh의 주석서인 AKVy와 필요에 따라 티베트역 주석서인

TA와 LA의 견해도 꼼꼼히 읽어야 한다. 이와 같이 문헌의 비교 관찰을 통해 유부의 실천수행체계는 붓다의 가르침을 토대로 하는 법(法, dharma)의 분석과 관찰을 통해 궁극적으로 인무아人無我를 증득해 가는 과정이라는 사실을 명확히 제시하였다.

박사논문을 작성할 당시 시간 부족으로 유부의 법의 간택(dharma-pravicaya)과 실천수행론과의 관계에 대해 온전하게 이해하지 못했다. 그래서 박사논문에서 다루었던 주제였지만 다시 논문을 작성한다는 심정으로 재검토하여 위의 두 관점의 상호 관련성을 찾아내고자 했다. 그 결과 유부의 사념주에 대한 설명은 초기불교에서의 사념주 수행의 목적과 연결되어 있으나, 유부의 법체계론에 의거해 사념주를 새롭게 전개시키려는 의도를 확인할 수 있었다.

다음 단계인 사선근의 단계에서는 난선근과 정선근이 신信과 밀접하게 관련되어 있는 것에 주목하였다. 신과 단선근斷善根과의 관계를 검토하고 신은 인과관계에 대한 이해라는 것을 알 수 있었다. 게다가 세제일법의 자성은 5온이라는 점에 주목하였다. 수행자의 심리작용이 향하고 집착하는 대상은 유루有漏의 5온이며, 이에 대한 바른 인식만이 번뇌를 단절할 수 있다고 본다. 또한 현관 개념의 추이에 대해 유부 문헌의 관련 기술을 추적하여 혜의 활동인 제현관諦現觀에 의한 제법의 성격 규정과 번뇌 소멸이라는 두 가지 관점을 확인할 수 있었다. 즉 제법의 정확한 분석, 이해와 실천수행론의 상호 관련성을 고찰하고자 하였다.

이와 같이 사념주, 사선근, 현관과 번뇌에 대해 새로운 시각으로 재고찰한 결과들은 국내외 학술지에 게재하였다. 그 결과 이 책은 본래의 박사논문과 같은 문헌을 바탕으로 하며 전체의 논지는 변경하지 않았으나 새로운 관점과 내용을 추가하고 전개방식을 달리해 새롭게 거듭났다고 할 수 있다.

이 책의 핵심은, 유부 수행도론은 일체법一切法을 의미하는 5온에 대한 단계적 통찰과정이라는 사실을 밝힌 것이다. 즉 유부의 수행체계는 혜(분석 통찰력)를 지닌 성자와 수행자가 붓다의 가르침을 토대로 명상에서 경험하는 자신과 심적 과정을 체계적으로 분석하여 구별되는 특징들을 정의하고 그것들의 관계성을 통찰한 체험의 반영이다. 유부에 따르면 다르마의 관점에서 자성을 지닌 존재를 궁극적인 존재인 승의제로 보며 명상에서 실재성이 경험되는 성자나 수행자의 혜의 대상이라고 설명한다. 또한 혜가 관찰하는 대상의 본질에는 붓다가 깨닫고 설한 주요한 설법내용인 무상無常·고苦·무아無我가 관통한다. 유부에 이르면 사성제 가운데 고성제, 즉 5취온의 특징에 포함되는 것이기도 하다. 5취온의 특징이 무상·고·공·무아라고 깨닫는 인무아人無我의 증득이 유부 수행도의 궁극적인 목적임을 유부가 제시한 수행체계의 검토를 통해 명확하게 할 것이다. 이로써 아비달마 사상가들의 일체법에 대한 치밀하고 체계적인 탐구는 실천수행자가 선행해야 하는 중요한 학습이었음을 알 수 있을 것이다.

이제까지의 유부 아비달마에 관한 연구는 존재론적 관점에 집중되어 왔다. 수행론에 관한 연구도 없지 않지만 유부 수행단계를 관통하는 일체법인 5온에 대한 통찰이라는 측면에 관심을 두지 않았다. 필자는 다나카 고쇼(田中教照)가 지적한 정통유부의 수행체계와 『구사론』에서 제시한 수행체계의 차이점에 주목하였다. 그 결과 명상에서 체험하는 성자나 수행자의 혜慧의 통찰대상인 일체법인 5온의 단계적인 변화상이 인무아를 증득해 가는 점진적 수행단계의 표현이라는 것을 밝힌 것이 이 책의 핵심이라고 생각한다.

필자가 불교에 관심을 가지고 불교학과에 진학하기로 마음먹은 것은 고등학교 2학년 때였다. 어디서 누구에게 들었는지 기억도 나지 않지만 연기緣起와 삼법인三法印에 대해 우연히 듣고 좀 더 깊이 공부해 보고 싶었다. 그래서 주저하지 않고 동국대(경주) 불교학과에 지원했다. 지금 생각하면 왜 그랬는지 잘 모르겠지만, 어쨌든 진학해서 남편도 만나게 되었으니 소위 말하는 인연이라고 생각한다. 붓다의 가르침과 중요한 문헌들을 온전하게 이해하기 위해서는 원전 연구가 중요하다. 한역뿐만 아니라 팔리어, 산스크리트와 티베트어가 고전연구를 위해서는 매우 중요하다. 필자는 학부와 석사과정(서울) 때 중관中觀을 전공하였다. 하지만 산스크리트와 티베트어 텍스트를 참고하지 않고 한문 텍스트와 이차자료만으로 난해한 중관사상의 내용을 명확하게 이해하는 것은 무리였다. 그리고 중관을 공부하기 위해서는 아비달마에 대한 연구가 필요하다는 것을 깨달았다. 아비달마 연구는 중관과 유식을 이해하기 위해 필수적이라 생각한다.

동국대학(서울) 박사과정 재학 중이던 2006년 오타니 대학(大谷大學) 교환학생에 선발되어 1년 과정으로 2007년 일본에 유학을 갈 수 있는 기회가 생겼다. 아비달마를 공부해야 된다는 문제의식을 가지고 있을 때 아비달마 연구의 본거지이자, 사쿠라베 하지메(櫻部建) 교수님께서 선학의 유지를 계승하여 주도하신 『구사론』 강독회의 결과물인 아비달마 원전 연구로도 유명한 곳으로 유학을 가게 된 것이다. 교환학생 신분이었던 1년 동안은 효도 가즈오(兵藤一夫) 교수님과 『현관장엄론』 1장의 일부분을, 그리고 미야시타 세이키(宮下晴輝) 교수님과 AKBh의 1장의 일부분을 읽을 기회가 있었다. 그리고 두 분의 교수님께서 퇴직하시기 전, 본격적으로 아비달마연구에 매진하고자 오타니 대학 대학원 박사과정에 다시 입학하여 효도 교수님의 지도를 받았다. 몇 년 뒤 미야시타 교수님께서도 대학원에서 AKBh와 티베트어 주석서인 TA를 강의하시게 되어 교수님의 배려로 수업을 들을 수 있었다. 박사논문을 제출하기 1년 전까지 자발적으로 다른 학생들에게 배포할 노트를 만들고 독해자료를 준비해 가며 2년 정도 열심히 참가해 읽었다. 그때 어떤 관점에서 AKBh에 접근하고 TA를 독해하는지 정말 많이 배우게 되었다. 일본에서의 6년간(2007~2012)의 유학생활은 스승님을 만나 학문적으로 성장할 수 있는 중요한 계기가 되었다. 중간 중간 그만둘 위기도 많았었지만 흔들리지 않기 위해 공부를 계속했다.

필자가 공부를 계속할 수 있었던 것은 많은 분들의 도움이 있었기에 가능했다. 이 책의 출판을 계기로 많은 분들에게 그동안 하지 못했던 감사의 인사를 전하고자 한다. 먼저 불교학과에 진학하고자 했을 때 예상외로 열심히 하라고 응원해 주신, 지금은 돌아가신 아버지와, 아버지가 돌아가신 후 거의 매일 집 가까운 절에 새벽예불을 드리러 가시는 어머니가 계셨기에 불교공부를 시작할 수 있었고 바르게 정진할 수 있었다. 깊은 감사의 마음으로 절을 올린다. 아버지가 살아계셨을 때 이 책을 출판했다면 좋았을 텐데, 책을 준비하는 동안 필자의 게으름을 원망하기도 하였다.

학부졸업과 동시에 결혼하고, 남편의 지지가 없었더라면 공부를 계속할 수 없었을 것이다. 남편의 이해 덕분에 6년간 일본 유학도 가능했고 이 책을 완성할 수 있었다. 자신의 전공분야에서 열정과 끈기를 가지고 항상 최선을 다하는 모습은 나에게 많은 자극과 영감을 주었다. 깊은 감사의 마음을 전한다.

한국에서 온 학문이 얕고 배움이 더딘 나이든 학생의 박사논문이 통과할 때까지 텍스트를 함께 읽어주시고 지도해 주신 효도 가즈오(兵藤一夫) 교수님께 깊이 감사드린다. 그리고 수업 참석을 허락해 주셨고 조언을 아끼지 않으셨던 미야시타 세이키(宮下晴輝) 교수님께 감사드린다. 이 두 분과 함께 박사논문의 심사를 맡아주신 다나카 고쇼(田中教照) 교수님께도 감사드린다. 직접 가르침을 받지는 못했지만 교수님의 저서와 논문들은 이 책에 많은 영감을 주었다. 항상 격려와 조언을 아끼지 않으신 마츠다 카즈노부(松田和信) 교수님께 감사드린다. 종합연구실에서 거의 매일 함께 공부했던 오타니 대학 대학원생들에게 감사의 말을 전한다. 박사논문을 마치고 잠시 방문했을 때 갑자기 방문한 이방인에게 친절을 베풀어주신 시애틀의 콜렉트 콕스(Collett Cox) 교수님과 리차드 살로만(Richard G. Saloman) 교수님, 팀 렌츠(Tim Lenz) 선생님께도 감사드린다. 그때 자신들의 소중한 시간을 나에게도 공유해 주었던 대학원생들에게도 감사하다. 산스크리트어를 공부하러 갔던 인도 푸네 대학에서 2년간 산스크리트를 공부할 때 지도해 주신 까뜨레(Shailaja S. Katre) 교수님과 다른 선생님들께도 감사드린다.

대학 2학년 때, 중관학中觀學을 가르치시던 신현숙 교수님 연구실에서 잠시 공부한 적이 있다. 그때 교수님께서 산스크리트는 공부해야 한다고 『범화대사전』을 사주신 일과 학부 졸업식 때 포기하지 말고 끝까지 공부하라는 말씀은 포기하고 싶을 때마다 공부를 계속하게 한 원동력 가운데 하나가 되었다. 본인을 최초로 학문의 길로 인도해 주신 분이라 생각하며 이 책을 계기로 감사드린다.

오타니 대학에 교환학생으로 갈 수 있게 기회를 준 동국대학교에게도 감사드린다. 학술서적이 잘 판매되지 않는 현실에도 불구하고 이 책의 출판을 허락해 주신 운주사의 김시열 대표님께 깊이 감사드린다. 그리고 편집을 담당해주신 임헌상 과장님께도 감사드린다. 그리고 여기에 거론하지 못한, 내가 만났던 모든 인연들에 감사드린다. 비록 이 책이 아직 부족하지만 단 사람에게라도 영감을 줄 수 있다면 그것으로 만족한다.

2024년 5월, 김경희

* 본문에서 많은 선생님들과 연구자들의 성함을 존칭 없이 사용한 것을 넓은 마음으로 이해해 주시기 바랍니다.

서언 • 5

제1장 서론 17

1. 유부 수행도의 특징 • 17
2. 본서의 구성과 주요 내용 • 22

제2장 설일체유부에 있어서 현관도의 전개 41
- 현관의 개념 이해를 중심으로 -

1. 서론 • 41
2. 사성제 현관의 배경 • 44
3. 아비달마 논서에 있어서 사성제 현관 • 48
1) 『집이문족론集異門足論』 • 48
2) 『법온족론法蘊足論』 • 52
3) 『품류족론品類足論』 • 54
4) 『비바사론毘婆沙論』 • 57
5) AKBh · 『순정리론順正理論』 • 62
4. 결론 • 67

제3장 설일체유부의 부정관과 지식념에 대한 고찰 69

1. 서론 • 69
2. 유부 수행도에서 부정관과 지식념 • 74
1) 염(smṛti)과의 관계 • 74

2) 부정관을 수행하는 유가행자 • 86
3. 지식념(입출식념) • 95
1) 초기단계 가행위로서의 지식념 • 95
2) 지식념의 여섯 가지 원인 • 102
4. 결론 • 108

제4장 설일체유부에 있어서 사념주의 전개 112

1. 서론 • 112
2. 초기불교에 있어서 사념주 • 113
3. 제1기 아비달마 논서에 있어서 사념주 • 119
1) 『집이문족론』 • 119
2) 『법온족론』 • 122
4. 제2기 아비달마 논서에 있어서 사념주 • 126
1) 『품류족론』 • 126
2) 『비바사론』 • 128
5. 제3기 아비달마 논서에 있어서 사념주 • 138
1) 『아비담심론』·『아비담심론경』·『잡아비담심론』 • 138
2) AKBh·『순정리론』·『현종론』 • 141
6. 결론 • 149

제5장 설일체유부에 있어서 사선근 151
- 신信과 단선근斷善根과의 관계를 중심으로 -

1. 서론 • 151
2. 유부有部 수행도修行道에 있어서 사선근四善根 • 153
1) 난(煖, ūṣmagata) • 156

2) 정(頂, mūrdhan) • 159
3) 인(忍, kṣānti) • 163
4) 세제일법(世第一法, laukikāgradharma) • 167
3. 단선근斷善根과 속선근續善根에 있어서 신信의 역할 • 171
4. 단선근斷善根과 오근五根의 관계를 통해 본 신信의 의미 • 176
5. 결론 • 181

제6장 설일체유부에 있어서 번뇌의 고찰 183
- 수면隨眠의 개념과 단절의 의미를 중심으로 -

1. 서론 • 183
2. 유부 번뇌론의 특징 • 185
1) 번뇌(煩惱, kleśa)의 일반적 의미와 작용원리 • 185
2) 번뇌의 동의어인 수면(隨眠, anuśaya)의 두 측면에 관한 고찰 • 191
3. 유부에 있어 번뇌 단절의 의미 • 203
1) 번뇌의 발생의 주요 원인과 번뇌의 단절 • 203
2) 일체법의 변지遍知 • 210
4. 결론 • 215

제7장 혜의 통찰대상에 대한 고찰 217

1. 서론 • 217
2. 혜의 통찰대상 • 219
1) 혜의 통찰대상인 일체법 • 219
2) 3의관과 7처선 • 229
3) 일체법의 의미 • 235

3. 존재를 보는 두 가지 관점 －세속제와 승의제－ • 240
1) 설일체유부에서 2제설의 의미 • 240
2) AKBh에서 설명하는 2제설 • 247
4. 결론 • 255

제8장 현관, 인무아의 통찰 257
－설일체유부를 중심으로－

1. 서론 • 257
2. 고성제와 유신견의 관계와 의미 • 259
1) 고성제와 유신견의 관계 • 259
2) 고성제와 유신견의 의미 • 266
3. 아비달마불교에 있어서 유신견 • 271
1) 존재론적인 관점 • 275
2) 인식론적 관점 • 282
4. 결론 • 287

제9장 결론 289

참고문헌 • 299
찾아보기 • 311

제1장 서론

1. 유부 수행도의 특징

불교는 붓다가 깨달은 진리인 사성제를 통찰하여 고통으로부터 벗어나는 실천적 목표를 제시한다. 불교의 실천적 수행의 중심에는 붓다가 깨달은 진리인 사성제가 있으며 이는 『초전법륜경』에서부터 중요하게 다루어지고 유부로 계승된다. 고통과 고통의 종식으로 이끄는 방법인 수행은 붓다의 가르침의 주요 내용이자 목적이다. 설일체유부의 사상가들이자 수행자들은 고통의 속성을 온전히 이해하는 성자의 단계인 견도에 도달하고자 제현관(諦現觀, satyābhisamaya)을 수행의 핵심 개념으로 채택한다. 현관은 초기불교에서 존재의 속성을 있는 그대로 이해하는 여실지견(如實知見, yathābhūta)의 경험인식과 같은 의미이다. 어떻게 사물들이 존재하는지 있는 그대로 아는 것이다. 여실하게 경험된 사물들은 더 이상 환원할 수 없는 존재요소(法, dharma)로 분석되고 정치하게 발전된다. 이는 제6의식意識의 대상이며 오직 성자나 혜(慧, prajñā)를 지닌 수행자에 의해서만 분석되는 승의제勝義諦로 분류된다. 유부의 다르마에 대한 관심은 보다 체계적인 인식 경험론적 개념으로 정리되며(5온·12처·18계) 수행론에 그대로 반영된다.[1]

본서의 목적은 명상관찰자가 분석과 통찰의 대상이 되는 존재요소인 5온의 특징을 '무상·고·무아'로 이해하고 '자아'와 관련짓지 않는 점진적 과정에 대해 검토하는 것이다. 여기서 번뇌를 단절하는 심리적 과정이나 존재론적 특징을 중심적으로 탐색하기보다 인지적 앎의 주체인 수행자가 통찰하는 5온이 명상 경험에서 어떻게 변화되어 가는지 중점적으로 고찰할 것이다. 왜냐하면 이는 성도聖道인 견도見道에 이르기까지 수행단계와 분리해서 생각할 수 없기 때문이다.

먼저 현관 개념이 유부 문헌의 어떤 맥락에서 표면화되기 시작했는지 알기 위해 고통의 종식인 해탈을 얻는 방법을 둘러싼 긴장관계에 대한 현대학자들의 다양한 분석을 살펴볼 필요가 있다. 이에 대해 콕스(Cox, Collect)는 다음과 같이 정리한다.

(1) 이성적인 것과 신비적인 것 사이의 긴장, (2) 지적 방법과 정려 간의 긴장, 각각 관觀과 지止와 같다. (3) 통찰적 명상과 집중적 명상 간의 긴장, (4) 부정적 지적 수행과 긍정적, 신비적 전통이다.[2] 이 가운데 슈미트하우젠은 상수멸(멸진정의 상태)과 존재현상의 본질을 여실지견하는, 긍정적, 신비적 전통과 부정적 지적수행에 주목하고 유부의 수행도는 이 가운데 후자를 대표한다고 주장한다.[3] 또한

---

1 다르마(dharma, 法)에 대한 자세한 논의는 Cox, Collect(2004)를 참조 바람.

2 Cox, Collect(1992), 65.

슈미트하우젠의 논문을 요약하는 한편, 『초전법륜경』을 분석하는 페터는 유부의 현관론은 존재요소를 무상·고·무아로 인식하는 식별적 통찰의 길에 대한 탐구를 심화시킨 결과물이며 유부의 현관론이라는 다음 단계로 발전하게 되었다고 지적한다.[4]

현관 개념에 대해 후라우발너의 연구는 중요한 시발점이 된다. 유부의 현관(abhisamaya) 개념이 초기경전에서의 'abhisambodhi', 'abhisameti'와 'pajānāti'와 유사한 동의어로 사용되고 있는 것을 지적하고 현관 개념을 표면에 부각시켰다.[5] 또한 초기불교에서 '사성제의 인식'과 '루漏의 소멸'을 설명하기 위해 5견見을 도입하여 그 가운데 유신견이 새로운 해탈도에서 중요한 역할을 하는 개념으로 자리매김하게 되었다고 지적하여 현관 개념을 이해하는 단서를 제공하고 있는 점은 중요하다.[6] 하지만 이와 같은 후라우발너의 지적만으로 유부의 현관론을 이해하기에는 역부족이다. 왜냐하면 후라우발너는 문자전승의 초기단계에서부터 신뢰할 수 있는 문헌으로 『아비담심론』(이하 『심론』)을 선택하여 해탈로 인도하는 수행도 분석의 출발점으로 삼고 있기 때문이다. 그리고 간다라 계통인 법승의 『심론』만을 토대로 유부 해탈도의 성립과정을 설명하기 때문이다.[7]

---

3 Schmithausen(1981), 240-244.

4 Tilmann Vetter, 김성철 역(2009), 59.

5 Erich Frauwallner, 안성두 역(2010), 175.

6 Erich Frauwallner, 안성두 역(2010), 146-153; 김성철(2004), 9-34은 유가행파의 무분별지無分別智를 설명하기 위한 예비작업으로 후라우발러(1995), 슈미트하우젠(1981), 페터(1988)의 주장을 분석하여 초기불교의 해탈지와 설일체유부의 해탈지의 전개에 대해 설명한다.

유부 해탈도의 발전과정을 알기 위해서는 『심론』뿐만 아니라 중요한 유부 문헌들이 고찰의 대상이 되어야 한다. 이러한 관점에서 다나카(田中教照)에 의한 새로운 유부의 수행도인 현관 개념이 『집이문족론』과 『법온족론』에서 나타난다는 지적은 간과할 수 없다.[8] 그러나 다나카는 주로 초기 유부 문헌을 중심으로 하며, 유부가 제시하는 단계적인 수행도를 개별적으로 고찰하지 않아 전반적인 유부 수행도 체계에 관한 내용은 파악하기 어렵다. 또한 현관의 대상이 되는 법法에 대해서도 자세히 고찰하지 않았다.

유가행의 대상이 되는 법에 대한 고찰은 오다니(小谷信千代)의 연구가 상세하다. 오다니는 선행연구를 바탕으로 법을 붓다의 '가르침'과 5온 등의 '경험적 사물'로 정리하고 두 가지의 관계성에 대한 바른 이해가 유가행이라고 지적한다. 또한 유부 법체계의 특징이 붓다의 무아설을 이해하기 위한 단서라고 지적하는 것은 많은 것을 시사한다.[9] 하지만 오다니는 유부 문헌에서 제시한 삼현위와 사선근 가운데 첫 단계에 해당하는 오정심관이 부정관과 지식념인 중요한 입구(avatāramukha)로 되어가는 과정을 상세하게 고찰하는 반면, 사념주와 사선근에 대해서는 지나치게 간단하게 다룬다. 또한 '가르침'과 '경험적 사물'의 상호 관련성에 대해서도 상세하게 설명하지 않았다. 그리고 유가행의 대상이 되는 법은 설명하나 유부 수행체계 전반에서 수행자의 인식의 대상인 법과 법수습의 목적이 무엇인지에 대해서는

---

7 Erich Frauwallner, 안성두 역(2010), 139-144.

8 田中教照(1992), 260-276.

9 小谷信千代(2000), 20-40.

자세히 언급하지 않았다.

필자는 이와 같은 선행연구들을 토대로 먼저 중요한 유부 문헌을 분석하여 현관 개념의 의미와 추이에 대해 살펴보고자 한다. 나아가 유부 수행체계에서 견도 이전 예비적인 수행단계를 구성하고 있는 부정관과 지식념, 사념주, 사선근의 순서에 따라 유부의 중요한 문헌을 토대로 분석 고찰할 것이다. 그리하여 수행자의 인식이 향하는 대상은 5온에 집약된다는 사실을 밝히고자 한다. 이는 유부의 해탈 체험을 이해하는 데 중요한 단서를 제공한다.

이에 대해 좀 더 자세히 알아보기 위해 선행연구에서 소홀히 다루어졌던 견도 이전 수행에 대해 『비바사론』·『순정리론』의 정통유부 계통 논서와 『심론』 계통 AKBh에 기술된 수행도의 불일치점에 주목할 것이다.[10] 필자는 다나카가 인용하지 않은 AKBh의 주석서인 TA·LA·『광기光記』·『보소寶疏』의 해당 개소를 조사하여 이러한 주석서들도 정통유부 계통 논서와 같이 견도 이전 수행도에 3의관 7처선을 두는 것을 확인할 수 있었다. 때문에 수행도의 불일치점보다 일체법에 대한 통찰이 난선근煖善根 발생을 이끄는 것에 중점을 두고 검토해야 한다고 생각했다. 이러한 고찰을 통해 일체법인 5온에 대한 통찰이 '나(我)'에 집착하는 유신견적 사고의 단절, 즉 5온을 자아와 관련짓지 않는 무아無我의 증득을 목적으로 한다는 것을 명확하게 할 것이다.

본서는 중요한 유부 문헌의 구체적인 분석을 통해 견도見道 이전 예비적인 수행단계의 발전과정을 고찰하고 이를 단순한 나열하는

---

10 田中教照(1975), 172-173, (1976), 41-54, (1987), 28-35.

것보다 관찰의 대상인 일체법과 가행위加行位의 관계에 초점을 맞출 것이다. 이를 통해 견도 이전 가행위는 붓다의 가르침을 토대로 전개한 존재론적 특징을 내적지도(map)로 삼아 실천하는 수행자 자신에 대한 인식의 변화가 반영된 사실임을 지적할 것이다. 그리하여 유부가 번쇄한 법상의 분석에 치중하여 수행을 도외시한 것이 아닌 법상의 분석은 수행 실천의 사전정지 작업에 해당되며 일체법과 수행체계는 서로 밀접하게 관련된다는 사실을 명확히 하고자 한다.

2. 본서의 구성과 주요 내용

유부의 존재론적 측면에서의 연구와는 달리, 견도 도달 이전까지의 유부의 수행론에 관한 연구는 개론적으로 언급되거나 일부분만을 다룬 연구서와 단편논문들이 주를 이룬다.[11] 이와 같은 선행연구로는

---

11 유부의 수행도에 관한 개괄적인 연구로는 福原亮嚴(1952),「阿毘達磨における聲聞道」,『佛敎學研究』, 6: 46-66; 福原亮嚴(1956),「阿毘達磨の實踐道」,『佛敎學研究』, 12-13: 16-27; 山田龍城(1959),『大乘佛教成立論序說』, 京都:平樂寺書店; Dhammajoti(2007), "The Path of Spiritual Progress", *Sarvāstivāda Abhidharma* 등이 있다. 유부 수행도 가운데 見道 이전 가행도에 관한 연구로는『비바사론』을 중심으로 상세하게 설명하고 있는 孫儷茗(2003),『婆沙論』を中心とする說一切有部の修道論－主に見道以前の修習を中心とした研究－』, 龍谷大學文學研究科仏教學專攻가 있다. 견도에 관한 중요한 연구로는 西義雄(1975),「印度仏教史上に於ける見道論の展開－さとりの內容に關する論述の史的変遷」,『阿毘達磨仏教の研究－その眞相と使命－』, 東京: 國書刊行會, 589-659가 있다. 그리고『법온족론』에서 유부의 새로운 수행도로 사성제의 현관을 지적한 田中教照(1992),『初期仏教の修行道論』, 東京: 山喜房佛書林가

유부 실천론과 일체법, 즉 존재론적 측면과의 관계에 대해 파악하기 어렵다. 존재론과의 관계를 고찰하기 위해서는 각각의 가행위에 대한 명확한 이해가 선행되어야 한다. 본서는 유부교학의 완성이라고도 불리는 『아비달마구사론阿毘達磨俱舍論』(Abhidharmakośabhāṣya, 이하 AKBh)에 제시된 가행위, 즉 제6장 「현성품賢聖品」 제1~32게송을 중심으로 고찰하였다. 부정관·지식념·사념주·사선근·견도라는 AKBh에 제시된 순서에 따라 독해해 가면서 수행론의 개념을 명확하게 이해하고자 했다. 필요에 따라 아함 니카야, 6족足과 발지發智, 『아비달마발지론阿毘達磨發智論』(이하 『발지론』)의 주석서인 『아비달마대비바사론阿毘達磨大毘婆沙論』(이하 『비바사론』)에서 개념이 어떻게 발전되어 가는지 탐색하였다.

AKBh가 영향을 받고 있는 『아비담심론阿毘曇心論』(이하 『심론』)·『아비담심론경阿毘曇心論經』(이하 『심론경』)·『잡아비심론雜阿毘曇心論』(이하 『잡심론』)의 견해와 정통유부의 견해를 제시하는 『아비달마순정리론阿毘達磨順正理論』도 고찰할 것이다. 또한 필요에 따라 AKBh의 티베트 역 주석서인 TA와 LA도 참고하는 문헌학적 방법을 중심으로 유부의 수행단계에 대해 전반적으로 고찰하고자 한다.[12]

있다. 유부 수행도론의 체계에 관한 간략한 기술은 森章司(1995), 『原始仏教から阿毘達磨への仏教教理の研究』, 東京: 東京堂出版, 243-279과 小谷信千代(2000), 『法と行としての仏教』, 京都: 文榮堂, 127-166에서도 찾아볼 수 있다. 초기불교에서 현관의 의미에 대해서는 水野弘元(1961), 「Abhisamaya(現觀)について」『東海佛教』 7: 50-58이 유용하다. 또한 사성제와 법관法觀에 대해서는 平川彰(1988), 「四諦説の種々相と法觀」『法と緣起』, 東京: 春秋社, 213-269를 참고 바람; 개설서에서 단편적으로 다루고 있는 것은 따로 언급하지 않겠다.

본론에 들어가기 전 선행연구를 검토하여 어떤 문제의식에서 본론

---

12 주로 인용한 한역 문헌은 제1기 尊者舍利子說, 玄奘譯, 『阿毘達磨集異門足論』 20卷, T26, No. 1536, 尊者大目乾連造, 玄奘譯, 『阿毘達磨法蘊足論』 12卷, T26, No. 1537, 제2기 世友造, 玄奘譯, 『阿毘達磨界身足論』 3卷, T26, No. 1540, 世友造, 玄奘譯, 『阿毘達磨品類足論』 18卷, T26, No. 1542, 迦多衍尼子造, 玄奘譯, 『阿毘達磨發智論』 20卷, T26, No. 1544, 五百大阿羅漢 等造, 玄奘譯, 『阿毘達磨大毘婆沙論』 200卷, T27, No. 1545, 제3기 法勝造, 僧伽提婆·慧遠 等譯, 『阿毘曇心論』 4卷, T28, No. 1550, 優派扇多釋, 那連提耶舍譯, 『阿毘曇心論經』 6卷, T28, No. 1551, 法求造, 僧伽跋摩 等譯, 『雜阿毘曇心論』 11卷, T28, No. 1552, 世親造, 玄奘譯, 『阿毘達磨俱舍論』 30卷, T29, No. 1558, 世親造, 眞諦譯, 『阿毘達磨俱舍釋論』 22卷, T29, No. 1559, 衆賢造, 玄奘譯, 『阿毘達磨順正理論』 80卷, T29, No. 1562, 衆賢造, 玄奘譯, 『阿毘達磨顯宗論』 40卷, T29, No. 1563이다. 『비바사론』은 『阿毘達磨大毘婆沙論』을 주로 사용하지만 때에 따라서는 浮陀跋摩·道泰 等譯, 『阿毘曇毘婆沙論』 60卷, T28, No. 1546(이하 『旧婆沙論』)과 僧加跋澄譯, 『鞞婆沙論』 12卷, T28, No. 1547(이하 『鞞婆沙』)도 참고한다. 또한 산스크리트와 티벳본이 남아있는 『阿毘達磨俱舍論』 텍스트는 AKBh *Abhidharmakośabhāṣya* of Vasubandhu, ed., by Pradhan, Patna, 1967, (Tib) ཆོས་མངོན་པའི་མཛོད་ཀྱི་མཤད་, P 5591, D 4090를 사용한다. 또한 AKBh의 주석서인 AKVy, *Sphuṭārthā Abhidharmakośavyākhyā* by Yaśomitra. ed., by U. Wogihara, 1932-1936(repr. 1971), (Tib) ཆོས་མངོན་པའི་མཛོད་ཀྱི་འགྲེལ་མཤད་, P 5593, D 4092, TA, *Abhidharmakośabhāṣyaṭīkā Tattvārthanāma,* by Sthiramati, (Tib) ཆོས་མངོན་པའི་མཛོད་ཀྱི་མཤད་པའི་རྒྱ་ཆེར་འགྲེལ་པ་དོན་གྱི་དེ་ཁོ་ན་ཉིད་ཅེས་བྱ་བ་, P 5875, D 4421, LA, *Abhidharmakośabhāṣyaṭīkā Lakṣaṇānusāriṇīnāma,* by Pūrṇavardhana, (Tib) ཆོས་མངོན་པའི་མཛོད་ཀྱི་འགྲེལ་མཤད་མཚན་ཉིད་ཀྱི་རྗེས་སུ་འབྲང་བ་ཞེས་བྱ་བ་, P 5594, D 4093를 참고한다. 때에 따라서는 普光述, 『俱舍論記』 30卷, T41, No. 1821과 法寶撰, 『俱舍論疏』 30卷, T41, No. 1822도 참고한다; 櫻部建(1969), 41-61과 『梵語佛典の研究 III 論書編』, 58-100에 따라 아비달마 문헌을 제3기로 구분하였다.

을 전개하게 되었는지 간단하게 설명하겠다. 먼저 제2장에서는 후라우발너의 논문을 토대로 유부의 현관 개념의 유래와 전개과정을 살펴본 후, 유부 문헌에서 현관 개념이 어떻게 전개 발전되는지 주요한 유부 문헌을 중심으로 살펴볼 것이다. 이러한 고찰을 통해 현관의 개념을 이해하기 위해서는 먼저 일체법一切法의 성격에 대한 이해가 전제되어야 한다는 것을 알 수 있을 것이다. 법의 개념에 대해서는 이미 여러 학자들의 상세한 연구가 있으므로 제2장에서 현관의 대상이 되는 법의 의미에 대해 간단하게 살펴보고 본서 제7장에서 일체법의 의미에 대해 다시 살펴보고자 한다.[13] 그리고 유부 문헌을 토대로 현관 개념을 정리하여 제법諸法과 현관의 관계를 검토함으로써 '법의 이론'과 '실천의 이론'의 관련성을 검토할 것이다.

전승되어온 교법의 분석과 실천은 해탈의 증득에 필요 불가결한 것으로 혜(慧, prajñā)에 의한 관찰이 핵심적인 역할을 한다. 『집이문족론集異門足論』·『법온족론法蘊足論』·『품류족론品類足論』에서 혜慧는 '법상法相을 간택하는 것' 혹은 '위빠사나'로 정의하지만, 『심론』·『심론경』·『잡심론』에서는 '법의 간택'과 '위빠사나'를 각각 AKBh 제2「근품根品」과 제6「현성품賢聖品」에 해당하는 곳에서 전개하고 있다. 여기서 혜의 기능을 분리하고 있는 듯 보이지만 혜의 자성은 동일하다. 여기서 일체법과 수행론의 상호 관련성을 추측할 수 있다. 혜에 의해 연기적 인과법칙을 바탕으로 발생된 존재현상의 속성을 요별하고

13 법의 이론과 문제점에 대해서는 櫻部建(1969), 65-117을, 법(法, dharma)에 대한 여러 학자들의 간단한 설명은 본서 제2장 각주 2를 참고 바람. 아함 니카야에서 현관의 대상이 되는 법의 분류와 성격은 김경희(2010)를 참고 바람.

관계성을 이해하는 것이기 때문이다. 이는 붓다가 깨달아 가르친 것을 토대로 한 수행자들의 체험을 통해 체계화된 유부 해탈도의 핵심내용이기도 하다.

이러한 관점은 유부의 수행단계에서도 드러난다. 『비바사론』과 AKBh의 수행체계를 고찰하여 그 불일치를 지적하는 다나카(田中敎照)의 연구는 주목할 만하다.[14] 그러나 수행도의 차이점을 지적하지만 수행자의 의식이 향하는 대상에 대해서는 언급하지 않는다. 본서에서는 다나카의 주장을 참고하는 한편 유부가 5온의 통찰을 일관되게 주장하고 있는 것에 주목할 것이다. 이러한 관점은 『비바사론』과 AKBh에서 견도의 예비적 수행단계 가운데 부정관과 지식념에 관한 해석에서부터 뚜렷하게 나타난다.

제3장에서는 성도聖道에 들어가기 위한 예비적 수행단계로 중시되고 있는 부정관과 지식념이 5온을 통찰하는 문맥에서 설해지고 있는 것을 고찰할 것이다. 이러한 검토를 통해 유부가 부정관과 지식념을 견도의 가행위로 제시하고 있는 이유를 알 수 있을 것이다. 유부에서 부정관과 지식념은 사념주 수행의 바로 전단계에 위치하지만 염(smṛti)과 관련된다. 초기불교 경전을 해석하고 있는 형태를 띠고 있는 『법온족론』에서 부정관은 신념주를 설명하고 있는 곳에서 다룬다. 유위법을 있는 그대로 아는 것(여실지견)이 사념주의 내용이며, 사념주 각각을 해석하고 있는 곳에서 예를 들고 있는 유위법의 특징 가운데 무상無常·고苦·공空·무아無我는 후대 유부에서 유위법의 네

---

14 田中敎照(1975), 172-173.

가지 특징(共相)과 사제의 열여섯 가지 행상 가운데 고성제의 네 가지 특징으로 자리잡는다. 『법온족론』에서 주목할 점은 관찰의 대상인 신체의 부정상을 혜로 간택簡擇하는 위빠사나의 작용이라고 설명하는 것이다. 여기서 간택(분석)과 위빠사나(통찰)는 같은 의미이다.

유부의 부정관에 대해서 담마조티(Dhammajoti)는 『발지론』과 『비바사론』에서 설하는 대면념에 주목하여 부정관은 신체를 관찰하여 탐욕을 제어하는 것이라고 지적한다. 이는 성욕의 대치를 말하며 궁극적으로 고통의 직접적인 원인인 유신견有身見을 제거하여 그 결과 고통이 단절된다고 본다.[15] 그러나 5온의 통찰이 중심이 되는 유부 수행단계의 전체적인 관점에서 설명하지 않는다. 본서에서는 LA의 해석을 토대로 신체의 부정상을 관찰하는 것은 신뢰할 만한 사람의 가르침, 혹은 이전의 자신이 관찰한 존재요소를 언어적 개념(saṃjñā)을 매개로 기억하는 것임을 지적할 것이다.[16] 수행자는 자신의 신체의 부정한 구성요소를 명료한 영상으로 기억해 내고 관찰하여 성욕으로부터 벗어나고자 하는 해탈론적 목적을 지닌다. 이러한 관찰은 성도를 획득하기 위한 중요한 예비적 수행방법이라는 것을 검토할 것이다. 부정관과 함께 중시되고 있는 지식념에 대한 연구는 델이아누(Deleanu, Florin, 1992)와 김성철(2010)이 주목할 만하다.[17] 특히 여기

---

15 Dhammajoti, K. L.(2009), "The *aśubhā* Meditation in the Sarvāstivāda", *Journal of the Centre for Buddhist Studies, Sri Lanka,* 7, 248-295.

16 본서 제3장 참고 바람.

17 Deleanu, Florin(1992), "Mindfulness of Breathing in the *Dhyāna Sūtras*", *Transaction of the International Conference of Orientalists in Japan,* 37: 42-57;

서 김성철은 AKBh에서의 6단계설 가운데 네 번째에서 호흡의 관찰의 대상이 바람뿐만 아니라 5온이라고 해석하고 있는 것을 단서로, 이는 『무아상경』 이후 핵심적인 수행법이 되어온 5온에 대한 통찰의 반영이라고 지적한다.[18] 본서는 이와 같은 선행연구가 자세하게 언급하지 않았던 『순정리론』과 AKBh의 주석서인 TA·LA의 해석을 토대로 지식념의 수행이 호흡을 매개로 생멸하는 존재의 무상함을 깨닫는 예비적 수행이라는 것을 검토할 것이다. 부정관과 지식념은 존재요소의 생멸을 관찰하여 5온의 무상함을 알고 더 이상 집착의 대상이 되어서는 안 된다는 깨달음의 길에 들어가는 데에 중요한 역할을 하고 있는 것을 알 수 있을 것이다.

제4장에서는 유부 수행체계에서 부정관과 지식념 다음 단계에 위치하고 있는 사념주에 대해 고찰할 것이다. 위에서 언급한 부정관과 지식념과 마찬가지로 사념주는 혜慧를 자성으로 한다. 국내에서 사념주에 대해 많은 논의가 있었지만 초기불교에 한정된 연구가 주를 이루고 있다. 본 연구는 이에 대해 따로 언급하지 않을 것이다.[19] 초기불교에서의 사념주에 관해서는 아비달마불교에서 사념주를 이해하기 위한 기초작업으로 아날나요(Anālayo)와 츠푸 콴(Tse-fu Kuan)을 중심으로 간단하게 살펴보고자 한다.[20] 아비달마불교에서의 사념

김성철(2010), 「부파불교의 지관수행법-『구사론』의 입출식념을 중심으로」, 『불교사상과 문화』 2: 57-85.

18 김성철(2010), 68.

19 본서 제4장 각주 3을 참고 바람.

20 Anālayo, Ven(2003), *Satipatthana: the Direct Path to Realization*, Birmingham:

주에 대해서는 다나까(田中教照)가 초기 아비달마 논서의 사념주에 대해 포괄적으로 다루고 있어 유용하다.[21] 하지만 주로 초기 아비달마 논서의 사념주를 중심으로 고찰하고 있기 때문에 아비달마 논서의 전반적인 사념주의 내용은 명확하게 드러나지 않는다. 본서는 제1기부터 제3기에 이르기까지의 아비달마 논서에서의 사념주에 대해 살펴보고 사념주는 위빠사나, 즉 혜의 작용이라는 것을 명확하게 할 것이다. 초기불교에서 사념주는 조건적으로 발생한 존재 현상들(유위법)이 무상無常·고苦·무아無我인 삼법인三法印의 특징을 지니고 있는 것을 아는 것이다. 이는 위빠사나를 의미하며 견도의 무루혜를 획득하기 위해 혜를 개발시켜 가는 예비과정이기도 하다. 이와 같은 사념주의 역할은 북전 아비달마불교에서 비교적 잘 나타난다. 여기서

Windhorse Publications. Kuan Tse-fu(2008), *Mindfulness in Early Buddhism-New approaches through psychology and textual analysis of Pali, Chinese and Sanskrit sources*, London and New York: Routledge Critical Studies in Buddhism.

21 田中教照(1992),『初期仏教の修行道論』, 東京: 山喜房佛書林; 田中教照(1982),「初期アビダルマ論書における四念處説」,『田村芳朗博士還曆記念論集－仏教教理の研究』, 京都: 春秋社, 195-215; 북전 설일체유부의 문헌에서는 염처의 자성을 慧(prajñā)라고 정의하는 반면, 남전 상좌부 문헌에서는 念(sati)이라고 주장하는 것에 대해서는 塚本啓祥(1985),「アンダカ派の形成と他派との論爭－念處論を中心として－」,『雲井昭善博士古稀記念 仏教と異宗教』, 京都: 平樂寺書店, 143－158; 林寺正俊(2005),「アビダルマにおける四念處－念處とは何か」をめぐる部派の解釋－」,『日本佛教學會年報』70: 43-58; 김성철(2010),「부파불교의 지관수행법-『구사론』의 입출식념을 중심으로」,『불교사상과 문화』, 71-79.

는 북전 아비달마 문헌의 고찰을 통해 위에서 언급한 사념주의 특징이 유부의 새로운 법체계의 성립과 더불어 변화하고 있는 것에 주목할 것이다. 사념주의 이러한 성격은 소연념주所緣念住·상잡념주相雜念住·자성념주自性念住의 해석을 중심으로 제법을 분류하고 있는 『집이문족론』에서부터 찾아볼 수 있다. 한편 『법온족론』에서는 경전의 해석을 토대로 염주는 혜의 작용이며 위빠사나라고 설명한다.[22] 또한 혜를 간택과 위빠사나라고 해석하여 유부가 법상을 분류하는 것이 바로 조건에 의한 관계성을 이해하는 수행의 핵심내용으로 연결된다. 이는 모두 혜에 의한 통찰작용이다.

『품류족론』에는 사념주에 관한 세 가지의 해석이 있으며 그 가운데 주목할 점은 사념주에 대한 제문분별이 시도되고 있어 아비달마적인 특색이 보이기 시작하는 것이다. 또한 법념주에 무위법無爲法이 포함되어 유부의 5위位의 법체계의 초기단계가 나타나기 시작한다. 초기불교에서 독립적인 수행도로 중요시되던 사념주는 순결택분의 예비단계에 포함되고 유부의 새로운 법의 분류와도 관련된다. 그리고 마침내 법의 수습(존재의 통찰)에 의한 수행체계가 『비바사론』에 제시되기 시작한다.[23] 이러한 『비바사론』의 관점은 『순정리론』과 AKBh의 주석서 등에서도 찾아볼 수 있으나, 『심론』·『심론경』·『잡심론』의 수행체계를 계승하고 있는 AKBh는 『비바사론』과 정확하게 일치하지 않는다. 이것에 대해서는 제7장에서 다시 자세하게 논의할 것이다.

제5장에서는 유부의 수행체계에서 순결택분에 해당하는 사선근에

---

22 『法蘊足論』 第5卷(T26, 476a11-14).

23 본서 제4장 참고 바람.

대해 고찰할 것이다. 부정관과 지식념의 수습으로 사마타(śamatha, 止)를 완성한 뒤, 위빠사나(vipaśyanā, 觀)를 성취하기 위해 사념주를 수행한다.[24] 삼매에 들어간 수행자는 사념주를 관찰하여 총연의 법념주에 머물고 그것들(사념주)을 무상無常·고苦·공空·무아無我의 특징으로 관찰한다. 이와 같이 법념주를 수습하고 난 뒤, 사선근이 차례대로 발생하는데, 이는 견도를 성취하기 위해 다시 사마타의 상태에 들어가는 것이다.

사선근에 관한 선행연구들은 유부의 전반적인 수행체계 내에서 고찰하는 것이 아니라 주로 무루의 성도인 견도의 획득에 직접적인 도움을 주는 난煖, 정頂, 인忍, 세제일법世第一法의 네 가지 선근四善根으로 구성된 순결택분인 사선근四善根에 대해 그 기원과 개념 설명을 중심으로 개별적으로 다루고 있다.[25]

카와무라(河村孝照)는 『발지론』의 난煖과 정頂이 신(信, śraddhā)과 밀접하게 관련되는 것을 단서로 신信과의 관련성도 언급하지만 정견正

24 AKBh, 341.7-14; 부정관·지식념(śamatha) → 사념주(vipaśyanā) → 사선근(śamatha) → 견도(vipaśyanā)이며 견도의 무루혜를 획득하기 전단계까지 止는 觀, 즉 혜를 획득하기 위한 준비단계라는 것을 알 수 있다.

25 有部의 사선근에 대한 연구를 정리하면 다음과 같다. 平澤一(1985),「聖諦現觀における忍の働きについて」,『印度學仏教學研究』 33(2): 283-287; 桝田善夫(1984),「發智·大毘婆沙論における世第一法說の一考察」,『仏教大學仏教文化研究所所報』 1: 7-9; 兵藤一夫(1990),「四善根について一有部におけるもの一」,『印度學仏教學研究』 38(2): 863-871; 阿部眞也(2005),「說一切有部の四善根について」,『印度學仏教學研究』 53(2): 621-624; 周柔含(2009),『說一切有部の加行道論「順決擇分」の研究』, 東京: 山喜房佛書林.

見의 관점에서 설명하지 않는다.[26] 난선근, 정선근과 신信의 밀접한 관련성에 대해서는 『비바사론』과 『순정리론』에서도 언급하므로 정통유부가 신信을 강조하는 이유를 살펴볼 필요가 있다고 생각한다.[27] 따라서 본서에서는 정頂의 설명에서 사예류지, 삼보, 5온 무상, 사성제에 대한 신信의 유무에 의해 정頂과 정타頂墮로 구분되고 있는 것에 주목하였다. 그 결과 유부에서 신信은 인과관계에 대한 이해를 의미하는 정견과 여실지견이며, 이와 반대인 신信의 망실은 정타로 사견과 단선근이라는 것을 명확하게 할 것이다. 즉 신信은 정견, 불신不信은 사견이라고 이해할 수 있다. 또한 선근의 단절과 속기가 신信을 통해 어떻게 해명될 수 있는지 고찰할 것이다.

유부는 성도聖道에 들어가기 위한 예비적 수행단계에서 5온의 통찰을 일관되게 주장하고 있다. 따라서 5온에 대한 통찰은 열반을 획득하기 위한 번뇌의 단절과 밀접하게 관련된다는 것을 짐작할 수 있다. 유부의 교리를 체계적으로 정리하고 있는 AKBh에 의하면 5온에 대한 통찰은 존재론과 인식론의 두 가지 관점에서 전개된다. 이는 다음의 번뇌에 관한 두 가지 관점과도 연결된다.

먼저 제1장 「계품界品」 도입부에 모든 존재현상에 대한 바른 분석이 번뇌를 소멸하는 방법으로 중시되며, 제2장 「근품根品」에서 번뇌는 5위 75법 가운데 오염된 심리요소로 분석된다. 또한 제5장 「수면품隨

26 河村孝照(1971), 「阿毘達磨仏教における信について」, 『印度學仏教學研究』19(2): 558-562; 周柔含(2009), 111-132에서도 頂法을 설명하고 있는 곳에서 信에 대해 언급하고 있지만 정견과 사견의 관점까지 연결시키지 못하고 있다.

27 본서 제5장 참고 바람.

眠品」에서는 사성제의 관찰과 수습에 의해 견소단과 수소단의 98수면으로 분류된다. 제6장 「현성품賢聖品」에서는 번뇌를 대치하는 수행도가 제시된다. 이와 같은 AKBh의 번뇌에 관한 두 가지 관점, 즉 존재론과 수도론적 관점은 이케다(池田練太郎)에 의해 자세히 설명된다.[28] 또한 니시무라(西村實則)는 AKBh의 두 가지 관점에 대해 유부 문헌들의 비교 검토를 통해 유부의 번뇌설의 전개와 발전과정을 추적하고 있다.[29] 사쿠라베(櫻部建)는 사성제의 관찰에 의해 단절되는 98수면의 형성과정을 치밀하게 검토한다.[30] 또한 수면의 의미에 대해서는 가토(加藤宏道)가 유부 논서들을 비교 검토하여 왜 유부가 번뇌의 다른 명칭(異名)으로 수면이라는 개념을 사용하는지 상세하게 논의한다.[31] 유부는 수면을 번뇌의 이명이라는 관점에서 분석하지만, 대중부와 분별론자들은 활동 중인 번뇌와 잠재상태의 번뇌를 전纏과 수면의 개념으로 구분한다. 이와 같이 구분하는 수면의 개념은 세친의 경량부적 사유인 잠재적 번뇌인 종자의 단초가 된다.

가토(加藤純章)와 박창환은 반설일체유부 부파들이 주장한 잠재상태의 번뇌가 세친의 경량부적 종자개념으로 전개되어 가는 과정을

---

28 池田練太郎(1979), 「『俱舍論』隨眠品における煩惱論の特質」, 『仏教學』 7: 119-140; 池田練太郎(1986), 「『俱舍論』に見られる二種類の煩惱說」, 『駒澤大學仏教學部硏究紀要』 44: 417-399.

29 西村實則(2002), 『アビダルマ教學 俱舍論の煩惱論』, 京都: 法藏館.

30 櫻部建(1955), 「九十八隨眠說の成立について」, 『大谷學報』 35(3): 20-30.

31 加藤宏道(1982b), 「隨眠のはたらき」, 『佛教學硏究』 38: 28-58; 加藤宏道(1982c), 「隨眠のはたらき－『俱舍論』所說の隨眠の十事－」, 『宗學院論集』 53: 1-23.

유부의 수면개념과 비교를 통해 상세하게 고찰한다.[32] 그리고 유부에 있어 수면의 개념이란 단절하기 어려운 번뇌의 특성을 강조하기 위한 명칭에 지나지 않는다고 지적한다. 유부는 번뇌를 오염된 심리현상(心所)으로 이해하고 마음(心)과 상응하여 발생하는 심리작용으로 간주한다. 마음과 불선한 심리작용의 상응관계를 단절하여 비결합의 상태로 바꾸는 것이 유부의 수행론에서 중요하다. 또한 심리작용이 향하는 인식대상에 대한 집착은 심상속에서 번뇌의 힘을 유지하며 강화시킨다. 이와 같은 유부의 번뇌 발생과 단절의 원리에 대해서는 후쿠다(福田琢)에 의해 자세히 설명된다.[33] 모든 번뇌는 소연을 단절해야 단절된다는 유부의 주장에 반박해 세친은 자성단自性斷이라는 '번뇌의 득得'의 단절에 의해 단절된다고 주장하여 경량부의 종자설로 유부의 '득得' 개념을 비판했던 자신의 설명과 모순된다는 후쿠타의 지적은 주목할 만하다. 콕스(Cox, Collect) 또한 유부가 정의하는 번뇌의 성격과 단절의 의미에 대해 자세하게 언급하고 있다.[34] 본서에서는 이러한 선행연구들을 바탕으로 수면의 어의 해석 가운데 상응수증相應隨增과 소연수증所緣隨增을 토대로 상응하는 심과 심소는 인식대상을 지니고 있는 것에 주목하였다. 유부 번뇌론은 3세실유설의 논증과 무소연심의

---

32 加藤純章(1990), 「隨眠－anuśaya」, 『仏教學』 28: 1-32; 박창환(2012), 「구사론주(kośakāra) 세친(Vasubandhu)의 번뇌론－『구사론』 5장 「수면품」 k. 5-1의 경량부 번뇌종자설을 중심으로」, 『불교와 사회(구 불교사상과 문화)』 4: 79-157.

33 福田琢(1996), 「說一切有部の斷惑論と『俱舍論』」, 『東海仏教』 42: 122-107.

34 Cox, Collect(1992), "Attainment through Abandonment: The Sarvāstivādin Path of Removing Defilements", *Paths To Liberation*, Edited by Robert E. Buswell and Robert M. Gimello, Honoluulu, 65.

부정을 토대로 한다. 유부에 의하면 심리작용이 지향하고 집착하는 단절해야 하는 대상은 유루有漏의 5온이다. 이러한 5온에 대한 바른 인식(遍知, 여실지견, 현관)이 번뇌의 단절로 연결된다는 것을 본 연구의 제6장에서 중점적으로 다룰 것이다.[35] 그리하여 이제까지 번뇌에 관한 선행연구에서 중시되지 않았던 다르마에 대한 바른 이해가 수행론의 이론적 전제가 되고 있는 것을 알 수 있을 것이다. 즉 번뇌 개념 분석의 핵심에는 5온에 대한 바른 이해가 중시되고 있는 것을 고찰할 것이다.

본 연구의 제6장까지의 검토를 통해 유부의 수행도론의 핵심에는 일체법一切法을 의미하는 5온에 대한 통찰이 관통하고 있다는 것을 알 수 있었다. 제7장에서는 다나까(田中教照)[36]에 의해 지적되고 있는 것과 같이, 『비바사론』에서 제시하고 있는 수행체계는 5온에 대한 유신견적 견해를 부정하는 3의관 7처선을 포함하고 있어 AKBh가 계승하고 있는 『심론』 계열의 논서와 다른 수행체계를 보여준다. 여기서는 다나까의 주장을 검토한 뒤, 이러한 수행체계의 차이점에 주목하기보다는 혜慧의 대상인 일체법, 즉 생멸법인 5온이 혜의 통찰 대상이 되는 것에 주목할 것이다. 왜냐하면 3의관 7처선은 『순정리

35 遍知에 대한 선행연구로는 加藤宏道(1980), 「說一切有部における遍知」, 『龍谷大學仏教文化硏究所紀要』 19: 27-33; 加藤宏道(1982a), 「說一切有部における遍知(承前)」, 『龍谷大學仏教文化硏究所紀要』 20: 139-152.

36 田中教照(1975), 「阿毘曇心論系と大毘婆沙論のちがいについて」, 『印度學仏教學硏究』 24(1): 172-173; 田中教照(1976), 「修行道論より見た阿毘達磨論書の新古について－『雜阿毘曇心論』を中心に」, 『仏教硏究』 5: 41-54; 田中教照(1987), 「使品より見た『阿毘曇心論』の位置」, 『印度學仏教學硏究 36(1): 28-35.

론』뿐만 아니라 AKBh의 주석서인 TA와 LA에서도 언급하고 있기 때문이다.[37] 『순정리론』·TA·LA에서 설명하는 관찰의 대상은 제행무상·제법무아·12지 연기의 유전과 환멸의 관점·사성제·5온·12처·18계이며, 이것은 7처선으로도 설명 가능하다. 이러한 방법을 통해 존재요소인 일체법의 무상·고·공·무아를 이해할 수 있게 된다.

한편 유부는 일체법을 5위 75법으로 분류 정리하여 72종류의 유위법은 과거·현재·미래에 존재한다고 본다. 즉 생멸법인 유위법은 다른 현상과 구별되는 특징(자성, 혹은 자상)을 지니며 실재하는 것이다. 또한 일체법을 다른 존재와 자신을 구분하는 근거가 되는 자성을 지니지 않는 이름뿐인 일상적 존재를 지칭하는 '세속적 존재'와, 자성을 지닌 궁극적 존재인 '승의적 존재'로 분류한다. 이러한 분류는 자성의 유무에 근거하는 것이다. 이는 각각 일상생활에서의 경험대상과 종교적 명상체험에서의 인식대상으로 구분된다. 따라서 논서와 주석서에서 제시하고 있는 유부의 수행체계는 성자와 혜를 지닌 수행자의 명상 경험의 반영이라고 이해할 수 있다. 이종철은 이와 같은 관점에서 유부의 이제설에 대해 간단명료하게 고찰한다.[38]

유부 수행론과의 관련성은 다카하시(高橋壯), 니시(西義雄)가 지적하고 있다.[39] 무라카미(村上眞完)는 진리(satya)의 관점에서 이제설을

---

37 본서 제7장 참고 바람.

38 이종철(1998), 「논소論疏의 전통에서 본 불교철학의 자기 이해」, 『철학사와 철학－한국철학의 패러다임 형성을 위하여－』, 철학과 현실사, 79-110.

39 먼저 高橋壯(1970), 「『俱舍論』の二諦說」, 『印度學仏教學研究』 19(1): 130-131는 AKBh에서 이제설에 대해 (1) 유론의 관점과 (2) 수행도론의 관점의 두 종류로

고찰하고 있다.[40] Buescher, 윤희조, 박창환 등은 언어적인 관점에서 설명한다.[41] 또한 마츠다(松田和信)에 의해 『순정리론』과 TA의 2제설이, 잇시키(一色大悟)에 의해 『순정리론』의 2제설이 상세하게 설명된다.[42] 이와 같은 선행연구들을 토대로 선행연구들이 소홀히 했던 부분을 중심으로 살펴보고자 한다.

제7장에서는 유부가 일체법을 혜의 통찰대상으로 설정하며, 이는 명상체험의 영역으로 수행자의 의식(意)에 포착되는 궁극적 존재(다르마)의 변화상태가 유부 수행체계에 그대로 반영된다는 것을 지적할

분류하고, 전자는 유부의 근본명제인 유有의 개념을 구축하며 후자는 무루혜와 무루혜 이전 가행위 단계의 유루혜의 입장에서 전개된다고 설명한다. 또한 西義雄(1975), 『阿毘達磨仏教の研究－その眞相と使命－』, 東京:國書刊行會, 388는 유부의 이제설은 현관과 그로 인해 획득하는 무루지無漏智에 중점을 둔다고 지적한다.

윤희조(2012), 『불교의 언어관』, 씨아이알, 145에서는 張富萍(1995), 「『俱舍論』の「賢聖品」における二諦說について」, 『駒澤大學大學院仏教學研究會年報』 28: 17을 인용하여 견도와 수도의 대상과 승의제의 연관성에 대해 간단하게 언급한다. 張富萍의 논문은 입수하지 못했기 때문에 윤희조의 언급을 대신했다.

40 村上眞完(1993), 「何が眞實であるか－ウパニシャドから仏教へ」, 『東北大學文學部研究年報』 43: 380-328.

41 Buescher, John B.(2005), *Echoes from on Empty Sky: The Origins of the Buddhist Doctrine of the Two Truths*, Snow Lion Publications; 윤희조(2012); 박창환(2013), 「구사론주(kośakāra) 세친(Vasubandhu)의 현상주의적 언어철학」, 『동아시아불교문화』 14: 25-77.

42 松田和信, 「スティラマティ疏から見た俱舍論の二諦說」, 『印度學仏教學研究』 63(1): 166-174; 一色大悟(2020), 『順正理論における法の認識－有部存在論の宗教的基盤に關する一研究－』, TOKYO: THE SANKIBO PRESS.

것이다.

유부는 자성을 지닌 존재를 궁극적인 존재로 정의하며 명상에서 체험하는 혜慧의 대상이라고 설명한다. 수행자가 혜로 관찰하는 대상은 붓다가 깨닫고 설한 주요한 설법내용, 즉 무아無我를 증득하기 위한 가르침과 관련되어 있는 것을 알 수 있을 것이다. 본 연구의 제8장에서는 이러한 유부의 관점에서 고성제와 유신견과의 관계를 중심으로 살펴보고자 한다.

아비달마 논사들은 고제를 '나'와 '나의 것'이 존재한다고 집착하는 5취온取蘊으로 해석하는데 이는 색, 수, 상, 행, 식의 개별적인 존재의 집합물인 5온에 '나'라는 관념을 개입시켜 실체시하는 범부중생들의 잘못된 사고방식(유신견)을 보여주는 것이기도 하다. 이러한 사고방식이 바로 고통의 원인이라는 것은 이미 초기불교에서 언급되었다. 초기불교의 관점에서 후나하시(舟橋一哉)는 무아無我를 논증하기 위해 일체법인 5온과 자아관념 간에 성립하는 네 가지 방식을 토대로 20가지 유신견이 성립하는 과정에 대해 상세하게 검토한다.[43] 이를 연기적 발생과정으로 이해하여 연기법칙에 따라 형성된 5온을 자아로 잘못 생각한 결과라고 설명한다. 존재현상은 연기에 의해 구성된 일시적인 것들로 집착해서는 안 된다고 보는 여실지견如實知見을 견도見道의 기원으로 보고 견도見道·수도修道·무학도無學道 실천도의 초기양상에 대해 상세하게 고찰한다.

한편 후나하시는 5온을 여실지견하여 무아라고 깨닫는 것을 유부에

43 舟橋一哉(1951), 『原始佛教思想の研究－緣起の構造とその實踐－』, 京都: 法藏館.

서는 인무아人無我라 한다고 지적한다.[44] 하지만 유부의 관점은 구체적으로 언급하지 않았다. 유부 문헌에서 유신견에 대해서는 키무라(木村紫)의 포괄적인 연구가 있다.[45] AKBh와 『비바사론』 등 유부 논서를 중심으로 유부의 유신견에 대해 상세하게 검토하고 있다. 하지만 한 가지 아쉬운 점은 유신견에 대한 포괄적인 연구결과를 제시하지만 유부 수행체계 내에서의 역할에 대해서는 상세하게 언급하지 않는다는 것이다.

이와 같은 선행연구들은 유부의 수행론에서 유신견의 역할에 대해서는 명확하게 설명하지 않았다고 생각한다. 본서에서는 유신견을 존재론적 관점과 인식론적 관점으로 분류 고찰하여 유부의 수행체계에서의 유신견의 의미를 보다 명확하게 드러내고자 한다. 먼저 존재론적 관점에서는 아비달마 논사들이 고성제를 5취온이라고 정의하고 있는 것을 단서로 5취온(유신견)이 연기적 존재현상인 5온에 대한 미망과 취착의 결과물이라는 것을 살펴볼 것이다. 또한 인식론적 관점에서는 5온에 자아관념을 개입시켜 '나와 내 것(아상과 아소상)'이라고 착각하는 것에 대해 살펴보고자 한다. 이러한 고찰을 통해 5온과

---

44 舟橋一哉(1951), 52.

45 木村紫(2015), 『『倶舎論』を中心とした有身見の研究－刹那的な諸行を常住な一個体(piṇḍa)と把握する想と聖者の諦－』, 立正大學大學院 博士學位請求論文; 유신견에 관한 다른 연구로는 中村元編(1981), 『自我と無我 インド思想と仏教の根本問題』, 平樂寺書店, 今西順吉(1986), 「我と無我」, 『印度哲學仏教學』 1: 28-43, 田端哲哉(1977), 「説一切有部の基本命題とsatkāyadṛṣṭi」, 『印度學仏教學研究』 25(2): 190-193, 水野和彦(2015), 「satkāyadṛṣṭi再考」, 『印度學仏教學研究』 63(2): 130-133 등이 있다.

자아를 동일시하는 유신견도 연기법칙에 의해 형성된 심리적인 존재 요소이며 이와 같이 이해하는 것이 현관의 의미라는 것도 알 수 있을 것이다. 이처럼 유부의 견도 이전 가행위의 고찰을 통해 유부의 사상가들이자 수행자들의 실천적 인식구조를 파악할 수 있을 것이다.

제2장 설일체유부에 있어서 현관도現觀道의 전개

– 현관의 개념 이해를 중심으로 –

1. 서론

현관(現觀, abhisamaya, abhi-sam-√i)은 '이해하는 깨달음' 혹은 '이해'로 해석되며, '아는 것'이라고도 설명된다.[1] 그렇다면 무엇을 이해하고 아는 것일까? 초기경전에서 현관의 대상은 대략적으로 (1) 연기법緣起法, (12지 각지), (2) 사성제법四聖諦法, (2) 5온법五蘊法으로 분류되지만,[2] 유부에서는 주로 사성제가 현관의 대상이 된다. 따라서 사성제가

---

1 본 장 3. 아비달마 논서에 있어서 사성제 현관, 5) AKBh·『순정리론順正理論』에서 현관의 의미에 관해 상세하게 설명한다.

2 SN. II, 10.3-26; SN. V, 415.6-16; SN. III, 139.29-32; 김경희(2010), 197-198; 콕스(Cox, 2004), 543-547는 법(法, dharma)에 관한 여러 학자들의 견해를 정리하여, 붓다의 가르침을 올바로 보존하기 위해 수집된 논모(論母, mātṛkā)로서의 법法에서부터 시작하여 점차 존재론(현상의 구성요소)과 인식론적(12처설을 바탕으로 하는 경험적 인식) 담론으로 전개되고 있음을 명시하고 있다. 또한 콕스에 따르면 게틴(Gethin, 2001)은 법을 붓다가 발견하고 가르친 dharma와 경험 속에서 실재하는 복수의 현상들인 dharmas로 분류한다, 그리고 중요한 예로써 유명한

유부 교의학에서 중요한 위치를 차지하게 되었고, 사성제에 대한 현관이 핵심적인 수행도가 되었다.

현관을 언급할 때, 그 대상이 되는 제법諸法의 성격을 먼저 이해하는 것이 중요하다. 왜냐하면 현관은 혜(慧, prajñā)에 의한 관찰을 토대로 인과관계의 도식으로 이루어진 법의 성격을 통찰하여 이해하고 아는 것이기 때문이다. 제법의 성격은 혜의 해석과 유부 문헌에서의 문맥에 따라 조금씩 변모한다. 초기 유부 문헌에 귀속되는 『집이문족론』·『법온족론』의 단계에서 혜는 '법상法相의 간택'과 '위빠사나'로 정의된다. 하지만 논서의 구조가 본격적으로 바뀌는 『심론』·『심론경』·『잡심론』의 단계부터 두 가지가 분리되어 정의된다. 법의 간택(변별)은 존재현상의 구성요소와 원리를 분석하는 AKBh의 제2 「근품」에, 위빠사나는 수행자의 경험적 통찰을 설명하는 제6 「현성품」에 해당하는 품에서 주로 다루어진다. 이 둘은 동일한 자성을 지니지만 각각 존재요소의 분석과 수도론으로 전개된다.[3]

유부가 법상을 분석하고 이해하는 것은, 바로 고통의 소멸로 이끄는 수행론으로 연결되는데 모두 혜에 의한 관찰을 기반으로 한다. 이는

"연기를 보는 자는 법을 보고, 법을 보는 자는 연기를 본다"를 인용하여 상호의존의 법칙인 연기적 인과관계의 원리를 이해하는 것이 제법을 이해하는 관건으로 보고 있다. 이러한 관점은 그의 다른 논문 게틴(2004)에서도 볼 수 있는데, 이 논문에서 초기불교 문헌의 다양한 맥락에서 설명되고 있는 법의 개념이 잘 정리되어 있다. 오타니(小谷信千代, 2000)도 선행연구의 상세한 비교를 통하여 다양한 법의 의미에 대해 논하고 있어 법의 의미를 고찰하는 데 유용하다. 또한 무라카미(村上眞完, 2005, 2006, 2007)의 논문도 도움이 된다.

3 본 장 3. 아비달마 논서에 있어서 사성제 현관, 3) 『品類足論』을 참고 바람.

혜로 제법을 분석하고 그 본질을 파악하는 것은 궁극적으로 공통적 특징인 '유위법有爲法의 무상성無常性, 유루법有漏法의 고성苦性, 일체법一切法의 공성空性과 무아성無我性'인 공상(共相, sāmānyalakṣaṇa)으로 관찰하는 것을 말한다. 성자는 무루혜로 사성제를 전도됨이 없이 존재하는 그대로인 16행상으로 인식하는데, 공상은 이러한 사성제의 16행상行相 가운데 고성제의 4행상으로 정의된다. 그리고 고통의 자각은 현관의 기본전제가 된다. 존재현상을 치밀하게 분석하여 공상으로 파악하는 것은 동시에 붓다가 깨달은 진리로서의 사성제법에 대한 통찰이라고 할 수 있다. 즉 유부 문헌에는 사성제를 바라보는 두 가지 시각인 붓다가 발견하고 가르친 사성제(dharma)와 성자의 해탈인식에서 경험하는 사성제(dharmas)가 병존한다.

유부의 현관을 다루려면 유부 문헌을 철저하게 비교 분석하고 검토해야 한다고 생각하지만, 필자가 본서에서 의도하는 것은 현관 개념의 점진적 추이를 중요한 텍스트와 선행연구를 통해 살펴봄으로써 유부 문헌의 어느 시점에서 현관이 부각되기 시작했으며, 현관의 의미와 함께 현관의 대상인 사성제법을 보는 두 가지 관점을 제시하려고 하는 것이다. 그리고 이를 통해 유부의 독자적인 이해방식인 존재현상의 분석적 관찰이, 고통의 소멸이라는 실천적 목적과도 맞닿아 있는 것을 알게 될 것이다. 바로 이 점은 dharma와 dharmas에 대한 이해 없이 현관의 대상인 사성제와 현관의 관계를 다루어 왔던 선행연구들과 다른 점이라 생각한다.

2. 사성제 현관의 배경

초기불교에서 현관은 고통의 발생과 소멸에 관한 인과관계의 법칙을 있는 그대로 이해하는 것(如實知見)을 말한다. 현관의 대상은 대략 (1) 연기법(12지 각지), (2) 사성제법, (3) 5온법으로 구분된다.[4] 미즈노 고겐(水野弘元)은 현관수행의 이익을 (1) 제법(현상)의 인과관계를 이해하는 눈(法眼)이 생기고, (2) 이지적 번뇌인 3결이 단절되며, (3) 악취에 떨어지지 않고, (4) 결정코 깨달음에 도달하게 되는 것이라 설명한다.[5] 즉 현관은 제법(현상)의 인과관계의 이해를 통해서 인지적 특징을 지닌 번뇌인 3결結을 단절하고 틀림없이 해탈로 나아가는

---

4 각주 2를 참고 바람.

5 水野弘元(1997), 99-116; AKBh, 356.22-25에서는 경전에서 예류가 악취에 떨어지지 않는 이유에 대해 다음과 같이 설명한다. "무슨 이유로 〔경전에서 예류는〕 無退墮法(avinipātakadharmā)이라고 〔설하고 있는가〕? 그곳에 가는 業은 〔그에 의해〕 쌓이지 않기 때문이다. 또한 〔업이 쌓여도〕 쌓인 〔업〕은 〔그의〕 상속에 이숙〔과〕를 주는(與果) 성질이 없기 때문이다. 가행加行과 의요意樂와 청정과 함께하기 때문에 〔그의〕 상속에는 강력한 선근善根에 의한 훈습이 있기 때문이다. 악처〔에 떨어지는 것이〕 정해진 업이 존재한다면 그는 인선근忍善根조차 발생시킬 수 없을 것이다."; AKVy, 554.13-19에 따르면 예류의 성자는 악처로 가는 업이 쌓여도 이숙과를 여과하는 성질이 결여된 상태이기 때문에 蘊의 상속이 전환(parāvṛttā)되었다고 한다. 왜냐하면 그의 온의 상속은 선근의 강력한 힘, 즉 가행加行 청정(성자가 좋아하는 계율〔śīla〕)과 의요意樂 청정(佛 등 [삼보]에 대한 무너지지 않는 깨끗한 믿음, buddh'ādiṣv avetyaprasāda)한 힘에 의해 훈습되었기 때문이라고 해석한다. 선근과 信의 관계에 대해서는 본서 제5장에서 자세하게 설명하였다.

최초의 성자의 단계인 예류향으로 연결된다. 이것은 초기불교에서 제시되는 해탈로 이끄는 다양한 방법들 가운데 하나이다.

초기불교에서 'abhisamaya'는 'abhisambodhi'와 'abhisameti'는 'pajānāti'와 각각 동의어로 대체되어 사용된다.[6] 현관이라는 개념이 후대 아비달마불교에서 하나의 술어로 자리잡은 것과 달리, 'pajānāti'는 전문적 개념으로 확립되지 않았지만 초기불교에서 현관과 유사한 기능을 하고 있다. 예를 들면 초기경전에서 삼명三明 가운데 누진명漏盡明은

(1) 고苦의 생기, 고의 원인, 고의 소멸, 고의 소멸에 도달하는 길이 각각 yathābhūtaṃ pajānāti을 통하여 성취되고
(2) 같은 방식으로 루漏가 yathābhūtaṃ pajānāti되고(漏盡智)
(3) 루로부터 벗어나게 되었다는 것을 인지한다. 그리고
(4) 재생하지 않고, 범행梵行을 완성하고, 이루어야 할 모든 것을 끝내고 다시는 윤회의 생존을 받지 않는다는 것을 인지한다.[7]

위의 설명은 '고'와 '루'의 병치를 통해 '사성제의 인식'과 '루'의 제거와의 관련성을 보여주는 정형구이다. '루'가 소멸되는 인식과정과 무엇이 어떻게 소멸되는지 설명하지 않지만, 사성제가 핵심적인 역할을 하는 것은 알 수 있다. 이러한 해탈적 인식과정에 관한 인과문제를 설명하고 해결하기 위한 시도로서 '루' 대신 이론적 의심이 대입된다면

---

6 에리히 후라우발너, 안성두 역(2007), 175.

7 에리히 후라우발너, 안성두 역(2007), 169.

사성제의 인식을 통해 무엇이 제거되는지 알게 될 것이다. 후라우발너는 제3기 아비달마 논서로 분류되는 법승의 『심론』을 분석하여 현관의 기본골격이 형성되는 과정을 체계적으로 서술한다.[8] 여기서 수면(隨眠, anuśaya)을 '루' 대신 도입하는 번뇌론의 재조직에 주목한다. 즉 욕탐(欲貪, kāmarāga)·진(嗔, pratigha)·유탐(有貪, bhavarāga)·만(慢, māna)·무명(無明, avidyā)·견(見, dṛṣṭi)·의(疑, vicikitsā)의 7수면 중 욕탐과 유탐을 통합하고, 견을 유신견(有身見, satkāyadṛṣṭi)·변집견(邊執見, antagrāhadṛṣṭi)·사견(邪見, mithyādṛṣṭi)·견취(見取, dṛṣṭiparāmarśa)·계금취(戒禁取, śīlavrataparāmarśa)로 확장하는 5견見의 도입을 현관의 단초로 삼는다. 왜냐하면 '루' 대신 도입된 이론적 의심인 5견이 사성제의 인식을 통해 인과관계를 이해함으로써 사라지기 때문이다.[9]

---

8 유부의 수행도론의 핵심은 견도(見道, darśana-mārga)와 수도(修道, bhāvanā-mārga)인데, 이는 견고소단·견집소단·견멸소단·견도소단(사성제의 인식에 의해 제거되는 수면)과 수소단(지속적이고 반복적인 관찰로 제거되는 수면)에 의해 구분된다. 이는 욕계에 있어 사성제의 인식인 법지(法智, dharma-jñāna)와 색계, 무색계에 있어 사성제의 인식인 유지(類智, anvaya-jñāna)의 구별에 의한 16찰나 중 앞의 15찰나가 견도, 마지막 1찰나가 수도로 규정된다. 법지와 유지는 번뇌를 단절하는 기능을 하는 인(忍, kṣānti)과 번뇌가 단절되었다는 것을 확증하는 지(智, jñāna)으로 인해 고법지인(苦法智忍, duḥkhe dharmajñāna-kṣānti)·고법지(苦法智, duḥkhe dharmajñāna)·고류지인(苦類智忍, duḥkhe anvayajñāna-kṣānti)·고류지(苦類智, duḥkhe anvayajñāna)의 4찰나로 구성되는데, 이는 집제集諦·멸제滅諦·도제道諦에도 각각 해당된다. 이러한 인식과정 가운데 도류지道類智는 수도로 대별된다. AKBh, 350.13-351.6; 에리히 후라우발너, 안성두(2007), 146-153; 안성두(2002), 148-149.

붓다의 초전법륜에서의 설법은 '사성제의 인식'을 통한 '루의 소멸'이라는 측면에서 배제할 수 없는 여러 영감들을 제시한다.[10] 초전법륜에서 붓다는 감각적 욕망과 고행을 벗어난 중도와 중도로 이끄는 팔정도와 이전에는 알려지지 않았던 사성제를 발견하여 3전 12행상三轉十二行相으로 수행하는 것이 깨달음으로 연결되는데, 이는 '안眼·지智·혜慧·명明·광光'이 생겼다는 정형구로 표현된다. 그때 이 설법을 들은 꼰단냐 존자에게 "생겨난 법이 무엇이던 그 모두가 멸하는 것이다(yaṃ kiñci samudayadhammaṃ sabbaṃ taṃ nirodhadhamman ti)"라는 티 없고 때 묻지 않은 법안法眼이 생겼다. 사물의 본성에 관한 인과적 관련성에 대한 이해가 '법안'으로 표현된 것이다.[11] 두 번째 설법인 『무아상경』은 두 단계로 5온이 자아가 아님을 설명하고 있다. 먼저 "(1) 5온을 형성하는 개별적인 구성요소는 자아가 아니기 때문에 지배할 수 없는 것이며, (2) 5온이 무상하고 고苦이기 때문에 자아(我) 혹은 자아에 속한 것(我所)이 아니라고(無我) 정혜正慧로 인식해야만 한다. 이러한 인식으로 다섯 비구들은 5온에 집착하지 않고 '루漏'로부터 마음이 해탈하여 아라한이 된다."[12]

후라우발너는 초기불교에서 '사성제의 인식'과 '루의 소멸'에 관한 개연성을 설명하고자 5견의 도입에 주목하여, 인과적 관련성을 제시함으로써 유신견이 새로운 해탈도 해석에서 중추적인 역할을 하는

9 에리히 후라우발너, 안성두 역(2007), 146-148.

10 에리히 후라우발너, 안성두 역(2007), 151.

11 Vin. I, 10.10-11.36.

12 Vin. I, 13.18-14.37; 안성두(2010), 10-13.

새로운 개념으로 부각되어 전문용어로 자리매김하게 되었다고 설명한다. 그리고 여기에 현관론(abhisamayavāda)이라는 명칭을 부여하고 있다. 후라우발너의 이러한 견해는 후대 유부의 현관론 이해에 중요한 시사점을 제공하는 반면, 간다라 계통인 『심론』만을 토대로 하고 있는 것과 사성제의 인식만을 강조하여 선정의 불필요성을 주장한 것은 재검토가 필요하다고 생각한다.[13] 본 장은 선정(止, śamatha)과 관찰(觀, vipaśyanā) 간의 관계를 다루지는 않는다. 다만 관찰에 해당되는 현관 개념과 현관의 대상이 되는 사성제법에 대한 유부의 이해를 유부의 중요한 문헌과 선행연구를 통해 살펴보고자 한다.

3. 아비달마 논서에 있어서 사성제 현관

1) 『집이문족론集異門足論』

제1기 아비달마 논서로 구분되는 『집이문족론』은 『중집경衆集經』의 주석서로 논모(論母, mātṛkā)를 열거·해설하며 경전의 연장선에 놓여 있는 반면, 경문을 인용·해석하고, 제법의 소속을 분석하는 지극히 아비달마적 특징이 나타나는 해석도 보인다. 이는 구전으로 전승되면

---

13 에리히 후라우발너, 안성두 역(2007), 175: 후라우발너는 "사성제만이 루의 소멸로 이끌기 때문이다. 이런 인식은 직관적 유형이기 때문에 선정은 불필요한 것으로서 배후에 머물려 있다"고 주장한다. 하지만 유부에 따르면 관찰(觀, vipaśyanā)은 선정(止, śamatha)이라는 토대 없이 행할 수 없다. 선정과 관찰은 서로 표리관계에 있다고 보기 때문에 재고가 필요하다. 西義雄(1975), 338; AKBh, 341.6-9.

서 수정·재구성되어 오래된 문헌에 후대의 개념이 추가되기도 하여 후대 문헌의 영향을 배제할 수 없게 되었다.[14] 이러한 『집이문족론』의 특징은 견도의 설명에서 드러난다. 즉 초기불교에서 제시되고 있는 다양한 수행방법들이 단순히 열거·설명되고 있는 반면, 현관도가 후대의 문헌인 『법온족론』보다 좀 더 구체적으로 제시되기도 한다. 예를 들면 『집이문족론』에서 후대 유부 문헌에 나타나는 견도사상이 7보특가라七補特伽羅 가운데 수신행보특가라隨信行補特伽羅와 수법행보특가라隨法行補特伽羅의 설명에서 다음과 같이 나타난다.

【질문】 어떤 사람이 수신행보특가라인가?

【대답】 수신행보특가라는 이전의 범부위에서의 본성은 신信·애愛·정淨·승해勝解·자민慈愍이 많고, 사유思惟·칭량稱量·관찰觀察·간택簡擇·추구推求는 적지만, 그는 신信·애愛·정淨·승해勝解·자민慈愍이 많기 때문에 여래 혹은 불제자가 정법을 설하고, 교수·교계할 때를 만날 수 있으면, 여래 혹은 불제자가 정법을 설하고, 교수·교계할 때 무량의 문으로 고는 참으로 그것이 고이며, 집은 참으로 그것이 집이며, 멸은 참으로 그것이 멸이며, 도는 참으로 그것이 도라고 확실히 구분해서 설명하는 것을 만나는 것에 의해 다음과 같은 생각을 하게 될 것이다. '훌륭하구나, 설시되고 있는

---

14 에리히 후라우발너, 안성두(2007), 140-141; 青原令知(2007), 357; 본문에서 인용하는 아비달마 문헌의 시기 구분은 『梵語仏典の研究 III 論書篇』, 58-100에 따랐다. 『俱舍論』·『順正理論』을 함께 묶은 이유는 이 두 논서가 제3기 논서로 분류되고 있으며, 현관의 의미에 관해서는 별다른 이견이 보이지 않아서이다.

제諦는 진리이며, 결코 허망한 것이 아니다. 고는 참으로 그것이 고이며, 집은 참으로 그것이 집이며, 멸은 참으로 그것이 멸이며, 도는 참으로 그것이 도이다. 나는 지금 바로 부지런히 "제행은 무상, 유루행은 고, 일체법은 공이며 무아"라고 힘써 관찰해야 한다. 이와 같이 생각한 뒤에 드디어 '제행은 무상이고, 유루행은 고이고, 일체법은 공이며, 무아라고 힘써 관찰하기에, 뒤에 세제일법을 수습획득하고, 그 직후에 고법지인과 상응하는 성도가 생기하고, 욕계의 행을 무상·고·공, 혹은 무아의 어느 하나로 관찰하는 것을 현전하고 내지, 아직 도류지가 현전되지 않았을 때〔의 15찰나〕를 수신행이라고 이름하며, 이를 수신행보특가라라고 이름한다'라고.

【질문】 어떤 사람이 수법행보특가라인가?

【대답】 수법행보특가라는 이전의 범부위에서의 본성은 사유思惟·칭량稱量·관찰觀察·간택簡擇·추구推求가 많고, 신信·애愛·정淨·승해勝解·자민慈愍은 적지만, 그는 사유思惟·칭량稱量·관찰觀察·간택簡擇·추구推求가 많기 때문에…[15]

15 『集異門足論』第16卷(T26, 435b18-c23), "云何, 隨信行補特伽羅? 答, 此隨信行補特伽羅. 先凡位中稟性多信多愛多淨多勝解多慈愍, 少思惟少稱量少觀察少簡擇少推求, 彼由多信多愛多淨多勝解多慈愍故, 得遇如來或佛弟子, 宣說正法教授教誡. 由遇如來或佛弟子. 宣說正法教授教誡. 以無量門分別開示, 苦眞是苦集眞是集. 滅眞是滅道眞是道. 便作是念. 善哉善哉, 所言諦實定不虛妄. 苦眞是苦集眞是集, 滅眞是滅道眞是道. 我於今者應懃觀察. '諸行無常有漏行苦, 一切法空無我' 作是念. 已遂勤觀察, '諸行無常, 有漏行苦, 一切法空無我, 由勤觀察, 諸行無常有漏行苦一切法空無我故, 便於後時後分, 修得世第一法, 從此無間生

'수신행자'와 '수법행자'는 각자 그 본성이 '믿음(信) 등이 주로 작용하는가', '사유 등이 주로 작용하는가'에 따라 다르고, 후대 유부의 견도론과 완전히 일치하지 않지만 사성제는 진리이며, 모두 '제행은 무상, 유루행은 고, 일체법은 공·무아'라고 인식하는 것이, 세제일법의 획득으로 연결되고, 세제일법은 고법지인과 상응하는 성도로 이어지는 해탈과정이 전개된다. '무상·고·공·무아'는 고성제에 속하는 4행상으로 앞 절에서 살펴봤던 『무아상경』의 발전된 해석으로 추정된다. 여기서 5온에 '제행, 유루행과 일체법'을 대입해 볼 수 있고, '이것이 무상하고 고이기 때문에 자아 혹은 자아에 속한 것이 아니라는 인식이 견도위로 연결된다는 것이다.' 즉 이러한 일체법의 특징은 후대 유부에서 사제 16행상 가운데 고제의 4행상으로 제시된다.

『집이문족론』에서는 단순히 개념들을 열거하고 있는데 사제 16행상도 4지智의 해석에서 이러한 방식으로 제시된다.[16] 여기서 흥미로운 것은 붓다의 정법이며 진리인 사성제법과 고제의 4행상의 특징이 병치되고, 이것이 견도의 획득으로 연결되는 것이다. 사성제에 대한 현관이라고 명언하지는 않지만 성자의 인식대상인 사성제 가운데 결과가 되는 고제인 5취온의 특징이 4행상으로 제시되고, 16행상도

苦法智忍, 相應聖道, 觀欲界行, 爲無常或苦或空或無我, 隨一現前, 乃至未起道類智現在前, 爾時名隨信行, 是名隨信行補特伽羅. 云何, 隨法行補特伽羅? 答, 此隨法行補特伽羅. 先凡位中稟性多思惟, 多稱量多觀察多簡擇多推求, 少信少愛少淨少勝解少慈愍, 彼由多思惟多稱量多觀察多簡擇多推求故…"

16 『集異門足論』 第7卷(T26, 393c27-394a4), 『집이문족론』에 단편적으로 후대 유부의 견도설이 제시되어 있다. 『集異門足論』 第4卷(T26, 383a12-20, 383a27-383b13); 田中教照(1993), 303-306.

단편적으로 언급되어 있는 것은 주목할 만한하다. 한편 번뇌의 단절에 관한 언급은 『법온족론』에서 간략하게 제시하고 있다.

2) 『법온족론法蘊足論』

다나까(田中教照)는 『법온족론』의 새로운 수행도로 현관도現觀道에 주목한다.[17] 『법온족론』에는 사성제 현관의 단초가 보이는 품들이 앞부분에 자리잡고 있는데,[18] 현관도가 아직 체계화되지 않았지만, 초기경전에 산재되어 있던 다양한 수행방법들 가운데 하나였던 현관이 하나의 독립된 수행도로 발전되어 가는 단계라고 생각된다.[19] 이는 제2 「예류지품預流支品」의 사예류지의 설명에서 구체적으로 표명된다. 즉 "〔불 및 불제자인〕 선사를 가까이하며, 〔사성제인〕 정법을 듣고, 〔사성제의 심묘한 정법을〕 여리하게 작의하며, 〔열반인〕 법과 〔팔정도인〕 수법隨法을 행한다"[20]에서 정법인 사성제를 청문하고 〔사성제에〕 주의력을 집중하고, 열반에 향하는 팔정도의 수행이 정성리생(견도)에 들어가기 위한 필수조건이 되는데, 여기에 사성제 현관과의 관련성이 추정된다. 이는 제3 「증정품證淨品」의 '불증정'·'법증정'·'승증정' 해석에서 좀 더 구체적으로 나타난다.

---

17 田中教照(1993), 260-276.

18 『법온족론』에는 제1 「학처품」에서 제5 「통행품」까지 후대 유부에서 부각되는 현관도에 관한 간략한 언급과, 제6 「성종품」에서 제15 「각지품」까지 삼십칠보리분법과 관련되는 품들이 열거되고 있다. 田中教照(1993), 223-226.

19 田中教照(1993), 260-261.

20 小谷信千代(2000), 10-15에서의 설명을 참고하여 보충함.

다나까는 현관의 대상인 법의 관점에서 언급하지 않지만, 여기서 붓다는 일체법을 이해하고 깨달았기 때문에 정득각자이며, 일체법으로 삼십칠보리분법과 사성제법이 제시된다. 흥미로운 점은 사성제 현관이 '현관도'라는 명칭으로 초기불교에서의 대표적인 수행도와 함께 제시되는 것이다.[21] 유부의 해탈도에서 붓다가 설한 사성제의 증득이 부각되는 것을 알 수 있다. 이것은 다음의 법증정의 해석에서 구체적으로 드러난다. 즉 사성제를 인식함으로써 제거되는 견소단과 수소단이 수면들의 단절과 함께 간단하게 제시된다. 바로 여기에 '수면'이라는 용어가 사성제와 관련되어 등장하게 된다.[22] 번뇌가 단절되는 과정은 생략되어 있지만 사성제 현관이 견도에 해당되는 '예류향'의 조건이 되며, '무위의 예류과'와 '무위의 불환과'의 해석에서 제거되는 번뇌가 초기불교의 용어와 함께 제시되고 있다.[23] 여기서 후기 유부의 해탈도에서 제시되는 번뇌제거 과정은 생략되었지만 사성제 현관과 그로 인한 수면의 단절이 사사문과四沙門果의 결과로 이어진다. 붓다가 증득한 사성제라는 진리의 법이 곧 실천수행의 모델이 되며, 사성제에 대한 현관행의 수습이 어떤 번뇌를 어떠한 방식으로 단절하여 예류과 내지 아라한과를 획득하게 하는지 설명 가능한 새로운

---

21 『法蘊足論』 第2卷(T26, 460c14-24); 田中教照(1993), 266-267.

22 『法蘊足論』 第2卷(T26, 462b1-21); 田中教照(1993), 268.

23 『法蘊足論』 第3卷(T26, 464c24-26, 465a10-12), "所言無爲預流果者. 謂於此中三結永斷. 及彼種類結法永斷. 卽是八十八諸隨眠永斷. 及彼種類結法永斷. 是名無爲預流果…所言無爲不還果者. 謂於此中五順下分結永斷. 及彼種類結法永斷. 卽是九十二諸隨眠永斷. 及彼種類結法永斷. 是名無爲不還果"; 田中教照(1993), 269-273.

해탈도로써 제시되고 있는 것에 『법온족론』의 중요성이 부각된다.[24]

이상 『법온족론』에서 현관의 도입과정을 살펴보았다. 다나까는 『법온족론』의 수행도론을 분석하고, 사성제 관찰의 중요성을 밝혀내어 궁극적으로 사성제의 현관을 중심으로 하는 유부의 현관도를 이해하는 실마리를 제공하고 있는 점에서 시사하는 바가 크다. 하지만 아직 아비달마의 독특한 법체계가 뚜렷하게 드러나기 이전 논서를 토대로 서술하고 있어 현관과 제법과의 관계는 명확하게 제시하지 않았다.

3) 『품류족론品類足論』

AKBh에는 '법의 이론'과 '실천의 이론'이 제기되어 있으며, 두 이론은 서로 상호보완적인 역할을 한다. 즉 이론을 제시하는 전승된 교법의 실천을 통하여 증득하기 때문이다.[25] 여기서 혜에 의한 관찰이 중요한 역할을 한다. AKBh의 5위 75법으로 체계화된 법의 이론에서 대지법大地法에 속하는 심소들 가운데 하나인 '혜(진제; 반야)'는 '법(존재현상)의 변별(dharmapravicaya)'로 정의된다.[26] 『법온족론』「온품蘊品」 행온行

24 또한 제10 「성제품」에는 사성제 전체에 대해 각각 시전示轉·권전勸轉·증전證轉 3전 12행상으로 관찰하여, 고·집·멸·도 각각에 대해 관찰하는 남전의 『전법륜경』과 다른 방식으로 설한다. 왜냐하면 시전·권전·증전을 견도·수도·무학도에 적용하려는 유부의 의도라고 보기 때문이다. 『法蘊足論』 第6卷(T26, 479b25-c28); 平川彰(1988), 244-253; 森章司(1995), 245-254; 田中教照(1993), 245-248.

25 櫻部建(2004), 서론 참고.

26 현장: 簡擇, 진제: 擇法, understanding, discernment; 齊藤明 외(2011), 61-62;

蘊의 설명에서 심소법이 언급되어 있지만, 『계신족론界身足論』을 경과하여 『품류족론』에 와서야 5위의 법체계 아래 심과 심소가 제시되어 독자적인 유부의 법체계로 전개된다. 『품류족론』에서는 제법의 분류체계로써 5온 대신 5위(색·심·심소·심불상응행·무위)가 본격적으로 도입된다.[27]

현관은 마음과 상응하는 마음의 작용(심소법) 가운데 하나로 분류되는 법을 변별하는 성질을 지닌 '혜'이며, 사성제 증득을 통해 마음의 흐름을 방해하는 번뇌를 단절하는 작용이다. 현관과 '혜'는 먼저 『품류족론』 제1 「변오사품辯五事品」에서는 각각 심소법으로 열거된다. 현관과 '혜'에 관해 좀 더 살펴보면, 제4 「변칠사품辯七事品」에서 '혜'는 '법을 간택하는 것'과 함께 '위빠사나'로 정의된다.[28] 즉 유부의 독자적인 수행방법인 '법을 변별(dharmapravicaya)하는 혜'가 '위빠사나'와 동일한 성격이라는 것이 법상의 정의를 통해 제시된다. 이러한 해석은 초기 문헌인 『집이문족론』·『법온족론』에서 혜를 '법상을 간택하는 것'이, 즉 '위빠사나'로 연결되어 유부의 초기단계에서부터 나타난다.[29] 이러한 견해는 유부의 수행도에서 중요한 위치를 차지하고 있는

『비바사론』에서는 "아비달마의 논사들은 '온갖 법상들을 결택하고, 〔모든 법상들을〕 궁극적으로 결택할 수 있기 때문에 아비달마라고 한다'고 말한다." 『毘婆沙論』 第2卷(T27, 4a13-14).

27 西村實則(2002), 13-36.

28 『品類足論』 第2卷(T26, 699c20-23), "慧云何? 謂於法簡擇極簡擇, 最極簡擇, 解了等了遍了近了, 機黠通達, 審察聰叡, 覺明慧行毘鉢舍那, 是名爲慧"; 『品類足論』 第8卷(T26, 723b19-22).

29 『集異門足論』 第13卷(T26, 423b11-13); 『法蘊足論』 第10卷(T26, 499c11-14).

사념주四念住의 해석에서도 명확하게 제시된다. 『법온족론』에서는 먼저 '관(觀, vipaśyanā)'에 대한 정의로서, 바로 앞에서 예를 들었던 『집이문족론』·『법온족론』와 같은 내용을 언급한 후, 사념주에 대한 초기경전의 구문해석에서 사념주 각각에 대한 '간택 내지 위빠사나'라는 후렴구로 언급하여 앞의 두 개념을 등치시키고 사념주는 법을 간택하는 혜의 작용인 위빠사나로 해석된다.[30]

한편 '견見'의 정의도 『집이문족론』에서 '혜'의 정의와 동일하며, 이것은 『품류족론』에서 '정견'의 정의에도 인용된다.[31] 이러한 관점은 『집이문족론』·『품류족론』에서 진지盡智와 무생지無生智에 의해 발생하는 '지智·견見·명明·각覺·해解·혜慧·광光·관觀'에서도 보여진다. AKBh의 진지·무생지의 해석에서 '관'이 '현관'으로 대치되어 있어 동일한 개념이라는 것을 알 수 있다.[32] 여기서 흥미로운 것은 『집이문족

---

30 『法蘊足論』 第5卷(T26, 474c14-17); 田中教照(1993), 240-245.

31 『集異門足論』 第2卷(T26, 374a19-22); 『品類足論』 第8卷(T26, 722a9-13).

32 櫻部建(2004), 14-17; 『品類足論』 第1卷(T26, 694a8-10); 『品類足論』 第1卷(T26, 694a8-14), "盡智云何. 謂自遍知. 我已知苦. 我已斷集. 我已證滅. 我已修道. 由此而起. 智見明覺. 解慧光觀. 皆名盡智. 無生智云何. 謂自遍知. 我已知苦不復當知. 我已斷集不復當斷. 我已證滅不復當證. 我已修道不復當修. 由此而起. 智見明覺解慧光觀. 皆名無生智"; 『集異門足論』 第3卷(T26, 376a18-24); AKBh, 394.4-11: "atha kṣayajñānānutpādajñānayoḥ ko viśeṣaḥ/ **kṣayajñānaṃ hi satyeṣu parijñātādiniścayaḥ/ na parijñ̃eyam ityādir anutpādamatir matā** (7) kṣayajñānaṃ katamat/ duḥkhaṃ me parijñātam iti jānāti/ samudayaḥ prahīṇo nirodhaḥ sākṣātkṛto mārgo bhāvita iti jānāti/ tad upādāya yat jñānaṃ darśanaṃ vidyā buddhir bodhiḥ prajñā āloko 'bhisamayam idam ucyate kṣayajñānam/ anutpādajñānaṃ katamat/ duḥkham me parijñātaṃ

론』·『법온족론』·『품류족론』에서 '혜'를 '간택 내지 위빠사나'라고 정의하지만 『심론』·『심론경』·『잡심론』에서 AKBh의 제2「근품」에 해당하는 품에서는 AKBh와 동일하게 '법의 간택'을, 한편 제6「현성품」, 즉 수도론을 설명하고 있는 부분에서는 '위빠사나'에 해당하는 사념주四念住 등을 다루어 법상法相의 설명과 수행 실천론을 별도로 전개한다. 하지만 초기 유부 문헌의 언급에서도 추측할 수 있듯이 두 가지가 동일한 자성임을 알 수 있다.[33]

이상 『법온족론』에서 설명하는 "조건에 의해 발생하는 유위법을 여실지견하는 것이 혜"라는 정의가 제법의 분석·정리라는 유부의 제일명제와 맞물려 유부 수행론의 핵심적 내용을 제시하고 있다.

4) 『비바사론毘婆沙論』

『품류족론』의 혜의 정의에서 유부의 법체계에 대한 분석이 곧 수행론으로 이어진다는 관점을 제시하였다. 이러한 성향은 『비바사론』의 단계에서 더욱 구체적으로 나타난다. 즉 문소성혜聞所成慧·사소성혜思所成慧·수소성혜修所成慧는 사선근四善根의 최초의 단계인 난위煖位의 기본전제가 되는데, 문소성혜의 수습은 18계－12처－5온－사념

---

na punaḥ parijñeyam iti jājñāti yāvat mārgo bhāvito na punar bhāvayitavya iti/ tad upādāyeti vistareṇoktaṃ śāstre"; 慧·智·見에 대한 자세한 설명은 櫻部建(1997), 119-126를 참고 바람.

33 西村實則(2002), 63에서는 『비바사론』의 설명을 인용하여 "8智와 사념주의 개념을 규정할 때, 그 자성은 「대지법」 가운데 '혜'와 동일하다"고 설명하고 있다.

주-사성제의 순서로 각각 자상(自相, svalakṣaṇa)과 공상(共相, sāmānyalakṣaṇa)으로 관찰하는 것이다. 이와 같이 법의 자상을 분별하는 실천에 의해 문소성혜와 수소성혜의 수습이 완성되는 것이 난위煖位이다.

차례대로 정頂-인忍-세제일법世第一法-견도見道-수도修道-무학도無學道가 발생하여 점차로 선근善根이 강화된다.[34] 사념주를 공상(共相, sāmānyalakṣaṇa)으로 관찰하는 것은 사선근四善根의 단계에서 사성제를 16행상으로 확장시켜 염처수행과 결합하여 행해지고 관찰을 심화시켜 견도에 도달한다.[35] 즉 현관은 사념처관과 동일한 법의 변별에 기반하는 수행법이다. 『비바사론』은 초기불교에서의 3전12행상을 아비달마의 관점에서 다음과 같이 해석한다.

> 계경에서 설하는 것과 같이, '고성제는 마땅히 혜로써 변지해야만 한다.' 아비달마는 '지가 변지하는 것은 일체법이다'라고 설명한다. 계경에서 설하는 것과 같이, '고집성제는 마땅히 혜로써 영단해야만 한다.' 아비달마는 '영단해야 할 것은 유루법이다'라고 설명한다. 계경에서 설하는 것과 같이, '고멸성제는 마땅히 혜로써 작증해야 한다.' 아비달마는 '작증하여 얻는 〔법은〕 선법들'이라고 설명한다. 계경에서 설하는 것과 같이, '고의 소멸로 나아가는 도성제는 마땅히 혜로써 수습해야 한다.' 아비달마는 '마땅히 수습해야 하는 법은 유위의 선법이다'라고 설명한다.[36]

---

34 『毘婆沙論』 第1卷(T27, 34a21-c26).

35 설일체유부에 있어서 사념주에 대해서는 본서 제4장을 참고 바람.

초기불교의 '고제의 변지'·'집제의 영단'·'멸제의 작증'·'도제의 수습'의 내용을, 유부는 각각 '지가 변지하는 것은 일체법'·'영단해야 할 것은 유루법'·'작증하여 얻는 〔법은〕 선법들'·'수습해야 할 것은 유위의 선법'이라는 유부의 법의 관점에서 재해석한다. 즉 인과관계로 구성된 사성제의 도식을 바탕으로 일체법이 고임을 파악하고 재생을 일으키는 법을 제거하여 열반이라는 선법善法을 얻기 위해 선법인 팔정도八正道를 유지 수습하는 방식으로 제법을 관찰하는 것이 현관인 것이다.

견도위 전단계인 유루의 가행위의 단계에서는 5온에서 사성제에 이르기까지의 제법을 자상과 공상으로 관찰하여, 법의 분별을 직접 실천하는 유부의 독자적인 수행방법을 제시한다. 가행위에서 법의 관찰은 견도위의 단계에 이르면 일체법인 사성제를 16행상이라는 혜의 관점에서 관찰한다.[37] 다시 말하면, 유부에 있어 사념주 이해의 핵심은 유위법을 여실지견하는 것, 즉 유위법을 무상·고·공·비아라고 관찰하는 것이다. 그 다음 단계인 사선근위에서 4행상이 사성제 16행상에 포함 확장되어 사념주와 병행되어 관찰되기도 한다.[38] 그러나 사선근의 단계는 유루도이므로 무루도인 견도에서 사성제를 16행

---

36 『毘婆沙論』 第79卷(T27, 406b8-10, 407b20-21, 407c29-408a1, 408a25-26), "如契經說, '苦聖諦應以慧遍知'. 阿毘達磨說, '智所遍知謂一切法'…如契經說, '苦集聖諦應以慧永斷'. 阿毘達磨說, '應永斷者謂有漏法'…如契經說, '苦滅聖諦應以慧作證'. 阿毘達磨說, '得作證者謂諸善法'…如契經說, '趣苦滅道聖諦應以慧修習'. 阿毘達磨說, '應修習法者謂有爲善法.'"; 平川彰(1988), 254.

37 『毘婆沙論』 第79卷(T27, 408c9-13).

38 설일체유부에 있어서 사선근은 본서 제5장을 참고 바람.

상이라는 무루혜의 관점에서 확장하여 관찰하는 것과는 다르다. 왜냐하면 위에서 예를 든 고성제의 해석에서 『비바사론』은 『초전법륜경』의 '고성제는 혜로 변지해야 한다'를 아비달마에서는 '지智가 변지遍知하는 것은 일체법이다'라고 해석하는데, 이를 계경에서는 '오직 출세간〔의 무루〕혜만으로 변지할 뿐'이라 설명하지만, 아비달마는 '세간〔의 유루혜〕와 출세간〔의 무루〕혜로 고를 변지해야 한다'고 해석하여, 엄밀하게 혜를 유루혜와 무루혜로 구분한다.[39]

『비바사론』에서 성제(āryasatya)는 전도되지 않고 "성자가 성취하기 때문에 성제"[40]라고 정의한다. 즉 성자만이 무루혜로 제법을 '고·집·멸·도'라는 관점에서 현관 증득한 것을 중생들을 구제하기 위해 설시한 것이다. 사성제법은 세제일법에서 유정들을 범부에서 성자로, 세제일법에서 고법지인으로, 생사의 고통에서 열반의 즐거움으로 인도하는 구제법으로 다음과 같이 설명된다.

【질문】 구제법은 어떤 의미인가?

【대답】 유정(중생)을 험하고 위험한 곳에서 편한 곳으로 인도하기에 구제이다. 험하고 위험한 곳이란 이생(범부)의 상태로 깊은 산등성이의 골짜기와 험준한 산 등 〔중생이〕 두려워하는 곳과 같다. 편한 곳이란 성자의 상태를 말한 것이며 큰 도로와 같다.

---

39 『毘婆沙論』 第79卷(T27, 406b11-12); 『順正理論』 第56卷((T29, 654a10-14)에서 어떤 이의 설명에 의하면 유루혜는 문·사소성의 혜와 난·정·인·세제일법 등의 수소성의 혜, 무루혜는 출세간의 견도·수도·무학도의 혜라고 설명한다.

40 『毘婆沙論』 第78卷(T27, 402a10), "聖者成就故名聖諦."

붓다는 사성제법을 설하여 이생이라는 깊은 산등성이의 골짜기와 같은 상태에서 유정을 이끌어내어 성자의 상태인 지극히 편한 곳에 두는 것이다. 말하자면 〔불〕도에 들게 하여 그 도道의 과果를 얻게 하는 것을 구제라고 하는 것이다. 또한 평등한 곳에서 정성正性으로 〔유정을〕 인도하는 것을 구제라고 하는 것이다. 평등한 곳이란 세제일법이며 정성이란 고법지인이다. 붓다는 사성제법을 설하여 세제일법에서 유정을 인도하여 고법지인에 들어가게 하는 것이 구제이다. 또한 큰 고통을 경험하는 곳에서 유정을 커다란 즐거움이 있는 장소로 인도하는 것이 구제이다. 큰 고통을 경험하는 장소는 생사이며, 커다란 즐거움이 있는 장소는 열반이다. 붓다는 사성제법을 설하여 유정을 생사에서 이끌어내어 대열반을 얻게 하기 때문에 구제라고 하는 것이다.[41]

이와 같이 사성제는 중생을 열반으로 인도하는 직접적인 원인이 된다. 준비행인 5온·12처·18계법의 관찰에 의해서가 아니라 사성제를 직접 관찰함으로써만 '도과의 획득'과 '번뇌의 단절'로 연결되어

---

41 『毘婆沙論』第78卷(T27, 401c7-20), "問言拔濟者是何義耶? 答從嶮難處引諸有情置平坦處故名拔濟. 嶮難處者, 謂異生性如深坑谷及山巖等諸可畏處. 平坦處者, 謂諸聖畵像性如大王路. 由佛宣說四聖諦法. 從異生性極嶮難處. 引諸有情置諸聖性極平坦處. 謂令入(八〈宮〉)道及得道果故名拔濟. 復次從平等處引入正性故名拔濟. 平等處者, 謂世第一法. 正性者, 謂苦法智忍. 由佛宣說四聖諦法. 引諸有情從世第一法入苦法智忍故名拔濟. 復次從大苦處引諸有情置大樂處故名拔濟. 大苦處者, 謂生死大樂處者謂涅槃. 由佛宣說四聖諦法引諸有情令出生死得大涅槃故名拔濟."; 小谷信千代(2000), 6.

마침내 성도에 들어가 법신을 증득하기 때문에 사성제만이 구제법으로 강조된다.[42]

5) AKBh·『순정리론順正理論』

이상 '존재현상의 분석'이라는 방법을 통해서 성자가 경험한 일체법인 사성제를 증득하는 것이 초기불교와 구분되는 유부 수행도의 특징이다. 즉 유부는 현관을 제법의 분석과 수도론의 관점에서 기술한다. 이는 AKBh에도 계승되는데, 현관은 혜慧의 작용으로 "혜는 존재현상을 분석하는 것이다(dharmapravicaya)"라고 설명하고, 비바사사들은 "존재현상(제법)을 바르게 분석하는 것이 곧 번뇌를 진정시킬 수 있는 뛰어난 방법"이라 말한다.[43] 『순정리론』에서도 '혜'는 '택법擇法'으로 번뇌가 없는 '무루혜'이며, 이것은 곧 아비다르마라고 정의한다.[44] 한편 제현관의 중요성에 대해 미야시타(宮下晴輝)는 다음과 같이 말한다.

> 유부의 교의학의 중심을 이루는 하나는 제현관(諦現觀, satyābhi-samaya)이다. 유부의 교의학은 크게 제법의 성격 규정에 의한 분석 정리와 고통의 소멸로 인도하는 수도론이다. 그리고 이 양자

---

42 『毘婆沙論』 第78卷(T27, 401c20-28); 小谷信千代(2000), 6-7.

43 AKBh, 2.23-3.1; AKBh, 54.22; AKVy, 127.27-31; TA, P. to 216a4-6, D. tho 182a2-4; LA, P. ju 157b7-158a1, D. cu 136a2-3; Cox, Collect(2004), 550.

44 『順正理論』 第1卷(T29, 329a26-b1).

를 연결하는 것이 제현관이라고 할 수 있다. 제법의 성격 규정은 혜(prajñā)에 의한 관찰에 근거하며, 또한 수도에 있어 번뇌의 소멸도 혜로 관찰하는 것이다. 제법의 성격 규정도 번뇌의 소멸도 같은 혜의 활동인 제현관, 즉 제법의 관찰에 의해 성립된다.[45]

혜는 '제법의 성격 규정'과 '번뇌의 소멸'에 주도적인 역할을 한다.[46] 여기서 제법의 성격을 규명함과 동시에 진리인 사성제법의 이해에 의한 번뇌의 단절을 통해 '혜'에 중요한 의미가 부여된다.[47] 즉 '존재현

---

45 宮下晴輝(2014), 22; Cox, Collect(2004), 551-554는 제현관의 측면에서 고찰하지 않지만 수도론과 관련되는 것을 "evaluative", 제법의 성격 규정과 관련되는 것을 "descriptive" 분석으로 분류한다.

46 이러한 혜의 기능은 『품류족론』에서 "제법의 분석과 위빠사나"로, 『법온족론』에서 혜를 "여실하게 연하여 생기한 법을 아는 것" 또는 "사성제법에 대한 관찰"이라는 해석과도 연결된다. 『法蘊足論』 第6卷(T26, 481c11-15); 『法蘊足論』 第8卷(T26, 492b4-18); 『法蘊足論』 第10卷(T26, 499c11-14).

47 AKBh에서 세친은 다르마를 "svalakṣaṇadhāraṇād dharmaḥ"(AKBh, 2.9)라고 니룩따적인 어의 해석으로 설명한다(이종철 2015: 22 각주 1번 참고). 법(다르마) 개념은 모든 신심을 구성하는 근본요소로 다른 존재와 구분되는 자기만의 특질인 '자성(自性, svabhāva)'을 지니고 자신만의 특징(自相)을 지니기에 '다르마'이며, 열반이나 法相(dharmalakṣaṇa)에 직면하므로 승의로서의 아비다르마로 정의된다(AKBh, 2. 2-10). 유부는 다르마들만이 존재한다고 보며, 다르마들의 유기적인 결합에 의해 구성된 현상은 임시적인 것으로 이해하는데 이것이 바로 '혜'의 핵심적인 기능이다. 다르마는 자기만의 특질인 자성을 지니고 있기에 의식에 의해 인식 가능한 대상이 되는 5위 75법의 체계로 분류된다. 이것은 초기불교에서부터 인식하는 주체와 대상으로 언급되어온 5온·12처·18계보다 진화된 개념분류체계이다. 모든 존재현상(일체법)은 인식의 주체인 인간의 인식

상을 분석'하여 유위법은 '무상·고·공·무아'의 속성을 띄고 인과관계의 법칙에 따라 형성된 것이라고 파악하는 것이 실천론으로 연결되는 것이다. 유부의 수행도는 사성제의 관법을 토대로 하는데, 사성제는 현관이 먼저 일어난 '고·집·멸·도'인 현관의 순서로 구성되어 있다.[48] 즉 결과인 고苦를 먼저 인지하고 원인인 집集의 관찰을 통하여 현상의 속성은 고라고 파악하는 것이 열반에 직향하는 현관의 기본전제로 제시된다. 『순정리론』에서는 현관을 현장역 『구사론』과 같이 '현등각'이라고 설명하고 있는데, 의미가 명확하지 않으므로 산스크리트본 AKBh와 주석서를 살펴보자.

> 현관이란 어떤 의미인가? √i는 깨닫는다는 의미이기 때문에 깨달음(현장: 現等覺, 진제: 成正覺)이다. 왜 오직 무루뿐이며 유루가 아닌가? 왜냐하면 그것은 열반에 직향하는 바른 깨달음이기 때문이다. '바른'이란 진실로서이다.[49]

범위를 통해 파악 가능한 대상이고 연하여 일어난 현상이며, 이러한 인과관계를 이해하는 것이 곧 번뇌를 단절하여 고통의 소멸로 인도하는 수행론과 연결되는 것이다. Cox, Collect(2004), 550-551.

48 사성제 가운데 결과가 되는 5취온이 고제이며 원인이 되는 5취온이 집제인 인과관계로 구성되어 있다. 이 둘은 실체(dravya)로는 유루법이나 이름으로 구별된다. 그러나 멸과 도는 이름뿐만 아니라 실체로도 또한 구별된다. AKBh, 328.12-14.

49 AKBh, 328.11-12, "abhisamaya iti ko 'rthaḥ/ abhisaṃbodhaḥ/ iṇo bodhanārthatvāt/ kasmād anāsrava eva na sāsravaḥ/ sa hi nirvāṇābhimukhaḥ samyak bodhaḥ/ samyag iti tattvena/"

AKVy에는 '모든 간다고 하는 의미를 가지는 어근은 이해하는 깨달음(bodhana)이라는 의미를 가지기 때문이다'고 설명한다. TA에서도 '이해(rtogs pa)'라는 의미도 있다고 해석하는데, 이는 눈앞에 직면한 현상의 인과관계를 이해하고 아는 것이 곧 깨닫는 것이라는 의미이다.[50] 또한 이것은 현관이 무루임을 설명하는 것이다.[51] 현관은 성자의 단계에 해당되며, 성자가 무루혜로 사성제를 바르게 인식하는 것을 말한다.[52] 즉 사성제는 성자만의 인식대상이다.[53] 그렇다면 성자는

---

50 AKVy, 515.4-5, "*iṇo bodhanārthatvāt* sarvo gaty-artho bodhanārtho 'pi bhavatīti."; TA, P. tho 337a2-4, D. do 193b2-3; LA, P. Ñu 183a5, D. Chu 146b7-147a1; LA에서는 "현관을 바르게 이해하는 것"이라고 정의하며 "사성제에 관한 바른 인식이 곧 열반에 직향해서 바르게 깨닫는 것"이라 한다; Dhātupāṭha(2. 36)에서 √i는 "iṇ gatau"이기 때문에, "gati"는 "아는 것(jñāna)"의 의미도 있다고 해석한다. √i에 대한 다양한 해석은 이종철(2001), 87 각주 13을 참고 바람.

51 TA·LA에서 "현관은 열반에 직향해서 진리〔인 사성제〕를 깨닫는 것이기 때문에 현관이라고 설명한 것이 되며, 見道〔에 들어가면〕 틀림없이 열반을 증득하기 때문에 열반으로 직향한다고 설명하는 것이다"라는 해석에서 현관이 무루인 이유는 견도이기 때문이라는 것을 함축한다. TA, P. tho 337a6-8, D. do 193b5-7; LA, P. Ñu 183a8-b1, D. chu 147a3-4.

52 『毘婆沙論』 第78卷(T27, 402a6-7)에서는 "성자가 성취하기에 성제"라고 한다.

53 AKBh·『순정리론』에서는 경전을 인용하여 "성자들의 진리이기 때문에 성제라는 이름을 얻었다"라고 설명한다. '성제'에 관해서는 『비바사론』의 승가벌소와 세우의 설명이 이해하기 쉽다. 즉 전자는 "사제는 오직 성자〔의 인식범위〕에만 속하는 것이지 이생〔의 인식범위〕에는 속하지 않기 때문에 성제라고 한다"고 설명하며, 후자는 "이와 같은 사성제는 단지, 여러 성자만이 성자의 〔무루〕혜로 통달하기 때문에 성제라고 한다"고 말하는 것을 통해서도 명확하게 알 수 있다. 『毘婆沙論』 第78卷(T27, 402b4-6); 『旧婆沙』와 『鞞婆沙』에는 누락; 인도불교에

무루혜로 사성제를 어떤 방식으로 인식하는 것일까? AKBh에서는 "〔무루혜를 지닌〕 성자는 사성제를 〔전도됨이 없이 존재하는〕 그대로 인식한다"[54]고 설명하는데 이를 16행상으로 해석한다.[55] 성자는 무루혜로 사성제를 공상인 16행상으로 파악한다. 앞에서도 설명했듯이 고통의 자각은 현관의 기본전제가 된다. 고통에 관한 해석에 대해서는 유부와 "성자의 마음에 거슬리기 때문에 고이다"라고 주장하는 세친과 약간의 상이점이 보이나 상세한 언급은 다음으로 미루겠다.[56] 이상 현관하는 성자는 유루법이며 오취온의 결과적 측면인 고를 혜로써 '무상·고·공·무아'의 4행상이라고 인식한다. 이는 초전법륜을 지나 아비달마 문헌에 이르기까지 이어져온 해탈인식임을 알 수 있다. 이로써 제법(존재현상)의 인과관계를 이해하는 눈(법안)이 현관과 같은 개념이라는 것도 알게 되었다.

서의 '聖'의 의미와 사성제에 대한 상세한 고찰은 榎本文雄(2009), 354-336이 유용하다.

54 AKBh, 328.15-17.

55 AKVy, 515.7-9, 행상을 세친은 "행상은 대상(고성제) 등을 파악하는 양상(무상·고 등으로)이다"라고 설명한다. 한편 유부는 "행상의 자성은 혜(prajñā)이다"라고 정의한다; AKBh, 401.16-402.4; 『毘婆沙論』 第79卷(T27, 408c25); 사성제 16행상에 대한 상세한 논의는 青原令知(2002)를 참고 바람.

56 AKBh, 329.17-18; AKBh, 400.13-15; 『法蘊足論』 第6卷(T26, 480c23); 『毘婆沙論』 第79卷(T27, 409a13); 『順正理論』 第57卷(T29, 662c10-11); AKBh, 5.15; TA, P. tho 46b2-5, D. do 39a4-5; LA, P. Ju 29b3-6. D. cu 25a4-5; TA, P. tho 340b6, D. do 196b5, LA, P. Ñu 186a7-8, D. chu 149b6: 성자의 마음에 거슬리기 때문이란, 〔성자들이〕 좋아하지 않는 것(바라지 않은 것, mi 'dod pa)이기 때문이라는 의미이다. 이종철(1989), 402.

4. 결론

이상 현관 개념의 추이와 유부가 제법을 보는 관점을 중요한 유부 문헌의 관련기술과 선행연구를 검토하여 살펴보았다. 유부는 혜로 일체법을 크게 진리와 교법으로서의 사성제법(dharma), 그리고 현상과 존재의 요소(dharmas)로 이해하고 있으며, 이는 수도론과 제법의 분석 정리로 이어졌다는 것을 알 수 있었다. 이러한 이해는 붓다의 초전법륜에서의 설법에 의거하고 있다. 초전법륜은 '사성제의 인식과 루의 소멸'을 이해할 수 있는 단서들을 제공한다. 즉 사성제의 발견과 통찰은 사물의 본성을 이해하게 했으며, 5온이 무상하고 고이기 때문에 '자아' 혹은 '자아에 속한 것이 아니다'(무아)라고 정혜正慧로 인식하는 것(정견)이 루의 소멸과 아라한의 해탈로 이끈다. 여기서 핵심 키워드인 '사성제'와 '5온 무아'의 논증방식은 이후 유부의 현관도에 중요한 영향을 미쳤다. 이러한 경향은 초기 유부 문헌인 『집이문족론』의 단계에서부터 찾아볼 수 있다.

한편 『품류족론』의 단계에서는 '5온' 대신 '5위'가 도입되어 일체법 개념과의 상호 관련성이 설명되기 시작한다. 사성제 현관은 마음과 상응하는 심소 가운데 하나로 분류되는 택법의 성질을 지닌 혜의 작용이다. 여기서 혜를 '법의 간택' 내지 '위빠사나'라고 해석하여, 초기불교에서와 다른 '법의 변별(dharmapravicaya)'이라는 유부만의 독특한 해석이 곧 수행론과 결합되고 있음을 제시하였다. 이러한 특징은 『비바사론』의 단계에서 더욱 뚜렷해지고, 마침내 '제법의 성격 규정에 의한 분석 정리와 고통의 소멸로 인도하는 수도론',

즉 모든 존재현상(일체법)은 연하여 일어난 모든 현상이며, 이러한 인과관계의 법칙을 이해하는 것이 곧 번뇌를 제거하여 고통을 극복하는 현관수행론이라고 이해하였다.

제3장 설일체유부의 부정관과 지식념에 대한 고찰

1. 서론

선행연구에 따르면 AKBh(『阿毘達磨俱舍論』) 제6장 「현성품賢聖品」의 수행체계는 『심론』·『심론경』·『잡심론』 등의 『심론』 계열의 논서를 계승하고 있으며, 신기청정위(身器淸淨位: 身心遠離·喜足小欲·四聖種) → 삼현위(三賢位: 五停心觀·別相念住·總相念住: 順解脫分, mokṣabhāgīya) → 사선근위(四善根位, 順決擇分, nirvedhabhāgīya) → 견도(見道, darśanamārga) → 수도(修道, bhāvanāmārga) → 무학도(無學道, aśaikṣamārga)로 제시된다.[1]

이 가운데 삼현위에 해당되는 오정심관은 유부 논서에서 부정관不淨觀과 지식념持息念[2]으로 설명되며 성도聖道에 들어가기 위한 예비적

---

1 小谷信千代(2000), 130-136.

2 Deleanu, Florin(1992), 42가 지적하고 있듯이 지식념은 Sanskrit: ānāpānasmṛti, Pāil: ānāpānasati이며 한역은 安般守意, 安般念, 阿那般那觀, 入出息念, 持息念,

인 수행단계로 중시된다. 즉 『오사비바사론五事毘婆沙論』·『비바사론』·『잡심론』에서는 '감로문甘露門', AKBh·『순정리론』에서는 '입수요이문入修要二門', 『감로미론甘露味論』에서는 '취열반이종趣涅槃二種'으로 강조된다.[3] 여기서 주목하고 싶은 것은 일부 유부 문헌에서 이 두 가지 수행법이 5온(일체법)을 관찰하는 문맥에서 설명되고 있는 것이다. 『비바사론』에서 5온의 순서대로 관찰하는 이유에 대해 여러 가지로 설명하고 있는데, 그 가운데 다음과 같은 설명이 있다.

【질문】 세존께서 먼저 색온을 설하고 마지막에 식온을 설하신 이유는 무엇 때문인가?

【대답】 …(생략)… 두 종류의 색관色觀은 불법에 들어가기 위한 감로문, 즉 부정관과 지식념이다. 때문에 먼저 색色을 설하고

數息觀 등으로 다양하게 번역된다. 入出息念이 원어에 충실한 번역이라고 할 수 있지만 본서에서는 지식념의 여섯 가지 원인을 설명하고 있는 『毘婆沙論』 第26卷(T27, 134c26-27), 현장 역 『俱舍論』과 『順正理論』에 의거해 지식념이라고 하겠다.

3 Deleanu, Florin(1992), 42; 『毘婆沙論』 第74卷(T27, 384b16-17), 『毘婆沙論』 第127卷(T27, 662c8-10); 5정심관이라는 명칭에 대해 小谷信千代(2000), 138는 사쿠라베의 주장을 인용하여 혜원慧遠의 『대승의장大乘義章』에서 부정관, 자비관, 인연관, 계분별관, 아나파나관의 다섯 종류의 관법을 제시한 것에서 비롯되었다고 설명한다. 5정심관이 AKBh와 주석서인 AKVy에서는 언급되고 있지 않으나 중국 주석서인 『光記』와 『寶疏』에서는 부정관과 지식념이 5정심관의 요약이라고 해석한다고 설명한다. 필자가 조사한 결과 티베트 역 주석서인 TA, LA에서도 해당 부분에 5정심관이라는 언급은 보이지 않고 부정관과 지식념에 대해서만 설명한다.

색의 관찰을 마치면 수受의 허물이 보이기 때문에 다음에 수를 설하고, 수의 허물이 보이면 상想은 전도하지 않기 때문에 다음에 상을 설하고, 상이 전도하지 않으면 번뇌가 발생하지 않기 때문에 다음에 행行을 설하고, 번뇌가 없으면 식識이 곧 청정해지기 때문에 마지막에 식을 설한다.[4]

이러한 설명은 『오사비바사론五事毘婆沙論』·『잡심론』에서도 찾아볼 수 있다. 또한 『비바사론』의 다른 개소에서는 부정관으로 사대소조색을, 지식념으로 사대종(지·수·화·풍)을 관찰한다고 설하여 색온, 즉 몸(身)의 관찰과 관련되고 있는 것을 알 수 있다.[5] 이것은 AKBh에서 몸(身)의 자성이 사대소조색과 사대종이며 성적인 탐욕(kāmarāga)이 발생하는 장소로 정의되고 있는 것에서도 알 수 있다.[6] 즉 성욕이 발생하는 장소이기 때문에 유위유루법인 신체의 부정한 요소를 관찰하여 성욕이 발생하지 않게 하기 위한 수행방법인 것을 알 수 있다. 또한 유설有說로서 대종과 사대소조색을 관찰하는 것이 상위의 수행도로 연결된다고 설명하듯이[7] 신체의 관찰을 통한 성욕의 단절은

4 『毘婆沙論』 第74卷(T27, 384a27-b20), "問何故世尊先說色蘊, 乃至最後說識蘊耶? … 復次二種色觀於入佛法爲甘露門. 謂不淨觀及持息念. 故先說色旣觀色已, 能見受過故次說受. 見受過已想不顚倒故次說. 想無倒已煩惱不生故次說行. 無煩惱故識便淸淨故後說識."; 『雜心論』 第1卷(T28, 871c4-17).

5 『五事毘婆沙論』 卷上(T28, 989c15-19); 『雜心論』 第1卷(T28, 871c4-17); 『毘婆沙論』 第127卷(T27, 662c8-10).

6 AKBh, 341.13; AKBh, 342.19-21.

7 『毘婆沙論』 第127卷(T27, 662c10-14).

다음의 상위 단계로 나아가기 위해 필수적인 수행법이다. 이와 같이 부정관과 지식념을 각각 사대종에 의해 만들어진 것과 사대종에 대한 관찰로 보고 있어 신체(身)에 대한 관찰이 견도에 들어가기 위한 중요한 예비적 수행단계라는 것을 알 수 있다. 그러면 무슨 이유로 유부는 다섯 종류의 관법을 부정관과 지식념의 두 종류로 요약하고 있는 것일까? 이에 대해 오다니(小谷信千代)는 다음과 같이 설명한다.

> 5종의 관법은 유부의 유가행사상의 전개에 따라 두 종류의 중요한 입구로 요약된다고 생각한다. 그렇다면 유가행은 유부에서 어떻게 전개되어온 것일까? 유가행사상이 전개되는 배경에는 유부의 교의 혹은 사상 자체에 어떤 변화가 있었던 것이 예상된다. 그것은 붓다의 가르침을 이해하는 방법에 관해 발생한 인식의 변화였다고 생각된다.[8]

유가행을 '붓다의 가르침(법)을 이해하는 방법에 대해 생긴 인식의 변화'라고 주장하는 것은 주목할 만하다. 그러나 오다니는 5종의 관법(유부: 부정관과 지식념)에 대해 상세하게 설명하고 있지만 유가행자의 인식의 변화와 수행체계가 서로 어떻게 관련되고 있는지 자세하게 언급하지 않는다.

한편 붓다의 '가르침으로서의 법'과 '경험적 사물'의 의미를 긴밀하게 연결시키는 것이 유가행자들의 인식이라고 지적하여, 이 두 가지

8 小谷信千代(2000), 139.

의미에 대한 통찰을 유가행자들의 경험인식이라고 지적하는 것은 유부의 실천수행을 이해하는 데 중요한 단서를 제공한다. 이러한 관점은 카네쿠라(金倉圓照)[9]가 분류한 네 가지 법의 이해에 근거하고 있는 것으로, 여기서 주목하고 싶은 것은 '사유기관(의근)에 형성된 현상의 심상'으로 설명되는 '경험적 사물의 의미'에서이다.[10] 유부는 존재요소를 자기만의 특성을 지닌 다르마로 분석하는데 명상 수행자의 경험인식에 의해 인지할 수 있는 대상을 5위 75법 체계로 분류한다. 이는 명상 수행자의 인식범위에 의해 인지 가능한 모든 존재현상(일체법)인 인식의 주체와 대상이며, 초기불교의 일체법의 분류방식인 5온·12처·18계에서 발전한 분류체계이다. 이와 같은 존재 개념의 분류체계는 수행도론과도 밀접하게 관련된다고 생각한다.[11] 오다니(小谷信千代)는 경전과 유부 논서에서 제시되고 있는 유가행에서 5정심관을 상세하게 고찰한다. 하지만 유부가 부정관과 지식념을 어떤 이유로 성도聖道인 견도를 획득하기 위한 예비단계에 위치시키는지 전체적인 유부 수행도의 관점에서 논의하지 않았다.

---

9 金倉圓照(1973), 90-91.

10 중현에 의하면 궁극적(승의적) 대상인 실체(dravya)를 지니고 존재하는 제법만이 인식의 대상이 될 수 있으며, 이를 의식(意識, manovijñāna)으로 이해할 때 대상을 존재한다고 판단하는 각지(覺知, buddhi)가 발생한다고 본다. 또한 『順正理論』「변본사품弁本事品」에서 설명하는 세 가지 直接知(現量, pratyakṣa) 가운데 現量覺이 유부의 6식설 가운데 의식의 인식이라고 지적한다. 의식은 의근(意根, manaindriya)을 의지처로 하여 법(法, dharma)을 인식하는 것으로 유부의 법체계와 관련지어 상세하게 설명된다. 一色大悟(2020), 47-63을 참고 바람.

11 본서 제7장 참고 바람.

본서에서는 이와 같은 선행연구를 바탕으로 유부가 왜 부정관과 지식념을 견도見道의 준비단계에 두고 있는지 유부의 의도를 중심으로 살펴보고자 한다. 이러한 고찰을 통해 붓다가 깨닫고 설한 무아無我의 가르침이 유부의 중요한 실천수행론이라는 것을 알게 될 것이다.

2. 유부 수행도에서 부정관과 지식념

1) 염(smṛti)과의 관계

오다니(小谷信千代)가 지적하고 있듯이 부정관과 지식념은 초기의 유부 논서로 분류되는 『집이문족론』에서 찾아볼 수 있다. 여기서는 "뛰어난 법을 찾기위해 소계小戒·소금小禁·이욕離欲·부정관·지식념(수식관)을 추구해야 한다"라고 설명한 후, 초정려初靜慮 내지 제4정려第四靜慮 그리고 4무량심四無量心, 공무변처정空無邊處定 내지 비상비비상처非想非非想處 등이 열거되는 일련의 수행체계 내에서 간단하게 언급된다.[12] 한편 부정관과 지식념의 중요성은 『비바사론』에서 뚜렷하게 나타난다.[13] 또한 부정관과 지식념은 무루혜를 획득하는 견도

---

12 『集異門足論』 第2卷(T26, 374c14-28). 하지만 제18권 「팔법품」에서는 부정관이 아니라 부정상이라고 언급한다. 신념주의 설명 부분에서 부정관에 대한 언급은 보이지 않는다; 小谷信千代(2000), 147-148.

13 부정관에 대해 釋惠敏(1994)은 『성문지』의 부정관을 중심으로 광범위한 문헌을 상세하게 비교 연구하고 있다. 한편 유부 문헌을 중심으로 한 부정관 연구로는 Dhammajoti, KL(2009)가 있으며, 이를 기반으로 Kritzer, Robert(2017)는 『비바사론』과 『성문지』의 부정관을 비교 연구하여 양 논서 간의 특징을 지적한다. 또한 阿部貴子(2020)는 초기의 유부 논서와 선경류를 비교하여 『성문지』가

이전의 가행도로서 중요한 역할을 하고 있고 견도의 근본으로 설명되어 『비바사론』에서 여러 형태로 발견된다.[14] 그 가운데 견도 이전 가행위에 대해 다음의 두 가지 예를 들어보겠다.

(1) 부정관不淨觀 → 지식념持息念 → 염주念住 → 3의관三義觀 → 7처선七處善 → 사선근四善根.[15]

(2) 18계 → 12처 → 5온 → 사념주 → 사성제 → 문소성혜 → 사소성혜 → 수소성혜〔=난〕 → 사선근.[16]

어떤 경론의 영향을 받고 있는지에 대해 고찰한다. 이와 같이 선행연구는 주로 『성문지』의 부정관의 관점에서 부정관의 내용을 중심으로 개별적으로 다룬다. Dhammajoti, KL(2009)도 5온의 통찰이라는 유부의 수행도론의 관점에서 견도에 도달하기까지의 과정 내에서 부정관의 역할에 대한 언급은 상세하게 다루지 않았다.

14 『毘婆沙論』 第28卷(T27, 146c9-10); 『毘婆沙論』 第186卷(T27, 933c8-9); 『毘婆沙論』 第197卷(T27, 985a26-27); 『毘婆沙論』 第1卷(T27, 5c2-4) 뿐만 아니라 혜시惠施 → 정계淨戒 → 부정관不淨觀 → 지식념持息念 → 염주念住 → 문소성혜聞所成慧 → 사소성혜思所成慧 → 수소성혜修所成慧 → 사선근四善根 → 견도15심見道十五心; 부정관不淨觀 → 지식념持息念 → 신념주身念住 → 초삼해탈初三解脫 → 팔승처八勝處 → 전팔변처前八遍處; 부정관不淨觀 내지 진지盡智 등의 수행단계론이 제시되어 있다. 小谷信千代(2000), 156-157.

15 『毘婆沙論』 第1卷(T27, 5c2-4), "若順次第說諸功德者. 應先說不淨觀或持息念等. 次說念住. 次說三義觀. 次說七處善. 次說煖次說頂次說忍. 然後應說世第一法"; 『旧婆沙論』 第1卷(T28, 4a16-21); 『毘婆沙論』 第28卷(T27, 146c9-10); 『毘婆沙論』 第197卷(T27, 985a26-27); 『毘婆沙論』 第186卷(T27, 933c8-9)에서는 견도의 근본으로 설명된다.

첫 번째, 부정관과 지식념은 염주 바로 전단계에 위치한 수행자의 명상체험의 내용이다. 여기서 두 번째와 비교해 보면 18계−12처−5온이 부정관·지식념으로 대치되고 있는 것을 알 수 있다. 전자가 신체의 관찰을 예비적 수행으로 중시했다면, 후자는 삼장三藏이 설한 요지인 18계−12처−5온이라고 언급하고 있어 일체법을 수습의 대상으로 보고 있는 것은 주목할 만하다. 이에 대해서는 뒤에 다시 자세하게 언급하겠다. 여기서 신체와 심적 요소까지 포함시키고 있는 것을 알 수 있다. 이와 같이 『비바사론』에서의 설명은 완벽하게 일치하지 않는다.

한편 『비바사론』에서는 의식意識과 상응하는 선善·염오染汚·무부무기無覆無記 가운데 선善을 유루선有漏善과 무루선無漏善으로 구분한다. 유루선에 다시 가행득加行得·이염득離染得·생득生得으로 분류한 뒤, 가행득의 유루혜에 문소성혜聞所成慧·사소성혜思所成慧·수소성혜修所成慧를 포함시키고 이 가운데 사소성혜에 부정관·지식념·염주가 포함된다.[17] 사소성혜에 대해 AKBh에서는 붓다의 가르침을 토대로 하는, 즉 '이론(yukti)에 기반해서 고찰하는 것에 의해 생한 것'이라고 설명한다.[18] 또한 AKVy에서는 '이론을 깊이 논구하는 것에서 생한

16 『毘婆沙論』 第7卷(T27, 34a23-c26).

17 『毘婆沙論』 第95卷(T27, 490a25-b3); 『毘婆沙論』 第1卷(T27, 3b8-9)에서는 사소성혜에 부정관과 지식념 등을 포함시키고 있다. 여기서 ~등이라고 언급하고 있는 것에서 염주도 포함하고 있는 것을 추측할 수 있다.

18 AKBh, 335.5-6에서 "신뢰할 수 있는 사람(세존)의 언어를 기준으로 하는 것에 의해 생한 〔지적〕 결택이 문소성혜이며, 이론에 기반해서 고찰하는 것에 의해 생한 〔지적 결택〕이 사소성〔혜〕이며, 삼매에서 생한 〔지적 결택〕이 수소성〔혜〕

것'이라고 한다.[19] 이러한 해석을 종합해 보면 전승되어온 붓다와 성제자들의 가르침을 암송하고 전승, 연구하는 것에서 생한 지적 결택이라는 것을 추측할 수 있다.[20] 또한 『비바사론』에서 사소성혜에 부정관·지식념과 염주까지 포함시키고 있어 부정관·지식념과 염주의 관련성도 엿보인다. 이와 같은 것을 염두에 두면서 유부 수행도론에서 먼저 부정관을 고찰한 뒤, 지식념에 대해 살펴보겠다.

초기경전에서 부정관은 사념주 가운데 신념주를 설하는 부분에 주로 설명된다. 또한 경전을 해석하는 형태를 띠고 있는 『법온족론』의 「염주품」에서도 사념주 가운데 신념주의 설명 가운데 제시되고 있다. 즉 경전의 사념주를 해석하고 있으며 사념주의 핵심적인 내용은 유위법의 특징을 있는 그대로 아는 것(여실지견)이다. 또한 사념주 각각에 대한 세 가지 해석 가운데 세 번째 해석에서 유위법의 성격 가운데

이다"라고 설명한다.

19 AKVy, 525.8-10.

20 AKVy, 8.34; 『毘婆沙論』 第42卷(T27, 217b6-10)에 의하면 어떤 사람은 "만약 3장藏 12분교分教를 수지하고 읽어 궁구하고 유포하면 이것은 생득혜生得慧이다. 이것에 의해 문소성혜가 발생한다. 이것에 의해 사소성혜가 발생한다. 이리하여 번뇌를 단절하고 열반을 증득한다"고 설하고 있어 3장 12분교가 사소성혜의 직접적인 원인이 된다는 것을 알 수 있다. 이와 같은 『비바사론』의 설명은 AKVy, 9.15-18에서도 찾아볼 수 있다. 여기서는 "생득혜는 논論을 듣는 것으로부터 그 의미를 안다(anusarati), 그것으로부터 문소성〔의 혜〕, 문소성〔의 혜〕로부터, 사소성〔의 혜〕, 사소성〔의 혜〕로부터, 유루의 수소성〔의 혜〕 그것으로부터 무루혜가 생기하는 순서이다"라고 하여 무루혜가 발생하는 순서를 설명하고 있다. 흥미로운 점은 『비바사론』의 '3장 12분교'를 AKVy, 9.12-16에서는 '논서(발지론과 6족)'로 대치하는 것이다.

"무상·고·공·비아"는 후대의 유부에서 "공상共相"의 4행상行相, 혹은 사제四諦 16행상十六行相 가운데 "고성제苦聖諦의 특징인 네 가지 행상行相"으로 정리되어 유부의 수행도에서 사념주 수습이 의도하는 바가 잘 나타나 있다.[21]

『법온족론』에서 부정관과 관련되는 부분을 살펴보겠다. 여기서는 먼저 "내신內身에 있어서 순신관循身觀하면서 머물며 만약에 정근正勤·정지正知·정념正念을 지니면 탐욕(貪)과 근심(憂)을 제거한다"는 초기경전의 구문을 인용한 뒤 이 구문에 대해 세 가지 해석을 하고 있는데, 여기서 부정관의 내용은 다음과 같이 설명된다.

> 몸안을 두루 관찰하는 것은 비구가 몸안을 발부터 머리까지 따라가며 그곳을 관찰하여 여러 부정하고 더러운 것이 가득 차 있다고 사유하는 것이다. 즉 이 몸안에는 오직 머리카락, 〔몸의〕 털, 손톱, 이빨, 먼지, 때, 피부, 살, 근육, 혈관, 뼈, 골수, 비장, 신장, 심장, 폐, 간, 쓸개, 창자, 위, 비계, 기름, 뇌수, 막, 고름, 피, 복부, 비계, 눈물, 땀, 눈물, 침, 생장(生藏 āmāśaya, 위), 숙장(熟藏 pakvāśaya, 대장)[22], 대변, 소변 이와 같은 부정상, 즉 〔몸의〕 부정상不淨相을 사유할 때 일어나는 존재요소(法)를 혜로 간택簡擇 … 위빠사나하는 것은 이 몸안을 두루 관찰하는 것이며 또한 신념주라고 한다.[23]

---

21 田中教照(1982), 202-205; 본서 제4장을 참고 바람.

22 阿部貴子(2020), 121-124를 참고하여 生과 熟은 생장(生藏 āmāśaya, 위), 숙장(熟藏 pakvāśaya, 대장)으로 번역했다.

위의 몸의 안(內身)뿐만 아니라 계속해서 바깥(外身), 그리고 안팎(內外身)의 관찰도 언급하고 있어 염주의 대상은 나 자신과, 내가 인식하는 경험세계로까지 확대된다는 것을 추측할 수 있다. 여기서 주목하고 싶은 것은 관찰의 대상인 몸안의 부정상不淨相을 사유하여 존재요소(dharma)를 혜로 분석 통찰하는 것이다. 즉 『법온족론』의 신념주 해석에서 신체를 구성하고 있는 존재요소를 분석하여 법의 차원으로 환원하는 유부 특유의 방법이 제시된다. 이는 5온 가운데 색온을 관찰하는 것이며, 유신견有身見을 제거해 가는 과정을 보여주는 유부의 수행체계 가운데 초기단계에 위치하는 이유에 적합하다고 볼 수 있다. 부정관은 수행자가 성자위인 견도에 들어가기 위해서 제일 먼저 자신의 신체의 부정상을 관찰하여 성욕을 제거해야 할 것을 강조하는 수습방법이다. 이러한 관점은 『발지론』·『비바사론』에서 자세하게 설명하고 있다. 담마조티(Dhammajoti, KL)가 지적하듯이[24] 『발지론』에서는 부정관을 대면념(對面念, pratimukhī smṛti)으로 다음과 같이 설명한다.

> 또한 세존께서는 다음과 같이 '결가부좌해서 몸을 바르게 하고 올바른 염원으로 대면의 염에 머문다'라고 설하셨다.

---

23 『法蘊足論』 第5卷(T26, 476a6-14), "於此內身, 循身觀者, 謂有苾芻. 於此內身, 從足至頂, 隨其處, 觀察思惟, 種種不淨, 穢惡充滿. 謂此身中, 唯有種種髮毛爪齒塵垢皮肉筋脈骨髓髀腎心肺肝膽腸胃肪膏腦膜膿血肚脂淚汗涕唾生熟二藏大小便利, 如是思惟不淨相時, 所起於法簡擇極簡擇 … 毘鉢舍那, 是循內身觀, 亦名身念住."

24 Dhammajoti, KL(2009), 252.

【질문】 어떤 것이 '대념의 염'에 머문다고 하는가?

【대답】 관행을 수습하는 자는 염을 양 미간에 묶어두고 〔시체가〕 검푸르게 된 것, 〔부패하여〕 부풀어 오른 것, 혹은 고름이 흘러나오는 것을 보고, 혹은 파괴되는 것을 보고, 혹은 피범벅이 된 것을 보고, 혹은 〔들개 등에 의해〕 뜯어먹힌 것을 보고, 혹은 사지가 분리되어 흩어진 것을 보고, 혹은 백골을 보고, 혹은 뼈의 연결을 본다. 이와 같은 것을 대면의 염이라고 한다.[25]

이와 같은 『발지론』의 설명에 대해 『비바사론』은 '결가부좌의 의미' 등에 대해 상세하게 해석한 다음 대면의 염에 대해 여러 가지로 해석한다.[26] 『비바사론』에서는 접두사 prati를 (1) ~을 향해서와 (2) 뒤로 향해서(背面念, vimukhī smṛti)의 두 가지 의미로 해석하고 있다. 『비바사론』에서는 대면념의 의미에 대해 다음과 같이 설명한다.

【질문】 대면對面의 염念에 머무는 것이란 무엇을 의미하는가?

【대답】 (1) 향하는 것(面, mukha)은 명상의 대상(定境)을, prati(對)는 정면을 응시하는 것을 말한다. 이 염이 마음으로 명상의 대상을 향해 바로 보게 해 전도됨이 없이 명료하게 알게 되는 것이 대면의

---

25 『發智論』 第2卷(T26, 926c2-7), "又世尊說, 結跏趺坐, 端身正願, 住對面念. 云何名住對面念耶? 答修觀行者, 繫念眉間, 或觀青淤(瘀〈明〉〈宮〉), 或觀膖脹, 或觀膿爛, 或觀破壞, 或觀異赤, 或觀被食, 或觀分離, 或觀白骨, 或觀骨瑣(鎖〈三〉〈宮〉). 此等名爲住對面念."

26 『毘婆沙論』 第39卷(T27, 204a26-c27); Dhammajoti, KL(2009), 252-255.

염이다.

(2) 향하는 것(面, mukha)은 번뇌를 말하고, prati는 대치를 말한다. 이 염이 생사의 원인인 번뇌를 대치하는 것을 대면의 염이라고 말한다.

(3) 향하는 것(面, mukha)은 자신의 얼굴을 말하고, prati는 ~쪽으로 보다, ~을 향하여 보다를 말한다. 이 염이 마음으로 자신의 얼굴을 관찰하게 하고 나머지 대상을 관찰하는 것을 대면의 염이라고 한다.

【질문】 왜 염을 자신의 얼굴에 묶어두는가?

【대답】 무시시래로 남자는 여자의 용모에 〔집착〕하고 여자는 남자의 용모에 〔집착〕하는 것은 얼굴 때문이니, 자신의 얼굴을 관찰하여 번뇌를 가라앉힌다. 게다가 유정의 〔이성에 대한〕 탐심은 대부분 〔아름다운〕 얼굴 위에 있는 눈썹, 눈, 입술, 이빨, 눈, 코 등에 의해 발생하지 나머지 신체 부분〔에서 발생하는 것이〕 아니기 때문에 자기의 얼굴을 관찰하여 탐욕을 억제한다. 또한 얼굴의 일곱 구멍에서 부정물이 끊임없이 흘러나오는 것을 〔관찰하여 혐오감을 유발하여〕 마음이 싫어 떠나게 하는 것이 다른 신체의 부분을 관찰하는 것보다 〔효과적이기〕 때문에 자신의 얼굴을 관찰해서 싫어하는 〔마음으로〕 평정심을 수습한다. 자신의 얼굴을 볼 일이 드물면 애욕(愛)의 발생이 적다. 그러므로 수행자는 다른 곳이 아닌 자신의 얼굴에 염을 묶어둔다.[27]

---

27 『毘婆沙論』 第39卷(T27, 204c6-18), "問住對面念是何義耶? 答面謂定境, 對謂現矚. 此念令心, 現矚定境, 無倒明了名對面念. 復次面謂煩惱, 對謂對治. 此念對治

위에서 언급한 『비바사론』의 해석을 정리해 보자. 향하는 것은 명상의 대상, 번뇌, 자신의 얼굴이며, 명상의 대상이 자신의 얼굴로 대체된다는 것을 알 수 있다. 즉 수행자는 자신의 얼굴을 명상의 대상으로 하여 항상 부정하다 생각하고 그 특징을 잘 알아 이성에 대한 욕망에서 벗어나고자 한다. 한편 배면념은 "염(念, mindfulness)의 힘으로 번뇌를 버리고 청정으로, 생사를 버리고 열반으로 향하며, 유전流轉을 버리고 환멸還滅로, 5욕을 버리고 선정의 대상으로 향하고, 살가야견(유신견)을 버리고 공해탈문으로, 아집을 버리고 무아로 향한다. 그리고 사법邪法을 버리고 정법正法으로 향한다"는 의미로 설명된다.[28] 이와 같은 배면념의 설명에서 부정관에 의한 성욕의 대치는 궁극적으로 유신견과 아집의 제거로 이어진다는 것을 알 수 있다. 또한 『비바사론』에서는 부정관 수습의 목적을 사무량(捨無量, upekṣā apramāṇa)과 비교하여 설명하고 있는데, 부정관은 음욕탐(婬欲貪, kāmarāga), 현색탐(顯色貪, varṇarūpa), 세촉탐(細觸貪, *sūkṣmasparśa), 형모탐(容貌貪, *ākṛti)의 대치법으로 제시되며 성욕을 발생시키는 대상의 아름다운 얼굴색, 용모, 접촉하고 싶은 욕망, 아름다운 사람에 대해 부정관을 수습하여 대치하고자 하는 것을 알 수 있다.[29]

能爲生死上首煩惱名對面念. 復次面謂自面, 對謂對矚. 此念令心, 對矚自面, 而(=念〈三〉〈宮〉)觀餘畫像境, 名對面念. 問何故繫念在自面耶? 答無始時來男爲女色, 女爲男色, 多分依面故, 觀自面伏諸煩惱. 復次有情貪心多依面上, 眉眼脣齒耳鼻等生非餘身支故, 觀自面伏除貪欲. 復次自面見希不多起愛. 故彼繫念在面非餘."; Dhammajoti, KL(2009), 253-254; Kritzer, Robert(2017), 31-32.

28 『毘婆沙論』 第39卷(T27, 204c20-27); Dhammajoti, KL(2009), 254; Kritzer, Robert(2017), 32.

AKBh에서는 탐(rāga)에 대해 〔아름다운 피부〕색을 욕망하는 것(varṇarāga), 〔아름다운〕 자태를 욕망하는 것(saṃsthānarāga), 〔성적〕 접촉을 욕망하는 것(sparśarāga), 〔성적〕 행위를 욕망하는 것(upacārarāga)이라고 설명하고[30] 대치법으로 다음과 같이 설명하고 있다.

〔논사들은〕 첫 번째 탐의 대치로 검푸른 〔시체〕 등을 대상으로

---

29 『毘婆沙論』第83卷(T27, 427c12-18); 환원한 산스크리트는 Kritzer, Robert(2017), 40 참고.

30 AKBh, 337.14-15, "tatra punaś caturvidho rāgaḥ, varṇarāgaḥ saṃsthānarāgaḥ sparśarāga upacārarāgaś ca."; upacārarāga는 현장(T29, 117c23-24): 共奉貪, 진제(T29, 269c19): 威儀欲, P. Ṅu 11a5, D. khu 9b1 bsnyen bkur gyi 'dod chags so, 『毘婆沙論』第83卷(T27, 427c17): 容貌貪,『順正理論』第59卷(T29, 671a19-20): 共奉貪,『顯宗論』第29卷(T29, 917a29-b1): 共奉貪으로 번역한다. upacāra에는 Apte에 따르면 service, attendance, honouring worshiping, polite behaviour(external display of courtesy) 등 이외에도 behaviour, conduct의 의미가 있다. AKBh, 337.14에서 이 네 종류 탐의 설명은 〔부정관은〕 바깥 대상을 관찰하기 때문이다(AKVy, 526.7: 안식眼識의 대상을 자세하게 관찰하기 때문이다)의 부연설명이며 그 대치법으로 "움직이지 않는 죽은 자를 대상으로 〔하는 부정관을 설한다〕"가 제시된다. 또한 『국역일체경 비담부 26下』 각주 161)에 따르면 "묘하게 아름다운 몸의 움직임에 집착하는 것"이라고 해석한다. 사쿠라베와 오다니(1999), 80에서 언급하는 法宣은 "아름다운 귀부인이 공양할 때 보이는 모습의 표업에 의해 발생하는 탐"이라고 해석하고 있다. 이러한 설명들과 네 가지 탐 가운데 앞의 세 가지 탐을 종합하면 공양을 바치는 아름다운 여성의 겉모습에 매료되어 발생하는 성적인 욕망이라고 추측된다. TA, LA, AKVy에서는 따로 해석하지 않는다.

하는 부정관을 설하고, 두 번째는 〔시체가 짐승들에게〕 게걸스럽게 먹히고 흩어져 있는 〔형상〕을 대상으로 하는 〔부정관〕을, 세 번째는 구더기와 고름으로 덮인 뼈를 대상으로, 네 번째는 움직이지 않는 죽은 자를 대상으로 〔하는 부정관을 설명한다〕. 그러나 〔네 가지로〕 구분하지 않고 〔다음과 같은 부정관의 소연이〕 설명된다.

탐욕을 지닌 모든 사람들에게 〔골〕쇄(śaṃkalā, 온전한 뼈의 연결)가 〔부정관의 대상〕이다(9d)

왜냐하면 골쇄에는 네 종류의 탐욕물이 모두 존재하지 않기 때문에 승해이면서 〔또한〕 부분적인 작의이기 때문에 부정관에 의해서는 번뇌를 단절할 수 없다. 〔단지 번뇌를〕 방해할 〔뿐〕이다.[31]

---

31 AKBh, 337.15-338.2, "prathamasya pratipakṣeṇa vinīlakādyālambanām aśubhāṃ varṇayanti〈P. Ṅu 11a5, D. khu 9b2: rjod par byed do에 따라 varjayanti는 varṇayanti로 교정〉, dvitīyasya vikhāditakavikṣiptālambanām, tṛtīyasya vipaṭumaka〈P. Ṅu 11a6, D. khu 9b2: rnam par 'bus gzhigs pa에 따라 vipaṭumnā는 vipaṭumaka로 교정〉 pūyanibaddhāsthyālambanām, caturthasya niśceṣṭamṛtakāyālambanām/ abhedena〈P. Ṅu 11a7, D. khu 9b3: bye brag med par에 따라 amedena는 abhedena로 교정함〉 tu śasyate **śaṃkalā sarvarāgiṇām (9d)** 〔Pr 338〕 asthiśaṃkalāyāṃ hi sarvam etac caturvidhaṃ rāgavastu nāstīti〈사쿠라베·오다니(1999), 80에서는 평천색인에 따라 rāgastu는 rāgavastu로 교정하고 있다. 이는 D. khu 9b3 chags pa'i gzhi에 따른 것이다.〉 adhimuktiprādeśikamanaskāratvād aśubhayā na kleśaprahāṇaṃ viṣkambhanaṃ tu/"

위에서 살펴본 것과 같이 수행자는 신체의 부정상을 승해력으로 마치 눈앞에서 보는 것처럼 가상假想인 명료한 영상을 떠올려 관찰한다.[32] 여기서 짚고 넘어가야 할 것은 부정관과 지식념을 염과의 관계에서 설명하고 있는 이유이다. 이는 『바바사론』에서 부정관·지식념·염을 사소성혜에 포괄하고 있는 이유이기도 하다. 왜냐하면 이는 붓다와 신뢰할 만한 사람의 가르침을 온전하게 기억하는 것과 밀접하게 관련된다고 생각하기 때문이다.

여기서 주목하고 싶은 것은 염念에 대한 해석이다. 먼저 AKBh게송에는 "부정관과 지식념에 의해 그곳〔수습〕에 들어가는 것이다"[33]라고 한다. 그리고 "〔전승된〕 기억(念, smṛta)이 기억(念, smṛti)이다"[34]라고 설명한다. 이에 대해 AKVy에서는 "추상명사의 의미에 접미사 –ta가 사용된 것을 나타낸 것이다"[35]라는 문법적인 설명만 간단하게 추가하고 있다. 한편 여기서 주목하고 싶은 것은 LA의 해석이다. 여기서는 "〔전승된〕 기억이 기억이다"라고 하는 것을 "사물(dngos po)을 언설로 표현하는 것을 가리킨다"[36]고 해석하여 언어적 개념과 관련시켜 설명한다. 부정관의 예를 들면 수행자는 신뢰할 만한 사람의 가르침이나 이전의 수행을 언어적 개념(saṃjñā)을 매개로 기억하여 신체 구성요소

---

32 『毘婆沙論』 第32卷(T27, 164a15).

33 AKBh, 337.8, "tatrāvatāro 'śubhayā cānāpānasmṛtena ca (9ab)."

34 AKBh, 337.9.

35 AKVy, 526.1.

36 LA, P. Ñu 194b6-7, D. chu 157a6; AKBh, 338.11(10d)에서는 smṛta를 티베트어역에서 bshed(P. Ṅu 11b5, D. khu 9b7)라고 번역한다.

의 부정한 현색(색깔)과 형색(모양)을 명료한 영상으로 떠올릴 수 있는 것이다. 이는 수행자가 이전에 이미 부정관을 수습한 적이 있어 신체의 부정한 요소를 기억하고 있거나, 전승되어온 가르침을 온전히 기억함으로써 떠올린 영상을 관찰하는 것이라고 추측할 수 있다.

이제까지 아비달마 논서에서 부정관과 염의 관계를 살펴보았다. 『법온족론』에서 설명하고 있는 것과 같이 부정관은 신체를 구성하는 존재요소를 법으로 환원하여 관찰하는 것을 알 수 있었다. 또한 『비바사론』에서 수행자는 감각적인 욕망의 대상이 되는 신체를 부정한 것으로 기억하고 관찰한다. 이로써 성적 욕망을 대치하고자 하는 것이 부정관 수습의 목적이라는 것을 알 수 있었다.

2) 부정관을 수행하는 유가행자

『비바사론』에서 부정관과 지식념이 견도 이전 가행도라는 사실은 여러 형태로 제시되어 있으며 그 가운데 필자가 언급한 두 가지 유형은 분명 일치하지 않는다. 이러한 불일치점은 여러 곳에서 확인할 수 있었다. 『비바사론』에 의거하면 부정관과 지식념은 문소성혜, 사소성혜, 수소성혜의 3혜 가운데 사소성혜에 포함된다. 문소성혜는 3장藏과 12분교分教를 수지하고 읽어 논구하고 유포하여 얻어지는 생득혜生得慧로부터 발생한 것이다. 또한 이로부터 사소성혜와 수소성혜가 차례대로 발생한다. AKVy에서는 '3장과 12분교'를 '『발지론』과 『6족론六足論』'으로 대치한다.[37] 이와 같은 해석을 바탕으로 AKBh에서는 부정

37 본 장 각주 14, 20을 참고 바람.

관과 지식념은 신뢰할 수 있는 사람의 언어를 기준으로 하고 있는 문소성혜에 의해 발생하는 것이라고 설명하고 있는 것을 고려하면 붓다와 성제자들의 가르침의 암송, 전승과 밀접하게 관련되어 있는 것을 추정할 수 있다.[38] 이에 대해 『순정리론』에서 설명하고 있는 세 가지 혜(三慧)의 예로 살펴보겠다.

먼저 진리(사제)를 관찰하고자 하는 수행자는 계율을 지키고 여러 유가사들과 교류하며 유가사의 교수와 교계에 따라 노력한다. 사제를 관찰하는 데 적합한 가르침을 듣고, 듣고 나서 법의 의미에 대해 깊이 생각해야 스승의 교수와 교계에 의해 생긴 혜慧가 더욱 강화된다. 그러나 여기서 만족하지 않고 법의 의미에 대해 사택思擇하면 결정혜決定慧가 생겨나 번뇌 등에 대해 자상과 공상이라는 두 가지 치료법으로 수습하게 된다. 수행자는 계를 지키면서 문소성혜를 수습해야만 이것에 의해 차례로 사소성혜와 수소성혜가 발생하게 된다. 세 가지 혜의 차별상은 명칭(名), 명칭(名)과 의미(義) 모두, 그리고 의미(義)를 대상으로 하므로 3혜 각각의 특징은 파악하기 어려우나[39] 이에 대해 『순정리론』에서는 다음과 설명한다.

> 그러나 스승이 설한 이름(名, nāman), 문장(句, pada), 음소(文, vyañjana)에 따르므로 의미를 구별하는 결정혜가 발생하는데 이와 같은 혜를 문소성혜라고 한다. 방편에 들어가는 것을 요약해서 다만 이름에 의해 설하였다. 문혜가 성취되고 나면 〔이름과 다른

---

38 AKBh, 334.13-335.6.

39 『順正理論』 第59卷(T29, 668c6-21).

의미를〕 알기 위해 더욱 정진하여 스스로 사택해야 하는데, 사택하는 데 잘못이나 과실이 없도록 하기 위해서는 스승이 가르친 이름의 집합체(名〔身〕), 문장의 집합체(句〔身〕), 글자의 집합체(文身)를 기억(念)하고 이에 의해 뒤에 그 의미를 구별하는 결정혜가 발생하는 경우, 이를 사소성혜라고 한다. 이는 가행할 때 의미를 사유하는 능력으로 말미암아 '이름'을 기억하여 인용하기 때문에〔이름과 의미 두 가지를〕 모두 대상으로 하는 것이라고 한 것이다. 그리고 사혜가 성취되고 나면, 마음을 하나에 집중한 상태에서〔존재현상이〕 눈앞에 현전하니 이름에 의하지 않고도 의미를 구별하여 증명할 수 있게 된다. 이러한 결정혜를 수소성혜라고 한다. 여러 유가사들은 이것을 화가가 그림을 그리는 것에 비유하였다. 즉〔화가가〕 그림 그리는 방법을 연습할 때, 처음에 스승으로부터 그림본을 공경히 받아 그 모양을 세세히 살피고 그림본에 대어 본뜨는 것을 익힌다. 그러면서 삭제하고 그리기를 반복하다가 마침내 완전히 지워버린다. 그런 뒤에 그림본을 보지 않고 거듭 생각하여 익히면서 익힌 것에 잘못과 과실이 없도록 하기 위해 다시 본뜬 그림을 원본과 비교하여 자신이 그린 것을 원본과 같게 그리거나 또는 더욱 잘 그리려고 한다. 그렇게 하지 않으면 그림 그리는 솜씨가 향상되지 않기 때문이다. 이렇게 노력한 이후에 그림을 그리는 실력이 뛰어나게 되고 더 이상 그림본을 참고하지 않아도 그리고 싶은 대로 그릴 수 있게 된다. 세 가지 혜를 익히는 방법도 또한 이와 같다는 것을 마땅히 알아야 한다.[40]

---

40 『順正理論』 第59卷(T29, 668c23-669a7), "然隨師說名句文身(力〈宮〉)故, 於義差

앞에서 살펴봤듯이 『비바사론』에서 세 가지 혜 가운데 사소성혜에 부정관과 지식념 등을 포함시킨다.[41] 또한 부정관과 지식념은 "염(念, smṛti)"으로 정의되고 LA의 해석을 통해 언어적 개념과 밀접하게 관련되고 있는 것을 알 수 있었다. 수행자는 스승의 가르침이나 이전에 자신이 수행한 영상을 떠올려, 즉 언어적 개념(saṃjñā)을 매개로 신체의 부정한 것들을 명료한 영상으로 떠올릴 수 있게 되는 것이다. 하지만 이는 초심자의 수행법이 아니라 어느 정도 수행이 진전된 수행자의 수행법이라고 생각된다.

『비바사론』·AKBh·AKVy·『순정리론』에 따르면 유가행자(yogācāra)는 초심자(初心者, ādikarmika), 숙련자(熟練者, kṛta-parijaya), 초작의자(初作意者, atikrāṃta-manasikāra)로 분류된다. 먼저 AKBh를 중심으로 살펴보면 "부정관을 수행하고자 하는 유가행자는 먼저 자신의 사지 한 부분에, 〔즉〕 발가락, 이마, 혹은 그가 좋아하는 부분에 마음을 결합한다. 그는 그곳에서 살이 고름이 떨어지는 썩어가는 살을 승해하고, 뼈를 청정하게 하고 몸의 전부를 골쇄(뼈의 연결)로

別有決定慧生, 此慧名爲聞所成慧. 約入方便說但緣名. 聞慧成已爲知別, 復加精勤自審思擇, 欲令思擇無謬失故, 復念師教名句文身, 由此後時於義差別, 生決定慧名思所成. 此加行時由思義力, 引念名故說緣俱境. 思慧成已等引現前, 不待名言證義差別. 此決定慧名修所成. 諸瑜伽師, 此中立喩如彩畫像. 畫者習彩畫時, 最初從師敬受畫本, 審諦瞻, 相臨本倣(放〈宮〉)學. 數毀數習乃至刮(亂〈三〉〈宮〉)眞. 然後背本數思數習, 爲令所習無謬失故, 復將比校所＊倣畫本, 令己所造等本或增. 不爾所習無增進理. 由此後時所作轉勝, 無勞觀本隨欲皆成. 習三慧法應知亦爾."

41 『毘婆沙論』 第1卷(T27, 3b8-10).

본다"[42]라고 부정관의 수행법을 설명한다. 여기서 주목하고 싶은 것은 AKVy의 해석이다. 여기서는 가행할 때만이라도 집착의 대상을 피해야 하기 때문에 여성의 사지 한 부분에 마음을 두는 것이 아니라 자신의 사지 가운데 한 부분에 마음을 집중시킨다고 한 후 AKBh의 "뼈를 청정하게 하며 몸의 전부를 골쇄(뼈의 연결)로 본다"[43]의 해석 부분에서 다음과 같은 게송을 제시한다.

> 유학의 젊은 비구이며 아직 마음이 도달하지 못한 자가
> 만일 성적인 욕망을 단절하고자 한다면 그는 시체를 두는 곳에
> 가야 할 것이다.
> 그리고 검푸르게 변한 〔시체〕를 보고, 고름이 떨어지는 썩어가는
> 〔살〕을 보고,
> 다음에 팽창한 〔시체〕를 보고, 골쇄도 〔보아야 할 것이다〕.[44]

---

42 AKBh, 338.5-7; 이는 "초심자는 뼈를 바다에 이르기까지 확장시키고, [또한, 자기 몸에 이르기까지] 축소시켜서 〔관한다〕. (10ab, AKBh, 338.3)"의 장행석 첫 부분으로 계속해서 다음과 같이 설명한다. AKBh, 338.7-10, "그리고 같은 방식으로 승해의 증대를 위해 두 번째 〔옆 사람의 골쇄〕를 승해하고 점진적으로 승원, 가람, 마을〈현장 역, T29, 117c8 村, P 11b3, D 9b6에 따라 grong 보충함〉, 나라의 순서로 바다에 의해 경계 지어지는 육지에 골쇄가 확장해가는 것을 승해한다. 또한 마음의 축소를 위해, 오직 스스로의 한 골쇄를 승해할 때까지 〔관찰의 대상을〕 축소시킨다. 그 정도 시간으로 부정관은 완성된다고 전한다(kila) 이것이 초심의 유가행자이다."

43 AKVy, 526.15-17.

44 AKVy, 526.19-22, "yo bhaven navako bhikṣuḥ śaikṣo 'saṃprāpta-mānasaḥ gacched asau śiva-pathikāṃ haṃtuṃ rāgaṃ yadīchhati. tato vinīlakaṃ

AKVy에서는 위의 게송에 대해 별다른 설명을 하지 않는다. 하지만 위의 설명은 혼자서는 명료한 상을 떠올리지 못하는 초심자를 위한 방법이라는 것을 추측할 수 있다. 그리고 부정관을 수행하는 유가행자를 초심자, 숙련자, 초작의자로 분류한다.[45] 이 게송이 세 종류의 유가사 가운데 초심자에 해당하는지에 관한 언급은 없다. 여기서 주목하고 싶은 것은 이 게송이 TA와, 또한 내용은 완벽하게 일치하지 않지만 LA에서도 언급되고 있다는 점이다.[46] 이와 같은 주석서의 내용을 바탕으로 고찰해 보면 아직 부정관에 익숙하지 않은 초심의 유가행자들에게는 시체의 부패과정을 직접 관찰할 것이 권장되었다고 추정할 수 있다. 왜냐하면 가르침을 들었다 하더라도 작의가 숙달된 자가 승해작의로 부정한 상들을 관찰하여 명료한 영상을 떠올릴 수 있는 것과는 달리, 분명한 영상으로 떠올리지 못하기 때문에 직접 시체를 관찰할 것이 권장되었을 것이다. 이와 같은 관점은 『비바사론』에서 보다 자세하게 설명한다. 즉 유가사를 초심자, 숙련자, 초작의자로 분류한 뒤, 각각 축약(略), 확대(廣), 축약과 확대(略廣)라 하고[47] 축약을 즐기는 것에 대해 다음과 같이 설명하고 있다.

---

paśyet tataḥ paśyed vipūyakaṃ. tato vyādhmātakaṃ paśyed asthi-śaṃkalikām api."

45 AKVy, 526.23-24.

46 TA, P. tho 352a2-4, D. do 206b4-5 ; LA, P. Ñu 195a7-b1, D. chu 157b5-6.

47 『毘婆沙論』 第40卷(T27, 205b10-14), "問修觀行者, 繫念眉間, 爾時當言住在何? 答超作意位. 然瑜伽師修不淨觀總有. 一初習業位, 二已熟修位, 三超作意位. 修此觀者復有三種, 一者樂略, 二者樂廣, 三樂廣略."

이 가운데 축약을 즐기는 수행자는 먼저 무덤가에 가서 사체가 검푸르게 된 등의 관념상(相, *nimitta)을 잘 취하고 한곳에 물러나 앉아 거듭해서 그 상을 관찰한다. 만약 마음이 산란해 〔상이〕 명료하지 않다면 다시 무덤가로 가서 전과 같이 관찰하고 그 상을 잘 취한다. 이와 같이 거듭 그 상을 관찰하여 명료한 상을 마음에 떠올려 마음이 산란하지 않게 되었을 때, 빨리 거주하는 곳으로 돌아가 발을 씻고 자리로 가서 결가부좌하여 신심을 고르고 번뇌를 벗어나 억념하고 앞에서 취한 상을 관찰하여 승해력으로 자신에게 옮겨 〔자신의〕 검푸르게 〔변한 사체〕에서 뼈의 연결까지를 관찰한다. 뼈의 연결 가운데 먼저 발의 뼈에서 … 내지 두개골에 이르기까지 관찰한다. 그의 승해력으로 이와 같은 부정상을 관찰하여 염을 양 눈썹의 사이에 두고 유지한다. 다시 이 염으로 신념주 내지 법념주에 들어간다. 이와 같이 축약(略)을 즐기며 관행을 행하는 자의 부정관이 이루어진다.[48]

『비바사론』에서는 이와 같이 축약(略)을 즐기는 자에 대해 설명하

---

48 『毘婆沙論』 第40卷(T27, 205b14-29), "此中唯樂略者, 謂彼行者, 先往塚間, 觀察死屍青瘀等相善取相, 已退坐一處重觀彼相. 若心散亂不明了者, 復往塚間, 如前觀察, 善取其相. 如是乃至若得明了心, 不散亂速還住處, 洗足就座結加趺坐. 調適身心令離諸蓋, 憶念觀察先所取相, 以勝解力移屬自身, 始從畫像青瘀乃至骨瑣. 於骨瑣中, 先觀足骨 … 後觀髑髏. 彼勝解力觀察如是不淨相已, 繫念眉間湛然而住. 復轉此念入身念住, 展轉乃至入法念住. 是名樂略修觀行者, 不淨觀成."; 야마베(山部能宜, 2011), 99-104는 부정관의 수행은 대승불교적인 수행법으로 생각되는 관불觀佛의 수행도와 밀접하게 관련된다고 지적한다.

고 계속해서 확대(廣), 축약와 확대(略廣)를 즐기는 것에 대해서도 언급한다. 여기서 알 수 있듯이 초심의 유가사는 스승의 가르침만으로는 몸의 부정한 상을 승해력으로 떠올려 관찰할 수 있는 능력이 아직 부족하다. 그래서 먼저 타인의 시체의 부패과정을 관찰하고 명료한 영상을 떠올릴 수 있을 때까지 계속 관찰해야 마침내 직접 보지 않고도 영상을 떠올려 자신에게 적용할 수 있게 된다. 그리고 그 영상을 마음에 떠올릴 수 있을 때까지 거듭 관찰한 후, 그 영상을 바탕으로 하여 자기의 사체의 가상(假想, 승해)을 떠올려서 관찰한다. 『순정리론』에 의하면 이는 둔근자의 관찰방법으로 다음과 같이 설명된다.

> 부정관을 수습하는 목적은 탐貪을 대치하기 위해서다. 탐은 첫째 현색탐, 둘째 형색탐, 셋째 묘촉탐, 넷째 공봉탐 네 가지 종류이다. 이러한 네 가지 탐의 대치는 두 종류의 사택思擇에 의거한다. 첫째는 자신의 내부를 관찰하는 것이고, 두 번째는 외부의 시신을 관찰하는 것이다. 이근자는 전자에 의하므로 〔자신의 신체의 부정상을 승해로 관찰하고〕, 둔근자는 후자에 의하므로 〔외부 시신의 부정상을 관찰한다〕. 말하자면 이근자는 먼저 〔자신의 신체의〕 내부에서 피부를 기점으로 하여 발 위에서 정수리 아래까지 잘 관찰하여 마음이 싫어하고 근심하게 해야 한다.[49]

---

[49] 『順正理論』 第59卷(T29, 671a18-23), "論曰. 修不淨觀, 正爲治貪. 然貪差別, 略有四種. 一顯色貪, 二形色貪, 三妙觸貪, 四供奉貪. 對治四貪, 依二思擇. 一觀內屍, 二觀外屍. 利根初依前, 鈍根初依後. 謂利根者先於內身. 皮爲邊際足上頂下, 周遍觀察令心厭患."

『순정리론』에서는 계속해서 현색탐, 형색탐, 묘촉탐, 공봉탐을 조복하고 대치하는 방법을 제시한 뒤, 이러한 수습단계를 이근자가 '처음 행위를 익히는 단계(初習業位)'이며 사소성혜로 시체의 내부를 관찰하고 네 가지 탐을 억제하고 일어나지 않게 해야 한다고 설명한다.[50] 또한 이와 같이 두 종류의 존재요소의 분석(*pravicaya)에서 몸의 부정상不淨想은 사소성혜의 관찰대상이라는 것을 알 수 있다. 그러나 둔근자는 먼저 외부의 시신을 명확하게 관찰하여야 자신의 내부도 관찰할 수 있고 자신의 마음의 번뇌도 억제할 수 있다고 본다. 그렇기 때문에 먼저 시신을 두는 장소로 가서 관찰할 것이 권장된다.[51] 이와 같이 유가사의 수행이 진행된 정도에 따라 부정관 수습의 방법이 달라지는 것을 알 수 있다.

부정관과 같이 수행자 자신과 다른 사람의 신체를 관찰의 대상으로 하는 수행법은 단지 번뇌를 억제할 수 있을 뿐이지 단절할 수는 없다. TA는 "자상작의이기 때문에 신체에 존재하는 머리카락, 투명한 물질 현상, 몸의 털이라고 하는 이와 같은 것을 관찰하는 것에 의해 번뇌를 단절할 수 없다. 〔번뇌는〕 공상작의에 의해 단절할 수 있기 때문이다. 이것은 신념처의 가행의 근본이지 신념처는 아니다"[52]라고 해석한다.

---

50 『順正理論』 第59卷(T29, 671b17-19).

51 『順正理論』 第59卷(T29, 671b19-22); 『순정리론』에서는 부정관에 두 가지 종류가 있다고 구분한다. 첫 번째는 자신의 실체에 근거한 작의와 상응하는 '혜'의 힘에 의해 자신의 신체와 사지에 존재하는 색깔(현색)이나 모양(형색)으로 구별되는 모든 모양을 부정한 것이라고 관찰하는 것이다. 두 번째 승해력으로 모든 부정한 모습을 가상으로 사유하는 것이라고 설명한다. 『順正理論』 第59卷(T29, 672a16-b4).

또한 LA에 따르면 부정관은 성도聖道를 이끌어내는 원인 가운데 하나이며 견도에 들어가게 하는 중요한 수행으로 간주된다.[53] 이상에서 살펴본 것과 같이 부정관은 성욕의 제거를 강조하는 사념주 이전 가행위에 포함된다는 것을 알 수 있다.

3. 지식념(입출식념)

1) 초기단계 가행위로서의 지식념

『집이문족론』에는 지식념에 대한 체계적인 설명은 없지만 신행身行·어행語行·의행意行 가운데 신행으로 간단하게 정의하고 있다. 즉 입식(入息, 들숨)과 출식(出息, 날숨)을 "들숨은 바깥의 바람을 호흡해서 몸안으로 들어오게 하는 것이며, 날숨은 몸안의 바람을 끌어내어 몸 밖으로 나가게 하여, 이 세력에 의해 몸이 변화하고, 〔바람이〕 막힘이 없이 〔잘 통하고〕, 편안해진다. 때문에 들숨과 날숨, 즉 호흡하는 것은 몸의 작용(身行)이라고 한다"[54]라고 호흡작용에 대해 간단하게 설명한다. 또한 『발지론』에서 들숨과 날숨은 경우에 따라 몸과 마음에 의해 행해진다고[55] 간단하게 언급한다. 이와 같은 간단한 설명이 『비바사론』에 이르면 지식념은 부정관과 함께 성도에 들어가기 위한 예비단계로 자리매김하는 한편 6단계로 제시된다.[56]

---

52 TA, P. tho 352b7-353a1, D. do 207a7-b1.

53 LA, P. Ñu 196a2-3, D. chu 158a6-7.

54 『集異門足論』 第3卷(T26, 379b8-13).

55 『發智論』 第3卷(T26, 921c13-15).

한편 델이아누(Deleanu, Florin)는 선경류에서 지식념의 6단계설이 세 단계의 발전과정으로 전개된다고 지적한다.[57] 또한 그의 주장을 근거로 선경류와 설일체유부의 문헌에 제시되고 있는 발전과정을 김성철(2010)은 "(1) 4단계 입출식념의 단계, (2) 6단계로 확대되었지만 설일체유부의 수행단계론과는 독립된 단계, (3) 독자성을 잃고 설일체유부의 수행단계론에 편입된 단계"로 분류한다.[58] 지식념은 선경류의 영향을 받고 있으며, 또한 4단계에서 6단계로의 발전은 유부의 영향이라고 설명한다. 또한 예로 들고 있는 『비바사론』의 '독자적인 자기완결성을 갖춘 6단계 지식념'은 『잡심론』·AKBh·『순정리론』에 이르면 그 자체 발전단계는 보이지 않고 사마타를 완성하기 위한 예비단계에 포함된다고 지적한다.[59] 유부에서 지식념을 고찰하기 위해서는 선경류과 비교하여 살펴봐야 하겠지만 이러한 고찰은 선행연구[60]에 맡기고, 본서에서는 『비바사론』·AKBh·『순정리론』을

56 김성철(2010), 60; 부정관과 지식념은 『잡심론』·AKBh·『순정리론』에서도 중요한 예비적 수행단계로 자리매김하고 있다.

57 Deleanu, Florin(1992), 53.

58 김성철(2010), 60-61.

59 김성철(2010), 64; 그러나 『잡심론』제5권(T28, 908b1-3)에서는 AKBh·『순정리론』과 달리 사념주 이전에 부정관, 안반념 그리고 계차별관이라는 3도문度門을 설한다. 또한 6단계에서 환還과 정淨을 상위의 수행단계로 연결시키지 않는 것도 『잡심론』의 특징이라고 지적하고 있다. 김성철(2010), 65.

60 선경류와 유부 문헌에 나타난 비교연구는 델이아누(1992)와 김성철(2010)이, 『유가사지론』의 지식념에 대해서는 釋惠敏(1994), 김성철(2008)을 참고 바람; 6단계 입출식념은 『大安般守意經』 卷上(T15, 164a24-167c2); 『修行道地經』 第5卷(T15, 216a29-b23); 『坐禪三昧經』 卷上(T15, 274c28-275b14); 『達摩多羅禪經』

중심으로 유부의 6가지 원인을 지닌 지식념에 대해 살펴보고 이것이 유부의 수행단계론 가운데 예비적 수행에 편입된 이유에 대해 고찰하겠다. 먼저 지식념의 의미를 살펴보면 AKBh에서는 다음과 같이 설명한다.

> 입식(āna)은 들이마시는 것(ānanam)이고 들이쉬는 숨(吸氣, āśvāsa)이며 〔신체에〕 들어가는 바람이다. 출식(apāna)은 내쉬는 것(apānanam)이고 내쉬는 숨(呼氣, praśvāsa)이며 〔신체에서〕 나가는 바람이다. 이 두 가지에 대한 염(smṛti)이 입출식념이다. 그것은 오직 혜慧를 자성으로 한다. 염이라 말하는 것은 염처(smṛtyupasthāna)와 같으며, 그 〔염의〕 힘이 〔혜를〕 유지하는 것에 의해 작용하기 때문이다.[61]

지식념은 사념처와 같이 혜를 자성으로 한다. 유부 논서와 AKBh의

卷上(T15, 306a27-307c19) 등의 경전에 제시되어 있다. 김성철(2010), 60.

61 AKBh, 339.7-9, "ānanam āna āśvāso yo vāyuḥ praviśati/ apānanam apānaḥ praśvāso yo vāyuḥ niṣkrāmati/ tayoḥ smṛtir ānāpānasmṛtiḥ/ saiva prajñāsvabhāvā/ smṛtivacanaṃ tu smṛtyupasthānavat tadbalādhānavṛttitvāt/" 지식념은 "(1) 혜이고, (2) 5지에 속하며, (3) 풍을 대상으로 하며, (4) 욕계를 소의로 한다.(12abc) ānāpānasmṛtiḥ prajñā pañcabhūr vāyugocarā/ kāmāśrayā(12abc)"라는 게송의 장행석; 현장 한역 第22卷(T29, 118a26-30)과 『순정리론』 第60卷(T29, 672c27-673a3)에서는 계경 가운데 설명한다고 하고, 『국역일체경』에서는 『雜阿含經』(802) 第29卷(T2, 206a8-13)이라 언급하나 『잡아함경』에서는 아나파나념 수습의 공덕이 설해져 있을 뿐, AKBh에서의 인용문은 보이지 않는다.

주석서에서 어떻게 설명하고 있는지 살펴보자. 먼저 『순정리론』에서는 "혜慧가 염念의 힘에 의해 이 〔들숨과 날숨〕을 인식대상으로 삼아 관찰하기 때문에 아나파나념이다"라고 설명하여, 혜가 대상에 머물도록 염이 도와주는 역할을 하는 것을 알 수 있다.[62] 또한 AKVy에서는 먼저 사념주, 예를 들어 신·수·심·법 등에 대한 혜를 자성으로 하지만 염의 힘이 유지하는 것에 의해 작용하기 때문에 염주라고 하는 것과 같이, 입출식의 혜도 염이라고 부르는 이유는 염의 힘에 의해 혜가 작용하기 때문이라고 해석하고 있어[63] 염주의 본성과 다르지 않는 것을 알 수 있다. TA는 AKBh의 "그 〔염의〕 힘이 〔혜를〕 유지하는 것에 의해 작용하기 때문이다"라는 것을 "염의 힘이 발생하여 그것〔들숨과 날숨〕에 작용하는 것이 혜의 〔관찰의〕 대상이 되게 하기 때문이다"라고 해석한다. LA에서는 해석은 AKBh와 같다.[64] 이와 같은 관점에

---

62 『비바사론』에서는 경전을 인용하여 "〔숨을〕 지녀 〔몸안으로〕 들어오게 하는 것은 입식(āna)이며, 〔숨을〕 지녀 〔몸 밖으로〕 나가게 하는 것은 출식(apāna)이며, 입식과 출식을 수행하는 염이다"(『毘婆沙論』 第26卷〔T27, 134a22-25〕)라고 설명한다. 이것은 TA P tho 353a4-6, D do 207b3-4와 『順正理論』 第60卷(T29, 673a3-5)에서는 유여사有餘師의 설명으로 제시된다. 지식념의 자성이 혜慧라고 보는 것은 『비바사론』에서부터 설하고 있으며, 여기서는 지식념의 자성은 혜이나, 심소 가운데 염의 힘이 증가하기 때문에 염이라고 설하여 사념주 등과 같이 염이라고 하는 이유를 제시하고 있다. 즉 염심소의 도움에 의해 혜가 관찰하는 것이다. 『毘婆沙論』 第26卷(T27, 134b3-7). 그리고 『順正理論』 第60卷(T29, 673a5-6)에서는 "혜가 염에 의해 이것을 관찰하기 때문에 지식념이라는 이름을 얻었다"라고 설명한다.

63 AKVy, 527.17-21.

64 TA, P. tho 353a7, D. do 207b5; LA, P. Ñu 196b2-4, D. chu 158b6.

서 『순정리론』도 "지식념의 자성은 혜이며, 염의 힘으로 입식과 출식의 양을 기억하여 유지하기 때문에 염이라 하고, 염의 공능에 의해 혜를 획득 성취한다"고 설명한다.[65] 때문에 지식념이 혜를 자성으로 하지만 염이라고 불리는 것이다. 이처럼 유부와 AKBh의 주석서들의 설명도 크게 다르지 않다는 것을 알 수 있다.

이와 같이 지식념의 자성을 혜라고 정의하고 있어 견도 이전의 가행도의 단계에서 5온의 무상·고·무아를 통찰하는 혜를 개발하기 위한 예비적 수행이라는 것을 알 수 있다. AKBh에서는 "지식념은 불교의 가르침을 정법으로 하는 사람들에게만 존재하고 외도의 사람들에게는 존재하지 않는다"라고 설하는 이유에 대해 "가르침이 없기 때문이며, 스스로 미묘한 법을 깨닫지 못하기 때문이다"라는 이유를 언급한다.[66] 이에 대해 AKVy에서는 외도들은 입출식이 아닌 다른 호흡방법을 채택하고 있기 때문에 입출식의 가르침 없으며 스스로 미묘한 법을 깨닫지 못한다[67]는 이외에 별도의 해석을 하지 않는다. 한편 『순정리론』에서는 지식념이 오직 진실작의(眞實作意, tattvamanaskāra)와 상응할 뿐이라고 하지만 어떤 이는 승해작의(勝解作意, adhimuktimanaskāra)와도 통하는 것이라고 하고 다음과 같이 설명한다.

> 어떤 이는 '또한 승해작의勝解作意와도 통한다'고 설명한다. 이것은 정법을 기억하는 유정이 수습할 수 있으며, 외도에게는 존재하

---

65 『順正理論』 第60卷(T29, 673b7-9).

66 AKBh, 339.13-16.

67 AKVy, 527.33-528.4.

지 않는다. 왜냐하면 〔정법을〕 설하는 자가 없기 때문이다. 그들은 미묘한 법을 깨닫지 못하며, 이 〔법〕은 아집我執과 상위하기 때문이다. 즉 외도들은 아집이 존재한다〔고 생각한다〕. 때문에 이러한 지식념이 존재하지 않는다.[68]

이와 같이 지식념은 실재하는 사실에 대한 관찰(진실작의)이지만, TA에서 정법은 여래께서 설하신 것[69]이라고 해석하고 있는 것을 참고하면, 전승되어온 가르침을 토대로 하여 들숨과 날숨을 기억하는 것을 승해작의라고 하기 때문에 이것과의 관련도 간과할 수 없다.

---

68 『順正理論』第60卷(T29, 673c7-10), "有說, 亦通勝解作意. 正法有情, 方能修習, 外道無有. 無說者故. 彼不能覺微細法故, 此與我執極相違故. 彼我執有, 故此念無."; AKBh, 339.13: 이것은 〔불교의〕 가르침을 〔정〕법으로 하는 사람들에게만 〔이 염은〕 존재한다. 가르침이 없기 때문에 스스로 미묘한 법을 깨닫지 못하기 때문이다; 지식념은 몸에 의해 있는 것(AKBh, 340.14-17)이기 때문에 승해작의(勝解作意, adhimuktimanaskāra)가 아닌 진실작의(眞實作意, tattvamanaskāra), 즉 진실로 존재하는 것에 대한 관찰이라고 한다. 하지만 『순정리론』에서 어떤 사람은 승해작의와도 통한다고 설명하고 있고, TA, P. tho 355b5-8, D. do 209b7-210a2에서 지식념의 성취에 대해 "만약 유가사라면 들숨과 날숨에 집중해서 알고 대나무의 〔구멍〕과 같은 것이 온몸 안에 고르게 〔분포해 있다고〕 관상(adhimokṣa)하여 숨의 바람이 상속(연결)되는 것이 보석을 꿰는 실이 이어지는 것과 같다고 관상하면서 들숨과 날숨이 몸을 움직이지 않으며 신식처에 이르면(『순정리론』: 몸을 움직이지 않으며 몸과 식識도 생기지 않는 경지에 이르면) 지식념이 성취되었다고 알아야 할 것이다"라고 해석하고 있고, 『順正理論』第60卷(T29, 675a2-9)에서도 같은 설명이 있다. 따라서 지식념의 성취에 진실작의와 승해작의 모두 관여된다고 볼 수 있다.

69 TA, P. tho 353b7-354a1, D. do 208a6.

또한 위에서 설한 것과 같이 TA와 LA에서도 지식념이 외도의 사람들에게 존재하지 않는 이유를 아집과 상위하기 때문이라고 해석한다.[70] 외도들이 주장하는 '자아에 대한 집착인' 아집의 치료법(대치)으로 제시된 것을 추정할 수 있다. 그리고 '미묘한 법을 깨닫지 못하는'[71] 이유는, 미묘한 법은 여섯 가지 원인과 상응하고 있기 때문이라고 설명한다.[72] 이는 여섯 가지 원인이 아집의 소멸에 직접적으로 관여하고 있는 것을 반영한다. 이것에 대해서는 뒤에서 다시 검토하겠다. 『순정리론』, TA와 LA의 설명을 통해 견도 이전의 가행도의 단계에서 5취온의 무상·고·무아를 통찰하는 혜를 개발하기 위한 예비단계의 수행이라는 것을 알 수 있다. 예를 들면 입식과 출식을 태어나고 죽는 상태로 깨달아 5취온의 본성 가운데 하나인 무상無常의 수습에 적용하고 있는 것도[73] 이러한 관점에서 이해해야 할 것이다. 이와 관련된 설명이 『비바사론』에서도 보이는데, 여기서는 『중아함』 118, 「입출식경(Ānāpānasati sutta)」, 혹은 『중아함』 62, 「대라훌라교계경(Mahārāhulovāda sutta)」[74]에서 입출식념의 16가지 수행방법 가운데 마지막 네 가지 "무상無常, 이탐離貪, 멸진滅盡, 사리捨離"의 입식과 출식에 대해 세우世友 등 다섯 논사의 해석이 제시되어 있다. 이

70 TA, P. tho 354a1, D. do 208a6; LA, P. Ñu 197a4-5, D. chu 159a6.

71 AKBh, 339.16.

72 TA, P. tho 354a1-2, D. do 208a7; LA, P. Ñu 197a5-6, D. chu 159a7.

73 『順正理論』 第60卷(T29, 674a3-5); TA, P. tho 354a8-b1, D. do 208b6; LA, P. Ñu 197a7-8, D. chu 159b1.

74 MN. III, 84.27-85.2; MN. I, 425.29-34, 『국역일체경: 비담부 8』, 396 참조 바람; 『毘婆沙論』 第26卷(T27, 136b27-29).

가운데 대덕大德은 다음과 같이 설명한다.

> 무상을 수관隨觀하는 것은 5취온은 무상하다고 관하는 것을 말하며, 단斷을 수관하는 것은 5취온은 공무아空無我라고 관하는 것이다. 리離를 수관하는 것은 5취온은 고苦라고 관하는 것이며, 멸滅을 수관하는 것은 5취온은 발생하지 않고 적멸寂滅하다고 관하는 것이다.[75]

여기서 '5취온의 무상·공무아·고·적멸'을 수관하여 5온과 자아를 관련짓지 않는 것이 지식념의 궁극적인 수행의 목적이라는 것을 알 수 있다. 이와 같은 해석은 위빠사나를 성취하기 위한 사념주 수행 가운데 유위법의 무상성, 유루의 고상, 일체법의 공성과 무아성이라는 공통된 성질(현장: 共相, 진제: 通相)과 다르지 않다. 이와 같은 고찰에서 『무아상경』 이래로 5온의 관찰이라는 해탈도의 오랜 전통이 계승되고 있는 것을 확인할 수 있었다. 이와 같은 관점은 다음에 살펴볼 여섯 가지 원인에서도 잘 나타난다.

2) 지식념의 여섯 가지 원인

앞에서 언급했듯이 『비바사론』의 일련의 수행단계론에서 부정관과 지식념이 사성제를 현관하는 단계인 견도의 무루법을 획득하기 위한 예비적 수행이라는 것을 확인할 수 있었다.[76] 즉 부정관과 함께 열반으

---

75 『毘婆沙論』 第26卷(T27, 136c9-11), "大德說曰, 隨觀無常者, 觀五取蘊無常. 隨觀斷者, 觀五取蘊空無我. 隨觀離者, 觀五取蘊苦. 隨觀滅者, 觀五取蘊不轉寂滅."

로 향하는 견도 이전의 중요한 가행도로 중시된다. 그러면 왜 부정관과 함께 지식념이 유부의 수행단계론에서 예비단계 수행에 자리잡게 되었는지를 지식념의 여섯 가지 원인을 살펴보면서 고찰해 보겠다. 먼저 AKBh에서는 다음과 같이 설명한다.

> 그리고 이 〔염〕은
> 수數〔를 세는 것〕 등에 의해 6종류가 있다. (12d)

> 이〔지식념〕은 (1) 수를 세는 것(數)에 의해, (2) 따라가는 것(隨)에 의해, (3) 고정시키는 것(止)에 의해, (4) 관찰하는 것(觀)에 의해, (5) 변하는 것(轉)에 의해, 그리고 (6) 청정해지는 것(淨)에 의해, 〔이와 같은〕 여섯 작용과 결합할 때 완전하게 된다.[77]

이와 같이 자신의 호흡의 수를 세는 것부터 시작하여 호흡의 출입을 따라가고, 호흡을 한곳에 고정시켜 본질을 관찰하여 다음 단계로 나아간다. (1) 먼저 수를 세는 것이란 마음을 한곳에 집중하여 하나에서 열까지 더하지도 덜하지도 않게 들숨과 날숨을 자연스럽게 세는 것을 말한다. 들숨과 날숨을 마음에 두고 자연스럽게 몸과 마음에 관여하지 않고 집착하지 않는다.[78] 즉 호흡하는 자아가 있다는 생각에

---

76 본 장 2. 1) 염(smṛti)과의 관계 참고 바람.

77 AKBh, 339.16-19, "sāceyaṃ **ṣaḍvidhā gaṇanādibhiḥ (12d)** ṣaṭkāraṇayuktā caiṣā paripūrṇā bhavati/ gaṇanayānugamena sthāpanayā upalakṣaṇaya vivarttena pariśuddhyā ca/"

집착하지 않는 것을 말한다. 수를 올바로 세는 것에 중점을 두는데 AKBh에서는 수를 세는 것에 세 가지 오류를 지적하고 있다. 즉 둘을 하나로 세는 감수(減數, ūnagaṇanā), 하나를 둘로 세는 증수(增數, adhikagaṇanā), 들숨과 날숨을 반대로 파악하는 것(雜亂, saṃkara)이다. 바르게 세는 것은 이와 같지 않은 것이며 삼매에 이르기까지 숫자를 세어야 한다고 AKBh는 설명한다.[79] 여기에 『순정리론』은 위의 세 가지 과실에 느리게 세는 과실, 너무 빨리 세는 과실, 마음이 산란되어 중간에 세는 수를 잃어버리는 세 가지 과실을 덧붙이고 호흡을 잘 조절하여 선정을 획득하게 된다고 설명한다.[80] 여기서 주목하고 싶은 것은 이러한 설명 뒤에 언급되고 있는 다음과 같은 해석이다.

> 호흡을 셀 때는 마땅히 들숨부터 세어야 할 것이니, 처음 태어난 상태에는 먼저 숨을 들이쉬고 죽을 때는 마지막으로 숨을 내쉬기 때문이다. 이와 같이 태어나고 죽는 상태를 깨닫기 위해 관찰하기 때문에 무상無常의 개념(想)을 점차로 수습할 수 있다.[81]

---

78 AKBh, 339.19-20; AKVy, 528.4-5.

79 AKBh, 339.21-340.1; 『毘婆沙論』 第26卷(T27, 134c27-135a3)에서는 滿數, 感數, 增數, 亂數, 淨數가 제시되어 있다; 『順正理論』 第60卷(T29, 673c18-674a3).

80 『順正理論』 第60卷(T29, 673c10-674a3); 수를 세는 것에 관한 오류에 대한 『비바사론』과의 비교는 김성철(2010), 66을 참고 바람.

81 『順正理論』 第60卷(T29, 674a3-5), "凡數息時應先數入, 以初生位入息在先, 乃至死時出息最後. 如是覺察死生位故, 於無常想漸能修習."

여기서 지식념의 수행의 목적은 무상의 수습이라는 것을 알 수 있다. 이와 같은 견해는 TA와 LA에서도 "태어나고 죽는 것을 이해하기 때문에 무상을 경험하게 된다"[82]라고 해석하고 있어 고성제의 네 가지 행상으로 자연스럽게 연결된다고 볼 수 있다.

(2) 다음으로 들숨과 날숨이 들어오고 나가는 것을 따라간다(隨). 사람에 따라 호흡의 힘이 강하거나 약하기 때문에[83] 들어오는 호흡이 어느 정도 깊이로 들어오고 나가는 호흡이 어디까지 나가는지 따라가는 것이다. 예를 들면 호흡이 몸의 전체로 퍼지는지 아니면 일부분에만 들어가는지, 순서대로 목구멍, 심장, 배꼽, 허리, 넓적다리, 정강이로 들어오는 들숨들은 양발에까지 따라가며 기억해야 한다. 한편 날숨은 한 뼘 길이와 양발을 벌린 넓이까지 따라 나온다.[84] AKBh에서는 들숨과 날숨은 실제 존재하는 신체의 일부분을 소연으로 하는 진실작의이기 때문에 상상된 대상을 떠올리는 승해작의는 아니라고 본다.[85]

---

82 TA, P. tho 354a8-b1, D. do 208b6; LA, P. Ñu 197a7-8, D. chu 159b1.

83 AKVy, 528.6.

84 AKBh, 340.1-4.

85 AKBh, 340.4-5 ; 『順正理論』 第60卷(T29, 674a12-17); 경주, 즉 세친은 AKBh에서 설하고 있는 것과 같이 "들숨이 아래로는 풍륜까지, 날숨이 폐람바까지 따라간다"는 유여사의 주장에 반박하여 "지식념은 진실작의와 구기하기 때문에 호흡이 풍륜이나 폐람바 등에까지 따라간다고 해서는 안 된다"고 하였다. 이러한 세친의 반박에 대해 유여사는 "지식념은 비록 진실작의와 구기하는 것이라도 도중에 다른 승해작의와 상응하여 발생하는 경우도 있다. 즉 진실작의를 빠르게 성취하기 위해 이러한 가상假想이 일어나게 한다. 비록 이렇게 하더라도 지식념을 벗어나는 과실은 없으니 지식념의 가행인 의요가 종식되지 않았기 때문이다"라고 세친의 설명에 반박한다.

하지만 『순정리론』과 TA에서 승해작의도 부정하지 않는 것은 앞에서도 언급하였다.

(3) 그 다음은 고정시키는 것(止)은 들숨과 날숨의 흐름에 집중하여 마음을 코끝, 미간, 발가락 등 선호하는 곳에 두고 편안하게 마치 구슬을 꿰는 실을 관찰하듯, 호흡이 몸에 머물러 있는 것을 관찰한다.[86] 이와 같이 신체의 어느 부분이든 상관없지만 일반적인 경우에 코끝에 호흡을 머물게 한다고 설명한다.[87] 그리고 호흡이 신체를 이롭게 하는 것인가? 해롭게 하는 것인가? 차가운 것인가? 따뜻한 것인가?를 관찰하는 것이라고 한다.[88]

(4) 이와 같이 호흡을 관찰하고 계속해서 호흡이 바람(vāyu)뿐만 아니라 4대(mahābhūta)와 4대로 만들어진 소조색(upādāyarūpa)과, 소조색에 의지해서 발생하는 마음(citta)과 심소(caitta)인 5온(pañcas-kandha)을 관찰한다(觀, upalakṣaṇa).[89] 이미 선행연구에 의해 지적되

---

86 AKBh, 340.5-6; 『毘婆沙論』 第26卷(T27, 135a17-18)에서는 어떤 사람의 설로 제시되어 있다. 『順正理論』 第60卷(T29, 674a17-19); 『雜心論』 第8卷(T28, 934b6); 김성철(2010), 68에 의하면 『비바사론』은 고정시키기(止)에 관해 두 가지 이설을 설명하고 있다고 지적한다. 즉 먼저 "첫 번째는 호흡이 코에 머물고 차례대로 목구멍, 가슴, 배꼽, 양발에 머무는 것, 이는 호흡이 머무는 곳에 마음이 따라 관찰한다는 것을 말한다. 두 번째는 보석을 꿰는 실과 같이 호흡이 몸 전체에 머무는 것을 관찰하는 것"이라고 한다. AKBh와 『순정리론』은 두 번째 설에 따르고 있다고 지적한다.

87 『大安般守意經』 卷上(T15, 166c22); 김성철(2010), 68.

88 AKBh, 340.6-7; 『順正理論』 第60卷(T29, 674a19).

89 AKBh, 340.7-8; 『毘婆沙論』 第26卷(T27, 135a21-23); 『順正理論』 第60卷(T29, 674a19-21); LA, P. Ñu 197b1-2, D. chu 159b3.

고 있는 것처럼, 관찰의 대상이 호흡뿐만 아니라 5온 전체로 확대되며 『무아상경』 이후 중요시되고 있는 5온에 대한 식별적 통찰이라는 수행방법이 제시된다.[90] 이와 같이 5온을 대상으로 무상·고·무아로 관찰하는 것이 사제 가운데 고제의 관찰로 무난하게 연결된다.

(5) 바람을 대상으로 하는 인식(覺, buddhi)을 전환(轉, vivartti)하여 좀 더 높은 단계인 사념주에서 사선근에 이르기까지의 선근(kuśalamūla)이 대상이 되는 것이다.[91]

(6) 청정해지는 것(淨, pariśuddhi)은 견도와 수도에 들어가는 것을 말한다. 이에 대해서 『비바사론』에서는 몇 가지 설이 제시되고 있다. 여기서 주목하고 싶은 것은 네 가지 순결택분(사선근)도 이 단계에 포함시키고 있는 것이다.[92] 또한 다른 설은 AKBh와 『순정리론』에도 전해지며 여기서는 "사념주를 시작으로 금강과 같은 삼매를 마지막으로 하는 것(혜)이 변화하는 것(轉)이고, 진지(盡智, kṣayajñānā)가 발생하고 나서 청정해진다(淨, pariśuddhi)"[93]라고 설한다. 이는 상위 수행

---

90 김성철(2010), 68; 선행연구에 의하면 입출식념에서 설하는 여섯 가지 원인 가운데 관(觀, upalakṣaṇa)의 설명에서 언급된다. 하지만 몸을 부정하다고 관찰하는 부정관에서부터 이러한 관점이 제시되어 처음으로 성자위에 들어가는 견도에 이르기까지 5온에 대한 통찰은 계속되고 수행을 통해 혜를 강화시켜 간다.

91 AKBh, 340.9-10; 『毘婆沙論』 第26卷(T27, 135a23-25); 『順正理論』 第60卷(T29, 674a21-22).

92 『毘婆沙論』 第26卷(T27, 135a25-26).

93 『毘婆沙論』 第26卷(T27, 135a27-29); AKBh, 340.10-11; 『順正理論』 第60卷(T29, 674a23-24).

단계인 사념주와 사선근으로 나아가게 하는 혜의 변화와 혜가 강화되어 청정한 견도와 수도에 들어갈 수 있는 것을 시사한다.

『비바사론』에서는 사소성혜에 포함되어 있지만 부정관과는 달리 지식념은 다음 단계인 사념주 등에 들어가기 이전에, 6단계를 제시하여 무학도까지 연결되는 독립적인 수행단계론으로 설명된다. 하지만 AKBh와 『순정리론』에서는 지식념은 부정관과 함께 사마타(定)를 획득하는 방편으로 자리잡고 있으며, 위빠사나(觀)를 성취하기 위한 사념주를 수행하기 전 수습해야 하는 단계에 편입되어 있다.[94]

지금까지의 고찰에서 지식념은 숫자를 세는 기본적인 방법부터 시작하지만 궁극적으로는 들이쉬고 내쉬는 호흡을 생生과 멸滅에 적용하여 무상을 증득하기 위한 수행법이라는 것을 알 수 있었다. 또한 혜를 개발시키는 방법으로 관찰의 대상이 호흡뿐만 아니라 5온 전체로 확대되며 5온을 무상·고·무아로 관찰하는 것이 사제 가운데 고제의 관찰로 연결된다는 것을 알 수 있었다.

4. 결론

이제까지 『비바사론』을 비롯한 중요한 유부 논서와 주석서를 토대로, 부정관과 지식념이 유부 수행도론에서 예비적인 수행단계로 중시되고 있는 이유에 대해 고찰하였다.

『비바사론』에서 살펴보았듯이 부정관과 지식념은, 각각 부정관으

---

94 AKBh, 341.7-8; 『順正理論』 第60卷(T29, 675a25-b4); TA, P. tho 356a2-3, D. do 210a3-4; LA, P. Ñu 198a7-b2, D. chu 160a7-b1.

로 사대종에 의해 만들어진 것(사대소조색)을, 지식념으로 사대종을 관찰한다고 하여 5온을 관찰하는 문맥에서 설명된다. 이러한 관찰은 상위의 수행도로 연결되며, 이로써 5온의 관찰은 성도聖道에 도달하기 위한 중요한 예비단계로 자리매김하고 있는 것을 알 수 있었다. 이와 같은 관점은 『법온족론』「염주품」에서 사념주 가운데 신념주의 해석에서도 잘 나타난다. 『법온족론』에서는 경전을 해석하는 방식을 취하고 있으면서도 신념주의 해석에서 몸안의 부정상不淨相을 신체를 구성하는 존재요소로 분석하여 인과법칙의 영향을 받는 법法의 차원으로 환원한다. 또한 존재요소를 혜慧로 분석하고 통찰하는 위빠사나의 작용을 강조하는 유부 특유의 방법을 제시하고 있는 것을 알 수 있었다.

한편 『발지론』·『비바사론』에서는 대면념(對面念, pratimukhī smṛti)의 해석을 통해 부정관을 설명한다. 즉 부정관은 수행자 자신의 신체를 관찰하는 것이며 그 결과 성욕을 제거하여 성도에 들어가기 위한 중요한 예비수행이라고 설명한다. 또한 『비바사론』의 배면념(背面念, vimukhī smṛti)의 해석에서 부정관에 의한 성욕의 대치는 궁극적으로 유신견과 아집을 제거하기 위한 예비적 수행단계라고 설하며 부정관을 염으로 설명한다. 이러한 관점은 LA의 해석에서 분명하게 드러난다. 즉 LA는 염(念, smṛti)을 "사물을 언설로 표현하는 것을 가리킨다"고 해석하고 있기 때문이다.

이러한 해석을 통해 수행자는 신뢰할 만한 사람의 가르침이나 수행자 자신이 이전에 행하였던 수행의 내용에 대해 언어적 개념(saṃjñā)을 매개로 기억하여 떠올린 명료한 영상을 관찰하는 것이라 생각된다. 유부 논서에서 부정관과 지식념을 신뢰할 수 있는 사람의 언어를 기준으로 하고 있는 문소성혜에 의해 발생하는 사소성혜로 설명하고 있는 것을 고려하면 붓다의 가르침의 암송, 그리고 전승과 밀접하게 관련된다는 것을 알 수 있었다. 한편 AKVy·TA·LA의 게송에서 알 수 있었듯이 아직 부정관에 익숙하지 않은 유가행자들에게는 시체의 부패과정을 직접 관찰할 것이 권장되고 있어 암기하기 전단계를 분명히 제시한다. 이를 『순정리론』에서는 수행자 자신의 신체 내부와 외부의 시신을 관찰하는 자를 각각 이근자利根者와 둔근자鈍根者의 관찰법이라고 정의하여 수행이 진전된 상태에 따라 다른 방법을 제시하고 있는 것을 알 수 있었다.

한편 지식념도 5온의 무상·고·공·무아를 통찰하는 혜를 개발하기 위한 초기단계의 수행이라는 것을 알 수 있다. AKBh·『순정리론』에서는 "지식념은 불교의 가르침을 정법으로 하는 사람들에게만 존재하고 외도의 사람들에게는 존재하지 않는다"라고 설명한다. 왜냐하면 TA·LA·『순정리론』에 따르면 지식념이 외도의 사람들에게 존재하지 않는 이유가 아집과 상위하기 때문이라고 해석하고 있기 때문이다. 이로써 외도가 주장하는 '내가 존재한다'는 자아관념을 동반한 아집의 제거가 궁극적으로 고苦를 소멸하는 방법이라는 것을 시사한다. 또한 지식념의 여섯 가지 원인에서 알 수 있듯이, 숫자를 세는 기본적인 방법부터 시작하지만 최종적으로는 들숨과 날숨을 매개로 나고 죽는 존재의 무상함을 이해하기 위한 수행법이다. 이와 같은 설명에서 견도 이전 혜를 개발시키는 수행이며 관찰의 대상이 호흡뿐만 아니라 5온 전체로 확대된다는 것을 알 수 있었다.

이와 같이 5온의 관찰은 사제 가운데 고제의 관찰로 자연스럽게 연결된다. 따라서 부정관과 지식념은 『무아상경』 이래 5온의 관찰이라는 해탈도의 오랜 전통에 따라 견도의 예비적 수행단계로 혜의 계발에 적합한 수행방법이라는 것을 알 수 있었다.

제4장 설일체유부에 있어서 사념주四念住의 전개

1. 서론

AKBh 제6장「현성품賢聖品」이 제시하고 있는 수행체계에서 사념주는 순해탈분에 해당하며 사선근에 도달하게 되는 직접적인 원인이 된다.

초기불교에 교학적 근거를 두고 있는 유부 아비달마는 6족六足·발지發智, 그리고『발지론發智論』의 주석서인『비바사론毘婆沙論』에서 근본교의가 전개되고 있으며, 그러한 교의는 심론心論 계열에서 재조직되어 AKBh에 이르러 완성되었다고 한다. 그러나 AKBh은 이러한 정통유부 아비달마 문헌에 의거하면서도 비판적 견해로 일관하고 있는 것이 잘 알려진 사실이다. 이러한 AKBh의 성격을 감안하면, AKBh의 수행체계를 이해하기 위해서는 우선 이전의 초기불교와 유부 아비달마의 사념주에 대한 검토가 필요하며『순정리론順正理論』의 시점 또한 염두에 두어야 한다.

초기불교에서 사념주 수행은 혜(慧, prajñā)의 작용으로 인과법칙에 의해 발생한 제법諸法을 무상·고·무아라고 통찰하는 것이라 한다. 이러한 내용은 유부 문헌에서 사념주를 논의할 때 일관되게 주장한다. 즉 제1기 아비달마 논서로 분류되는 『집이문족론集異門足論』과 『법온족론法蘊足論』은 각각 세 가지 염주(三種念住)와 사념주는 여실지견如實知見과 같은 맥락에서 해석하며, 이 두 가지 측면은 이후의 아비달마 문헌에서 사념주를 해석하는 기본방향을 미리 제시하고 있다. 본서에서는 초기불교의 사념주의 이해에 근거하여 제1기 아비달마 논서부터 제3기 아비달마 논서의 검토를 통해 사념주가 견도에 도달하기 위한 예비적 수행단계로서 유부의 수행체계에서 중요한 한 축을 담당하고 있는 것을 확인하고자 한다. 이러한 검토를 통하여 초기불교에서의 사념주가 유부에서 어떻게 해석되고 있는 가를 알 수 있으며, 나아가 유부 내에서의 발전과정을 충분히 이해할 수 있으리라 생각한다.

2. 초기불교에 있어서 사념주

초기불교에서 염(念, sati)은 다양한 방법과 문맥에서 설명 및 기술되고 있으며, 그 가운데 우리에게 가장 잘 알려져 있는 사념주가 사정단四正斷·사여의족四如意足·오근五根·오력五力·칠각지七覺支·팔정도八正道와 함께 삼십칠보리분법三十七菩提分法으로서도 널리 알려져 있는 대표적인 수행체계이다.[1] 사념주는 탐욕(貪)과 근심(憂)을 제거하고 번뇌인 루漏를 소멸하여 번뇌가 야기시키는 괴로움(苦)을 소멸하게

1 Cox, Collect(2002), 69.

하며 예류과預流果 등 사사문과四沙門果를 획득하게 하고, 궁극적으로 열반으로 인도하는 독립적인 수행체계로서 설해진다. 그렇다면 초기 불교에서 사념주 수행의 주요한 목적이 무엇인가를 중점적으로 살펴 보도록 하겠다. 사념주는 초기불전에서 주로 『염처상응念處相應』(Satipaṭṭhānasaṃyuttam), 『대념처경大念處經』(Mahāsatipaṭṭhāna-Sut-tanta), 『염처경念處經』(Satipaṭṭhāna-Sutta) 등에서 설해지고 있으며,[2] 이 가운데 『대념처경』과 『염처경』에는 전반적인 사념주의 수행체계를 제시하고 있다. 여기서 satipaṭṭhāna(Skt: smṛtyupasthāna)의 의미부터 간략하게 살펴보겠다. 먼저 염(念, sati)의 해석과 관련해 국내에서 활발하게 논의되고 다양한 해석이 제시되고 있으나, 아직 통일된 번역어는 없는 듯하다.[3] 여기서는 아날라요(Anālayo)와 츠푸 콴(Tse-fu, Kuan)에 의거하여 고찰하겠다.[4] 아날라요(Anālayo)에 의하면, sati는 기억하다라는 동사 sarati의 명사형으로 일차적으로 기억(memory), 즉 현재의 기억, 현재 순간의 자각을 의미하며 영어로는 mindfulness로 번역된다. 그리고 upaṭṭhāna의 경우 모음u가 생략된

2 SN. V, 141-192; DN. II, 290-315; MN. I, 55-63.

3 김준호(2008)는 국내 학자들의 논의를 '사띠(Sati) 논쟁'으로 명명하며 이것의 발생 배경과 전개 그리고 문제점을 지적하고 있다. 김준호는 "기억, 생각, 주시, 관찰, 각성, 마음집중, 알아차림, 마음챙김, 주의깊음, 수동적 주의집중, 마음지킴, 마음새김…" 등이 염(念, sati)의 번역어로 제시되고 있음을 지적하고 있다. 그리고 사띠의 다양한 번역어와 관련해서는 임승택(2001), 14-15을 제시하고 있다. 김준호(2008), 187; 여기서 초기불교의 사념주에 관한 고찰은 아비달마불교에 있어 사념주를 보다 명확하게 설명하기 위한 선행작업이라는 것을 밝혀둔다.

4 Anālayo(2003), 29, 46-47; Kuan, Tse-fu(2008), 104.

것으로, 팔리어 upaṭṭhāna는 '가까이에 놓음'을 의미하며 '현존하고 있는(being present)' '현존하는(attending)'으로도 해석하며 전체적으로 '염이 현존하고 있는'으로 해석하고 있다.[5] 한편 게틴(R, M. L. Gethin)[6]에 의해 satipaṭṭhāna의 복합어 해석이 치밀하게 이루어지고 있으며, 그 해석에 있어 학자들 간에 다양한 의견이 제시되고 있음을 지적하고 있다. 츠푸 콴은 게틴과 리즈 데이비즈 부인(C.A.F. Rhys Davids)의 설명에 의거하여 satipaṭṭhāna의 의미로 다음과 같이 두 가지 가능성을 제시하고 있다.

① MN, I. 104-107에 의거하여 sati는 stands near, in present, appears의 의미를 지니는 동사 upaṭṭhāti와 관련된다.
② sati는 brings near, causes to appear, brings about 등을 의미하는 upaṭṭhāti의 사역형(upaṭṭhapeti or upaṭṭhāpeti)의 파생어와 빈번히 관련된다.[7]

여기서 츠푸 콴은 ①의 경우 Vanapattha-sutta는 sati가 upaṭṭhāti와 관련지어 설명되는 유일한 경전이라는 사실을 인정하고, 반면에 ②의 경우 sati는 upaṭṭhāti와 빈번히 결합됨에 따라 satipaṭṭhāna의 의미는 'bringing about of mindfulness(염을 가져오는)', 혹은 'establishment

5 경전에 설해지고 있는 대표적인 sati의 의미와 기능은 안양규(2009), 181-182를 참고 바람.
6 R, M. L. Gethin(2001), 29-36.
7 Kuan, Tse-fu(2008), 104.

of mindfulness(염의 확립)'라고 해석하고 있다.[8] 이와 같은 선행연구를 토대로 고찰하면 사념주는 그 대상이 되는 신身·수受·심心·법法에 대해서 '염이 현존하고 있는', '현존하는' 혹은 '염의 확립' 등으로 해석할 수 있을 것이다. 『대념처경』에서 사념주가 어떻게 해석되고 있는지 살펴본다면, 경전은 다음과 같이 설명하고 있다.

> 네 가지는 무엇인가. 비구들이여, 여기서 비구가 신身에 대해서 신을 따라 관찰하며(anupassī), 정근(正勤, ātāpī)과 정지(正知, sampajāna)와 정념(正念, sati)을 지니고서 세상에 대한 탐욕(貪)과 근심(憂)을 제거하고 나서 머문다. 수受에 대해서 수를 따라 관찰하며, 정근과 정지와 정념을 지니고서 세상에 대한 탐욕과 근심을 제거하고 나서 머문다. 심心에 대해서 심을 따라 관찰하며, 정근과 정지와 정념을 지니고서 세상에 대한 탐욕과 근심을 제거하고 나서 머문다. 법法에 대해서 법을 따라 관찰하며, 정근과 정지와 정념을 지니고서 세상에 대한 탐욕과 근심을 제거하고 나서 머문다.[9]

---

8 남전 주석문헌에서 satipaṭṭhāna에 관한 해석은 임승택(2001), 26-29을 참고 바람.

9 DN, II. 290.12-19, "katame cattāro: idha bhikkhave bhikkhu kāye kāyānupassī viharati ātāpī sampajāno satimā vineyya loke abhijjhādomanassaṃ. vedanāsu vedanānupassī viharati ātāpī sampajāno satimā vineyya loke abhijjhādomanassaṃ, citte cittānupassī viharati ātāpī sampajāno satimā vineyya loke abhijjhādomanassaṃ, dhammesu dhammānupassī viharati ātāpī sampajāno satimā vineyya loke abhijjhādomanassaṃ."

여기서 사념주는 신·수·심·법의 각각의 대상에 대하여 주의 깊게 밀접하게 따라가며 관찰하는 것(anupassin, 수관)을 말하며,[10] 이것은 정근(ātāpī)과 정지(sampajāna)와 정념(sati)을 수반하는 관찰이다. 이러한 의미에서 염주는 단순한 관찰의 의미가 아닌, 반복적으로 수행하는 정근과 '현재 순간을 주의 관찰'[11]하여 기억하는 정념이 정지와 함께 관찰대상인 신·수·심·법에 작용하는 것이다. 특히 정념이 정지와 한 쌍으로 적용되고 있을 경우에는 지금 정념에 의해 관찰된 내용을 정지에 의해 더욱 확실하게 이해하는 것이라 할 수 있다. 이러한 정념과 정지의 작용은 여실지견(如實知見, yathābhūtañāṇa-dassana)과 관련해 설명되고 있다.[12] 이상의 정근과 정지와 정념으로 수관(anupassin)의 의미가 명확하게 드러난다. 염의 궁극적인 목적은 무엇일까? 『대념처경』에는 다음과 같이 설명한다.

> (1) 이와 같이 혹은 내신內身에 대하여 신身을 따라 관찰하며 머문다. 혹은 외신外身에 대하여 신을 관찰하며 머문다. 혹은 내외신內外身에 대하여 신을 관찰하면서 머문다. (2) 혹은 신에 있어서 집기集起의 법을 관찰하면서 머문다. 혹은 신에 있어서 소멸消滅의 법을 관찰하면서 머문다. 혹은 신에 있어서 집기와

---

10 Anālayo(2003), 36에는 anupassin과 관련하는 동사형 anupassati는 "to repeatedly look at", 즉 "to contemplate" "to closely observed"로 번역하고 있다.

11 Anālayo(2003), 47-48, 안양규(2009), 183.

12 Anālayo(2003), 42, 안양규(2009), 183; ñāṇa는 sampajāna와 dassana는 sati와 관련시켜 설명하고 있다.

소멸의 법을 관찰하면서 머문다. (3) 혹은 그에게 '신이 있다'고 하는 염(sati)이 확립된다. 혜(慧, ñāṇa)만을 위한, 통찰(patissat)만을 위한 것이다. 〔그 결과〕 그는 의존하는 것 없이 머물고, 어떠한 세간적인 것에 대해서도 집착하는 것이 없다. 비구들이여, 이와 같이 비구는 신에 있어서 신을 따라 관찰하면서 머문다.[13]

아날라요와 츠푸 콴이 지적하고 있는 것처럼[14] 이 후렴구 가운데 (2)에 의해 사념주 수행의 목적은 현상들의 무상성無常性을 직관하는 것이라는 것을 알 수 있다. 먼저 아날라요와 츠푸 콴은 (1)에서 염주의 대상이 되는 신·수·신·법은 안팎의 모든 현상들, 즉 자신의 신체와 다른 사람의 신체라고 해석하고, 이러한 조건 지어진 현상들(유위법)을 무상無常·고苦·무아無我라고 직관하는 것이라고 지적한다. 염주는 (3)의 경우에서 『무아상경無我相經』에서 석존이 생멸법生滅法을 이해함으로써 법안法眼이 생한 다섯 비구에게 5온五蘊의 무상·고·무아를 설하여 그것을 들은 다섯 비구가 루漏로부터 완전히 해탈解脫하여 아라한이 되었다는 것과 같은 맥락에서 이해할 수 있다.[15] 즉 사념주

---

13 DN, II. 292.1-10, "iti ajjhattaṃ vā kāye kāyānupassī viharati, bahiddhā vā kāye kāyānupassī viharati, ajjhattabahiddhā vā kāye kāyānupassī viharati. samudayadhammānupassī vā kāyasmiṃ viharati, vayadhammānupassī vā kāyasmiṃ viharati. samudaya vayadhammānupassī vā kāyasmiṃ viharati. atthi kāyo'ti vā panassa sati paccupaṭṭhitā hoti, yāvadeva ñāṇamattāya patissatimattāya. anissito ca viharati, na ca kiñci loke upādiyati. evampi kho bhikkhave bhikkhu kāye kāyānupassī viharati."

14 Anālayo(2003), 92-116; Kuan, Tse-fu(2008), 58-59.

는 연緣하여 생기한 유위법을 무상·고·무아라고 아는 것이며, 위빠사나(vipassanā, 觀)와 등치하고, 혜의 개발로 이끄는 예비적인 수행단계라고 할 수 있다.[16] 사념주의 이러한 역할은 아비달마불교에서 더욱 분명하게 드러난다.

3. 제1기 아비달마 논서에 있어서 사념주

1)『집이문족론』

북전 아비달마 논서에서 사념주는 초기불교에서와 같이 독립적인 수행체계가 아닌 크게 두 가지 형태, 즉 삼십칠보리분법三十七菩提分法 가운데 위치하고 있는 것과 사선근四善根과 함께 견도見道 이전의 가행도加行道로써 위치하는 것이 있다.[17] 전자의 경우는 제1기 아비달마 논서로 분류되는『집이문족론』과『법온족론』에서, 후자의 경우는 제2기 아비달마 논서로 분류되는『비바사론』에서부터 등장한다. 다나까 코쇼(田中教照)가 지적하고 있는 것과 같이 유부의 수행도론과 관련하여『집이문족론』과『법온족론』에서는 사성제四聖諦 수행인 현관도現觀道로 대표되는 새로운 수행체계가 초기불교의 수행체계와 함께 제시되어 있다.[18] 이 가운데『집이문족론』에는 후대의 중요한 아비달마 논서인 AKBh에서의 견도見道가 단편적으로 제시되어 있으

15 Vin, I. 10.10-13.17.

16 Kuan, Tse-fu(2008), 58.

17 Cox, Collect(2002), 73.

18 田中教照(1993), 260-273, 299-306.

며, 이러한 해석은 『법온족론』보다도 발전적이다.

이러한 경향은 사념주의 해석에서도 나타난다. 『집이문족론』은 『중집경衆集經』의 주석의 형태를 취하고 있으며 하나부터 열까지 논모(論母, mātṛkā)를 열거하면서 해설하며 경전의 형식과 내용을 계승하고 있다고 한다. 그러나 사념주의 해석에 관해서는 경전의 구문을 인용하는 『법온족론』보다도 제법의 분류라고 하는 아비달마적 특색이 현저하게 나타난다. 여기서 사념주가 어떻게 해석되고 있는지 살펴보도록 하자. 『집이문족론』에는 다음과 같이 해석하고 있다.

> (1)【질문】 사념주에는 첫 번째로 신념주, 두 번째로 수념주, 세 번째로 심념주, 네 번째로 법념주가 있다. 신념주는 무엇인가? 【대답】 열 가지의 유색처有色處와 법처소섭法處所攝의 색色을 신념주라고 명명한다. 【질문】 수념주는 무엇인가? 【대답】 6수신六受身이라고 답한다. 즉 안촉眼觸에 의해 생기하는 수受 내지 의촉意觸에 의해 생기하는 수受를 수념주라고 명명한다. 【질문】 심념주는 무엇인가? 【대답】 6식신六識身이다. 즉 안식眼識 내지 의식意識을 심념주라고 명명한다. 【질문】 법념주는 무엇인가? 【대답】 수온受蘊에 포함되지 않는 무색無色의 법처法處를 법념주라고 명명한다. (2) 신의 증상增上에 의해 생기하는 제선諸善의 유루有漏와 무루無漏의 도道를 신념주라고 명명한다. 수의 증상에 의해 생기하는 제선의 유루와 무루의 도를 수념주라고 명명한다. 심의 증상에 의해 생기하는 제선의 유루와 무루의 도를 심념주라고 명명한다.

법의 증상에 의해 생기하는 제선의 유루와 무루의 도를 법념주라고 명명한다.

(3) 신을 연하는 혜慧를 신념주라고 명명하고, 수를 연하는 혜를 수념주라고 명명하고, 심을 연하는 혜을 심념주라고 명명하고, 법을 연하는 혜를 법념주라고 명명한다.[19]

여기서 신념주는 "유색처와 법처소섭의 색"·"신의 증상에 의해 생기하는 제선의 유루와 무루의 도"·"신을 연하는 혜", 수념주는 "6수신"·"수의 증상에 의해 생기하는 제선의 유루와 무루의 도"·"수를 연하는 혜", 심념주는 "6식신"·"심의 증상에 의해 생기하는 제선의 유루와 무루의 도"·"심에 연하는 혜", 법념주는 "수온에 포함되지 않는 무색의 법처"·"법의 증상에 의해 생기하는 제선의 유루와 무루의 도"·"법을 연하는 혜"라고 각각 세 가지 방식으로 해석하고 있다. 후대의 유부교학에서 이러한 세 가지의 해석과 관련하여 (1)은 소연념주(所緣念住, ālambana-smṛtyupasthāna), (2)는 상잡념주(相雜念住, saṃsarga-s°), (3)은 자성념주(自性念住, svabhāva-s°)로 정의하고 있으며 이것은 이

---

19 『集異門足論』第6卷(T26, 391b22-c5), "四念住者, 一身念住, 二受念住, 三心念住, 四法念住. 身念住云何? 答十有色處及法處所攝色, 是名身念住. 受念住云何? 答六受身. 謂眼觸所生受, 乃至意觸所生受, 是名受念住. 心念住云何? 答六識身. 謂眼識乃至意識, 是名心念住. 法念住云何? 答受蘊所不攝無色法處, 是名法念住. 復次身增上所生, 諸善有漏及無漏道, 是名身念住. 受增上所生, 諸善有漏及無漏道, 是名受念住. 心增上所生, 諸善有漏及無漏道, 是名心念住. 法增上所生, 諸善有漏及無漏道, 是名法念住. 復次緣身慧名身念住, 緣受慧名受念住, 緣心慧名心念住, 緣法慧名法念住."

후의 유부 문헌에서 반복적으로 다루어지고 있다. 『집이문족론』에서는 세 종류의 염주 각각의 용어를 명시하지 않더라도, 사념주의 해석과 관련된 세 가지 기술이 명확하게 나타난다. 이것은 유부 문헌에서 사념주를 해석하는 중요한 관점 중의 하나이다.

이상과 같이 『집이문족론』에서 세 종류의 염주 각각의 용어는 등장하지 않았으나 전체적인 내용이 언급되어 있다. 그중에서 (3)의 자성념주의 기술에서 사념주는 혜慧라고 이해되고 있는 것을 알 수 있었다. 혜라고 해석하는 이유는 지금부터 살펴볼 『법온족론』에서 대답하고 있다.

2) 『법온족론』

『집이문족론』에서 사념주의 해석은 수행체계로서의 역할을 강조하는 것보다 분석적 사유가 강하게 드러난다. 하지만 『집이문족론』과 같은 초기 아비달마 논서에 귀속되는 『법온족론』은 수행의 측면을 강조하고 있으며 삼십칠보리분법三十七菩提分法에 의거하는 수행단계론을 제시하고 있다고 한다.[20] 사념주는 제9 「염주품念住品」에서 설해지고 있으며 초기경전의 내용을 해석하는 형식을 취하고 있다. 『법온족론』은 경전의 구문을 그대로 해석하는 형식을 띠고 있으면서도 유부의 수행체계에서 중요한 역할을 하는 무상無常·고苦·공空·무아無我 네 가지 행상行相의 기원을 찾아볼 수 있다. 이것이 어떤 맥락에서 해석되고 있는지 신념주의 예를 들어 간략하게 살펴보자. 『법온족

20 田中教照(1993), 223-224.

론』의 염주 해석은 『대념처경』에서 염주의 의미를 명확하게 해주는 후렴구의 해석이라고 이해할 수 있다.

『법온족론』의 기술을 따라가며 고찰해 보자. 여기서는 "내신內身에 있어서 몸을 따라 관찰하면서(循身觀) 머물며 만약에 정근正勤·정지正知·정념正念을 지니면 탐욕(貪)과 근심(憂)을 제거한다"는 초기경전의 구문을 인용한 뒤, 이 구문과 관련된 세 가지 해석이 기술되어 있다. 첫 번째 해석부터 살펴보면 "내신內身에 있어서 둔신관循身觀"를 해석하는 중에 내신內身은 자신의 몸이라고 해석하며 다음과 같이 언급하고 있다.

> 이와 같이, 〔몸의〕 부정상不淨相을 사유할 때 일어나는 법에 대한 간택簡擇 … 각覺·명明·혜慧의 작용인 위빠사나(毘鉢舍那)가 둔내신관循內身觀이며 신념주라고 명명한다.[21]

여기서 혜慧의 작용인 위빠사나(毘鉢舍那)가 둔내신관循內身觀이며 신념주이라고 해석하고 있는 것에서 신념주를 위빠사나와 등치시키는 것이 『법온족론』에서의 신념주 해석의 핵심적 내용이라고 하겠다. 두 번째 해석에는 신身을 부정상不淨相과 6계(六界: 地·水·火·風·空·識)로 분석한다.[22] 그리고 세 번째 해석에는 이러한 몸에 대해 다음과 같이 언급한다.

---

21 『法蘊足論』 第5卷(T26, 476a11-14), "如是思惟不淨相時, 所起於法簡擇極簡擇最極簡擇解 … 覺明慧行, 毘鉢舍那, 是循(修〈明〉〈宮〉〈聖〉)內身觀, 亦名身念住."

22 『法蘊足論』 第5卷(T26, 476a28-b3).

이 몸(身)은 병(病), 종기(癰)와 같고, 화살(箭)·괴롭고(惱)·이롭지 못한(害) 것과 같으며, 무상·고·공·비아非我[23]·변화하며·피곤하며·지치며, 무너지는 존재현상(法)이다. 〔이러한 현상의 변화는〕 빠르며 멈추지 않고, 노쇠하며 항상하지 않고, 유지된다고 믿어서는 안 되며, 변괴하는 현상이라 〔사유한다〕. 이와 같은 몸(身)의 불완전성(過患)을 사유할 때에 생기하는 법에 대한 간택簡擇 내지 위빠사나(毘鉢舍那)가 둔내신관循內身觀이며 신념주身念住라고 명명한다.[24]

첫 번째 해석과 같이 세 번째 해석에서도 신념주는 위빠사나라고 해석하고 있지만, 신체(身)의 관찰과 관련해 보다 그것의 역할을 확대 해석하고 있다. 신체를 부정상이라고 관찰하는 데 그치는 것이 아니라 유위법인 신체는 무상·고·공·무아라고 직관하는 사념주 수행의 목적이 언급되고 있다. 여기서 『대념처경』에서 사념주의 의미를 명확하게 해주는 후렴구와 비교해 보면, 신체와 관련한 해석이 중심적이라 생각되는 첫 번째와 두 번째 해석은 『대념처경』의 후렴구 중에

---

23 非我는 無我의 동의어로 현장 역은 주로 非我를 선호한다. 예를 들면 현장의 한역 『俱舍論』에서 非我라고 번역하고 있는 곳을, 진제는 『俱舍釋論』에서 無我라고 번역한다. 또한 현장은 非常, 진제는 無常이라고 번역하고 있는 곳도 찾아볼 수 있다. 본서에서는 현장 역 원문을 인용할 때는 非我를 그대로 사용하지만 본문을 전개할 때에는 無我라고 하겠다.

24 『法蘊足論』 第5卷(T26, 476b5-9), "謂此身者, 如病如癰如箭惱(腦〈三〉〈宮〉)害, 無常苦空非我轉動勞疲(倦〈三〉〈宮〉)羸篤, 是失壞法. 迅速不停, 衰朽非恒, 不可保信, 是變壞法. 如是思惟身過患時, 所起於法簡擇, 乃至毘鉢舍那."

"(1) 신체의 안쪽(內身), 신체의 바깥쪽(外身), 신체 안팎(內外身)으로 관찰하며"에 해당하며, 세 번째 해석은 "(2) 신체는 생겨났다(集起) 사라지는(消滅), 발생했다 소멸하는 법(존재현상)이라 관찰하며"를 보다 발전적으로 해석하여 신념주의 성격을 보다 구체적으로 언급하고 있음을 알 수 있다. 그리고 세 가지 해석의 마지막 부분에 부가되었던, "법에 대한 간택 내지 위빠사나"는 (3) "그에게 '신체가 있다'고 하는 염念이 확립된다. 혜慧만을 위한, 통찰만을 위한 것이다"에 상당한다고 이해할 수 있다.[25]

이와 같이 『법온족론』의 언급에서 염주는 위빠사나라는 사실을 명확하게 알 수 있다. 위빠사나는 『법온족론』과 『심론경』에서는 "혜慧"·"혜근慧根"·"혜력慧力"·"택법각지擇法覺支"·"정견正見", 『집이문족론』과 『계신족론』에서는 "혜", 『품류족론』에는 "혜근" 등으로 해석된다.[26] 이러한 관점은 『집이문족론』에서부터 일관되게 보이기 때문에 '사념주는 혜이다'라는 견해가 유부의 정설이라는 것을 알 수 있다. 그렇다면 혜는 어떻게 해석되고 있는가. 『법온족론』에서 혜는 "연하여 생한 법(緣生法)을 있는 그대로 아는 것"·"사성제법四聖諦法에 대한 관찰"이라 언급되고 있으며, 이는 유위법有爲法을 있는 그대로 이해하는 것(如實知見)으로 해석된다.[27] 이러한 해석은 초기불교에서의 혜의

---

25 신념주와 같은 방식으로, 受·心·法念住에도 적용할 수 있다. 『法蘊足論』 第5-6卷(T26, 476c23-479b23); 田中教照(1993), 240-245.

26 『集異門足論』 第13卷(T26, 423b11-13); 『法蘊足論』 第8卷(T26, 492b4-18, 481c11-15); 『界身足論』上卷(T26, 614c24-26); 『品類足論』 第8卷(T26, 723b19-22); 『心論經』 第5卷(T28, 862c4-5).

정의와 일맥상통하는 것을 알 수 있으며, 유위법을 있는 그대로 아는 것(여실지견)이 유부에 있어 사념주를 이해하는 핵심적인 내용이라는 것을 알 수 있다.

앞서 살펴본 세 번째 해석에서 유위법의 성격 가운데 무상·고·공·무아는 후대의 유부에서 공상共相의 네 가지 행상(四行相), 혹은 사제 16행상四諦十六行相 가운데 고성제苦聖諦의 네 가지 행상으로 정리되는 점에서 사념주의 중요성을 가늠할 수 있다.[28]

4. 제2기 아비달마 논서에 있어서 사념주

1) 『품류족론』

『품류족론』에서 사념주와 관련된 해석은 『집이문족론』에 의거하고 있는 것으로 보이나, 법념주에 무위법無爲法이 언급되고 있는 것에서 주목할 가치가 있다. 『품류족론』에서 사념주와 관련된 해석은 세 곳에서 다루어지고 있다. 첫 번째는 앞에서 살펴본 『집이문족론』의 세 가지 해석을 그대로 인용하고 있는 「변섭등품辯攝等品」이 있다.[29] 두 번째로 같은 「변섭등품」에서는 『집이문족론』과 달리 아비달마적 방식에 따라 신·수·심·법에 대한 제문분별이 행해지고 있다.[30] 이와

---

27 『法蘊足論』 第6卷(T26, 481c11-15), 第8卷(492b4-18).

28 田中教照(1982), 202-205.

29 『品類足論』 第7卷(T26, 718a20-b2); 『衆事分阿毘曇論』 第5卷(T26, 650c5-13).

30 여기서 차이점은 앞서 인용한 「변섭등품」에는 신·수·심·법 각지를 대상으로 하고 있다면, 두 번째로 인용한 「변섭등품」에는 소연념주에 해당하는 개소는

같이 「변섭등품」에는 아비달마적 경향이 드러나기 시작하며, 세 번째 해석이 언급된 「변천간품辯千問品」에 이르면 이러한 경향이 더욱 명확하게 드러난다. 이곳에서는 자성념주와 소연념주의 해석과 관련된 50문五十問의 제문분별이 행해지고 있다.[31] 여기서 주의해야 할 것은 법념주의 언급에 무위법이 포함되어 있는 점에서 유부의 '5위五位'로 정의되는 법체계가 형성되어 가는 초기단계를 시사하고 있는 것으로 생각되는 것이다. 「변천간품」은 "제1문問 유색有色과 무색無色, 제5문 유위有爲와 무위無爲, 제32문 비심소비심상응非心所非心相應·심소여심상응心所與心相應·심心 및 제33문 수심전비수상응隨心轉非受相應 등으로 분별하는 것"[32]에서 법의 분별과 밀접하게 관련하고 있는 것을 알 수 있다. 하지만 여기서 짚고 넘어가야 할 점은 잘 알려져 있듯이 「변천간품」은 『법온족론』과 밀접하게 관련되어 있다는 점이다.[33] 「변천간품」은 『법온족론』과 품명과 품의 순서를 거의 동일시하고 있으나, 사념주와 관련해 위빠사나의 관법을 중시하는 『법온족론』과 달리 사념주의 내용을 법체계론에 의거해 새롭게 전개시키고 있다.

신·수·심·법의 각지에 대한 분별이 행해지고 있지만, 상잡념주와 자성념주에 해당하는 개소에서는 신·수·심·법의 각지가 아닌 사념주 전체를 하나의 법으로 보고 제문분별을 하고 있는 점이다. 『品類足論』 第9卷(T26, 728c24-729a7); 『衆事分阿毘曇論』 第7卷(T26, 659c6-25).

31 『品類足論』 第11-12卷(T26, 739b14-743c11); 『衆事分阿毘曇論』 第8卷(T26, 668c22-672a12); 田中教照(1982), 209-211.

32 今西順古(1978), 223.

33 山田龍城(1959), 74-75; 今西順古(1978), 214; 田中教照(1993), 209-211.

이상과 같이 『품류족론』 「변섭등품」에는 『집이문족론』에 의거해 사념주를 언급하고 있으나, 사념주를 하나의 법으로 간주해 제법분별을 행하고 있는 것을 알 수 있다. 이러한 경향은 「변천간품」에서 더욱 명확하게 드러나지만, 이미 『집이문족론』에서 법념주를 "수온에 포함되지 않은 무색의 법처"라고 규정하여 새로운 법체계와의 관련성을 찾아볼 수 있었다. 이는 『잡아함경雜阿含經』에서 "사념주는 일체법"라고 설하는 교설과 무관하지 않다고 생각한다.[34] 한편 『집이문족론』·『품류족론』의 사념주는 『법온족론』과 다른 관점에서 이해할 수 있었다. 그러나 『품류족론』의 「변천간품」은 『법온족론』에 의거하고 있으므로 이 세 논서의 상호 관련성도 확인할 수 있었다.

2) 『비바사론』

사념주와 관련해 『집이문족론』·『품류족론』과 『법온족론』은 상호 관련하고 있으면서도 다른 관점에서 설명되고 있다. 이것은 초기불교에서 독립적인 수행방법 중의 하나로 자리잡고 있던 사념주의 역할이 유부의 새로운 법法의 분류와 맞물려 바뀌고 있음을 의미한다. 사념주는 『비바사론』에서 순결택분順決擇分인 준비단계로서 자리매김하게 된다. 『비바사론』에는 크게 두 가지 형태의 수행단계를 제시한다. 그 가운데에 첫 번째는 법의 수습이라는 측면을 강조하는 것이다. 『비바사론』에서는 사선근이 문소성혜聞所成慧·사소성혜思所成慧·

34 『雜阿含經』 第24卷(T2, 175c26-176a1); AKVy, 529.30-31; 『集異門足論』 第6卷(T26, 391b22-c5); 『品類足論』 第7卷(T26, 718a20-23); 西村實則(1993), 43-46, (2002), 212-213.

수소성혜修所成慧 3혜의 수습에 의한 것이라 설명한다. 위빠사나를 수습하는 자(修觀行者)는 3혜를 생기시키기 위해 두 가지 방법을 행한다. 즉 법의 요지를 오직 18계·12처·5온이라고 통찰한 스승(明師)에게 청문하거나 스스로 3장三藏을 읽어 중요한 점은 단지 18계·12처·5온뿐이라고 기억하는 것이다.[35] 관행자가 기억하는 순서는 다음과 같다.

> 그는 먼저 18계를 명칭(名)·자상自相·공상共相의 세 가지로 관찰한다. 명칭이란 안계 내지 의식계를 말한다. 자상이란 안계의 자상 내지 의식계의 자상이다. 공상이란 16행상으로 관찰의 대상이 되는 18계에 16종류의 공상이 있다. 그는 이러한 구성요소(界)를 대상으로 하여 위빠사나(智, 觀)와 사마타(止)로 수습한다. 18계에 대해 위빠사나와 사마타로 수습한 뒤, 싫어하는 마음을 내고 다음과 같은 〔사실을〕 떠올린다. '이 18계는 12처이다. 때문에 이것을 간략하게 해서 12처의 〔관찰에〕 들어가야 할 것'이라고. 즉 10색계十色界는 10색처十色處이며, 7심계七心界는 의처意處가 되며, 법계法界는 법처法處가 된다.
>
> 그는 12처를 명·자상·공상의 세 가지로 관찰한다. 명칭이란 안처眼處 내지 법처法處라고 이름한다. 자상이란 안처의 자상 내지 법처의 자상이다. 공상이란 16행상으로 관찰의 대상이 되는 12처에는 16종류의 공상이 있다. 그는 이 〔12〕영역을 대상으로 하여 위빠사나(智, 觀)와 사마타(止)로 수습한다. 12처에 대해 위빠사나

35 『毘婆沙論』 第7卷(T27, 34a21-a29).

와 사마타로 수습한 뒤, 싫어하는 마음을 내고 다음과 같은 〔사실을〕 떠올린다. '이 12처는 무위無爲을 제외하면 5온五蘊이기 때문에, 이것을 간략하게 하여 5온의 〔관찰에〕 들어가야 할 것'이라고. 즉 10색처十色處 및 법처에 포함되는 법처소섭색法處所攝色은 색온色蘊이며 의처意處는 식온識蘊이며 법처 가운데 수受는 수온受蘊이며 상想은 상온想蘊이며 나머지 심소법心所法과 불상응행不相應行은 행온行蘊이다.

그는 5온을 명·자상·공상으로 관찰한다. 명칭은 색온 내지 식온이라고 한다. 자상이란 색온의 자상이 되며 내지 식온의 자상이 된다. 공상이란 12행상으로 관찰의 대상인 5온에 12종류의 공상이 있다. 그는 이 〔다섯〕 더미(蘊)를 대상으로 하여 위빠사나(智, 觀)와 사마타(止)로 수습한다. 5온에 대해 위빠사나와 사마타로 수습한 뒤, 싫어하는 마음을 내고 다음과 같은 〔사실을〕 떠올린다. '이 5온 및 무위는 사념주가 되기 때문에 이것을 간략하게 하여 사념주의 〔관찰에〕 들어가야 할 것'이라고. 즉 색온은 신념주이며, 수온은 수념주이며, 식온은 심념주이며, 상온·행온·무위는 법념주이다.

그는 사념주를 명·자상·공상으로 관찰한다. 명칭은 신념주 내지 법념주를 말한다. 자상이란 신념주의 자상 내지 법념주의 자상이다. 공상이란 16행상으로 관찰의 대상인 사념주에는 16종류의 공상이 있다. 그는 사념주를 대상으로 하여 위빠사나(智, 觀)와 사마타(止)로 수습한다. 사념주에 대해 위빠사나와 사마타로 수습한 뒤, 싫어하는 마음을 내고 다음과 같은 〔사실을〕 떠올린다.

'사념주는 허공虛空과 비택멸非擇滅을 제외하면 사성제이기 때문에 이것을 간략하게 하여 사성제의 〔관찰에〕 들어가야 할 것'이라고. 즉 유루법의 결과는 고제苦諦이며, 원인은 집제集諦이며, 택멸은 멸제이며 대치는 도제이다.

그는 사성제를 명·자상·공상으로 관찰한다. 명칭은 고제 내지 도제이다. 자상은 고제의 자상 내지 도제의 자상이 된다. 공상이란 4행상으로 관찰하는 대상은 고제에 4종류의 공상, 즉 고·비상·공·비아가 있다. 4행상으로 관찰하는 대상이 되는 집제에 4종류의 공상, 즉 인·집·생·연이 있으며, 4행상으로 관찰하는 대상이 되는 멸제에 4종의 공상, 즉 멸·정·묘·리가 있다. 4행상으로 관찰하는 대상이 되는 도제에 4종류의 공상, 즉 도·여·행·출이 있다. 그는 〔사성〕제를 대상으로 하여 위빠사나(智, 觀)와 사마타(止)로 수습한다. 사성제에 대해 위빠사나와 사마타로 수습할 때 견도에서와 같이 점차로 제諦를 관찰하여, 먼저 별도로 욕계欲界의 고苦를 관찰한 후, 색계色界·무색계無色界의 고를 병행해서 관찰한다. 별도로 욕계의 집을 관찰한 후, 색계·무색계의 집을 병행해서 관찰한다. 별도로 욕계의 멸을 관찰한 후, 색계·무색계의 멸을 병행해서 관찰한다. 별도로 욕계의 도를 관찰한 후, 색계·무색계의 도를 병행해서 관찰한다. 이와 같이 사성제를 관찰할 때, 마치 비단을 사이에 두고 여러 가지 모양을 보는 것과 같다. 여기에 이르러 문소성혜의 수습은 완성된다. 이것에 의해, 사소성혜가 발생해 수습하여 완성되고, 다음에 수소성혜가 발생하며 〔이것이〕 즉 난煖이다. 다음에 정頂·인忍·세제일법世第一法·견도

見道·수도修道·무학도無學道가 발생한다. 이와 같이 점차로 선근善根이 완전해진다.[36]

---

36 『毘婆沙論』第7卷(T27, 34b1-c26), "先觀察十八界, 彼觀察時, 立爲三分, 謂名故自相故共相故..名者, 謂此名眼界, 乃至此名意識界. 自相者, 謂此是眼界自相, 乃至此是意識界自相. 共相者, 謂十六行相, 所觀十八界, 十六種共相. 彼緣此界修智修止, 於十八界修智止已, 復生厭倦作如是念. '此十八界卽十二處, 故應略之入十二處.' 謂十色界, 卽十色處, 七心界卽意處, 法界卽法處. 彼觀察此十二處時, 立爲三分, 謂名故自相故共相故. 名者, 謂此名眼處乃至此名法處. 自相者, 謂此是眼處自相, 乃至此是法處自相. 共相者, 謂十六行相. 所觀十二處, 十六種共相. 彼緣此處修智修止. 於十二處修智止已, 復生厭倦作如是念. '此十二處, 除無爲卽五蘊故, 應略之入於五蘊.' 謂十色處, 及法處所攝色卽色蘊, 意處卽識蘊, 法處中受卽受蘊, 想卽想蘊, 餘心所法不相應行卽行蘊. 彼觀察此五蘊時, 立爲三分, 謂名故自相故共相故. 名者, 謂此名色蘊乃至此名識蘊. 自相者, 謂此是色蘊自相, 乃至此是識蘊自相. 共相者, 謂十二行相. 所觀五蘊, 十二種共相, 彼緣此蘊修智修止, 於五蘊修智止已, 復生厭倦作如是念. '此五蘊幷無爲, 卽四念住故, 應略之入四念住.' 謂色蘊卽身念住, 受蘊卽受念住, 識蘊卽心念住, 想行蘊幷無爲, 卽法念住. 彼觀察此四念住時, 立爲三分, 謂名故自相故共相故. 名者謂此名身念住, 乃至此名法念住. 自相者, 謂此是身念住自相, 乃至此是法念住自相. 共相者, 謂十六行相, 所觀四念住, 十六種共相. 彼緣此念住, 修智修止. 於四念住修智止已, 復生厭倦作如是念. '此四念住, 除虛空非擇滅, 卽四聖諦故, 應略之入四聖諦.' 謂有漏法果分卽苦諦, 因分卽集諦, 擇滅卽滅諦, 對治卽道諦. 彼觀察此四聖諦時, 立爲三分, 謂名故自相故共相故. 名者謂此名苦諦乃至此名道諦. 自相者, 謂此是苦諦自相, 乃至此是道諦自相. 共相者, 謂四行相, 所觀苦諦四種共相, 一苦二非常三空四非我, 四行相所觀集諦, 四種共相, 一因二集三生四緣, 四行相所觀滅諦, 四種共相一滅二靜三妙四離. 四行相所觀道諦, 四種共相, 一道二如三行四出. 彼緣此諦修智修止. 於四聖諦修智止時, 如見道中漸次觀諦. 謂先別觀欲界苦後合觀色無色界苦. 先別觀欲界集, 後合觀色無色界集. 先別觀欲界滅, 後合觀色無色界滅. 先別觀欲界道, 後合觀色無色界道. 如是觀察四聖諦時, 猶如

법은 18계－12처－5온－사념주－사성제의 순서로 전개되어 사성제 수습의 중요성을 함축하고 있다. 그러나 여기서 18계－12처－5온과 사념주의 관계에서 일체법은 사념주라는 사실을 유추해낼 수 있다. 『집이문족론』·『품류족론』의 예에서 알 수 있듯이, 사념주와 일체법의 상호 관련성은 유부 내에서 끊임없이 시도되어 왔다. 따라서 이는 유부의 수행체계와 무관하지 않다는 것을 알 수 있다. 궁극적으로 유부는 수행의 틀을 사성제를 중심으로 체계화해 나가지만, 사제를 열여섯 가지 행상으로 수습하는 사선근위에서도 법념주의 수행은 강조되는 것에서 견도의 혜를 얻기 위해 통찰을 강화시키는 주도적인 역할을 하고 있는 것을 알 수 있다.[37] 이에 대해서는 뒤에서 다시 자세하게 언급하겠다.

둘째로는, 위에서 제시한 수행단계 이외에 번뇌를 단절하여 열반에 도달하게 하는 수행단계가 '부정관不淨觀 → 지식념持息念 → 염주念住 → 3의관三義觀 → 7처선七處善 → 사선근四善根 → 견도見道 → 수도修道 → 무학도無學道'[38]의 형태로 제시되어, 염주의 수행과 생기의 순서

隔絹觀諸色像, 齊此修習聞所成慧, 方得圓滿. 依此發生思所成慧修圓滿已, 次復發生修所成慧卽名爲煖. 煖次生頂, 頂次生忍, 忍次生於世第一法, 世第一法次生見道, 見道次生修道, 修道次生無學道. 如是次第善根滿足.";『旧婆沙』第3卷(T28, 24c16-25a17).

37 『毘婆沙論』第7卷(T27, 31b2-c7);『旧婆沙』第3卷(T28, 22a18-b25);『順正理論』 第61卷(T29, 681a12-b9); 『顯宗論』 第30卷(T29, 922a7-b3); AKBh, 345,12-19; AKVy, 535.28-537.7.

38 『毘婆沙論』第197卷(T27, 985a26-27);『毘婆沙論』第1卷(T27, 5c2-4): 부정관不淨觀 → 지식념持息念 → 염주念住 → 3의관三義觀 → 7처선七處善 → 사선근四

가 사선근으로 연결되는 단계로 더욱 발전적으로 해석되고 있다. 다시 사념주의 해석으로 돌아가 보자. 앞에서 살펴본 『집이문족론』·『품류족론』에서 사념주는 세 종류로 분류 해석되었지만 용어는 확정적으로 제시되지 않았다. 세 종류의 확정적인 용어는 『비바사론』에서 제시된다. 『비바사론』 제8 「견온見蘊」에 이르면 자성념주·소연념주·상잡념주라고 하는 용어와 세 종류의 해석이 경전에 의거하고 있음을 밝히고 있다.[39] 여기서 흥미로운 점은 『집이문족론』의 해석에 의거하면서도 상잡념주(혜와 구생하는 제법)만이 번뇌를 단절한다고 다음과 같이 규정하는 것이다.

> (1) 상잡념주는 다시 세 종류가 있다. 즉 문聞·사思·수소성修所成〔慧의〕 차별이다.
>
> 【질문】 이 세 가지 가운데 어느 것이 번뇌를 단절할 수 있는가?
>
> 【대답】 수소성〔혜〕만이 번뇌를 단절할 수 있지만, 그 밖의 것은 그렇지 않다 … 수소성〔혜〕의 염주念住에 다시 네 종류가 있다. 즉 신身·수受·심心·법法이다.
>
> 【질문】 이 네 가지 중에 어느 것이 번뇌를 단절할 수 있는가?

善根 → 견도見道 → 예류預流 → 일래一來 → 不還불환 → 아라한과阿羅漢果; 田中教照(1975), 173; 이와 같은 수행체계에 대한 검토는 본서 제7장 참조 바람.

39 『毘婆沙論』 第187卷(T27, 936c14-26). 여기서 『雜阿含經』을 예로 들고 있으며 이러한 경증은 AKVy에서도 확인되어진다. 『雜阿含經』 第24卷(T2, 171a3-8); 『雜阿含經』 第24卷(T2, 171a9-14), AKVy, 529.5-6; 『雜阿含經』 第24卷(T2, 171b24-c5); AKVy, 529.6-7.

【대답】 법념주만이 번뇌를 단절할 수 있지만, 그 밖의 것은 그렇지 않다.

【질문】 왜 앞의 세 가지 염주는 번뇌를 단절할 수 없는가?

【대답】 그것〔앞의 세 가지 염주〕은 자상작의自相作意에 포함되기 때문이다. 단지 공상작의共相作意에 포함되는 수행도修行道만이 번뇌를 단절할 수 있다 … 법념주에는 잡연雜緣과 부잡연不雜緣의 두 종류가 있다. 첫째는 잡연이며, 둘째는 부잡연이다. 만약에 상〔온〕과 행온 및 무위를 〔개별적으로 관찰의〕 대상으로 하면 부잡연이라고 한다. 만약 5온에 대해서 두 가지, 세 가지, 네 가지, 혹은 다섯 가지를 함께 〔관찰의〕 대상으로 하며, 무위를 〔관찰의 대상으로 하면〕 잡연이라고 한다.[40]

여기서 상잡념주만이 번뇌를 단절하는 작용이 있다고 설하며, 더욱이 상잡념주를 세 가지의 혜(三慧)로 분류하여 수소성혜만이 번뇌를 단절하는 작용이 있다고 설한다. 수소성혜는 사념주와 등치하며, 이 가운데 공상작의를 행하는 법념주만이 번뇌를 단절한다고 한다.[41]

---

40 『毘婆沙論』第187卷(T27, 937b21-c18), "相雜念住復有三種. 謂聞思修所成差別. 問此三何者能斷煩惱? 答修所成能斷煩惱非餘 … 修所成念住復有四種. 謂身受心法. 問此四何者能斷煩惱? 答法念住能斷煩惱非餘. 問何故前三念住不能斷煩惱耶? 答彼是自相作意所攝故. 唯共相作意所攝道能斷煩惱 … 法念住復有二種. 一雜緣, 二不雜緣. 若緣想行蘊, 及無爲名不雜緣. 若於五蘊, 或二二緣, 或三三緣, 或四四緣, 或五總緣, 及無爲名爲雜緣."

41 『雜心論』第5卷(T28, 909a10-b2);『順正理論』第60卷(T29, 676b18-c19);『顯宗論』第30卷(T29, 920a7-22).

그리고 법념주를 다시 잡연과 비잡연으로 분류 설명하고 있다. 이로써 번뇌는 사념주를 개별적(자상) 특징으로 관찰하는 잡연이 아닌(부잡연) 염주로는 단절되지 않고, 전반적인 유위법의 특징을 관찰하는(공상) 잡연의 법념주에서 단절된다는 것을 알 수 있으며, 이것은 앞서 살펴본 『대념처경』의 후렴구와 『법온족론』에서의 해석과 같은 맥락에서 이해할 수 있다고 생각한다.

앞에서 제시한 첫 번째 수행체계 가운데 사념주는 일체법과의 관계에서 설해지며 궁극적으로 사선근을 인기하는 중요한 원인이 된다. 그리고 두 번째로 제시한 사념주도 마찬가지로 사선근을 인기하는 중요한 역할을 하고 있으며, 여기서 사념주는 부정관不淨觀·지식념持息念·3의관三義觀·7처선七處善과 밀접하게 관련되어 있기 때문에 부정관·지식념·3의관·7처선과 사념주를 별개로 이해할 수 없다.[42] 왜냐하면 이러한 수행체계에서는 연기법칙을 바탕으로 생기한 일체법인 5온에 대한 관찰이 강조되고 있기 때문이다. 이것에 대해서는 본서 제7장에서 보다 자세하게 설명할 것이다. 부정관·지식념·3의관·7처선까지를, 이러한 『비바사론』의 수행체계는 『순정리론』에 반영되고 있으나 여기서는 잡연법념주 다음에 총상념주 앞의 가행위로써 3의관과 7처선이 제시되어 있어 논서 간의 설명이 완전히 일치하지는 않는다.[43]

앞에서 살펴본 것과 같이, 번뇌의 단절은 상잡념주 가운데 공상작의를 행하는 법념주와 관련되어 있으며 혜慧의 작용에 의한 것이다.

---

42 『毘婆沙論』 第18卷(T27, 134b17-26).

43 『順正理論』 第61卷(T29, 677c13-678a2).

『비바사론』은 『집이문족론』·『법온족론』·『품류족론』에서와 같이 염주의 자성은 혜慧로 규정한다.[44] 따라서 유부는 일관되게 염주를 혜로서 해석하고 있는 것을 알 수 있다. 그러나 같은 『비바사론』 제5 「대종온」에는 "염주念住=염念"이지 않은가 하는 이론이 제기되어, 이론들이 유설有說로써 소개되고 있다.[45] 그러한 논의 가운데 사념주四念住에 의해 단절되는 것에 4전도四轉倒뿐만 아니라 4식四食·4식주四識住·5온五蘊·네 가지 종류(四種)의 불수不修·4수四修도 포함하는 것이 유설로써 소개되고 있다. 따라서 『법온족론』에는 사념주를 수습하여 단절되는 것(所斷)으로써 "탐욕(貪)·근심(憂)"이 언급되고 있는 것을 고려하면, 이것과 관련해 다양한 논의가 전개되고 있는 것을 알 수 있다.

이상 이전의 논서와 비교할 때 『비바사론』에는 사념주와 관련한 보다 발전적인 해석이 전개되고 있음이 명확하게 드러난다. 특징적인 해석으로, (1) 상잡념주만이 번뇌를 단절한다는 것, (2) 사념주에 의해 단절되는 것, (3) 사선근으로 연결되는 수행체계, (4) 염주의 자성에 관한 논의 등을 확인할 수 있었다. 그중에 상잡념주에 의해 단절되는 것과 관련해서는 『비바사론』 → 『잡심론』 → 『순정리론』으로, 수행단계와 관련해서 『비바사론』 → 『순정리론』으로 계승되어진다. 지금부터 이 점에 유의하면서 『심론』 계열의 논서를 고찰하겠다.

---

44 『毘婆沙論』 第141卷(T27, 724a8-11); 『毘婆沙論』 第141卷(T27, 724a19-21); 『雜心論』 第8卷(T28, 938a25-26).

45 『毘婆沙論』 第187卷(T27, 938a25-b5).

5. 제3기 아비달마 논서에 있어서 사념주

1) 『아비담심론』·『아비담심론경』·『잡아비담심론』

지금까지 살펴본 것과 같이 『집이문족론』에는 세 가지 염주의 전체적인 내용은 언급되었으나, 자성념주 등의 용어는 『비바사론』에 이르러 확립되었다. 이상과 같이 사념주를 세 종류로 분류 설명하는 것이 유부의 주요한 관점이라고 이해할 수 있다. 이러한 관점은 『심론』 계열 논서 중에는 『비바사론』의 영향을 받고 있는 『잡심론』에 언급되고 있지만, 『심론』과 『심론경』에는 언급되지 않는다. 앞에서 고찰한 『비바사론』의 수행체계에서 사념주와 비교하면, 분명 『심론』 계열과 차이점이 드러난다. 다나까는 『심론』과 『심론경』의 상이점을 다음과 같이 정리하고 있다.

> 양 논서의 첫 번째 상이점은, 『심론경』은 사념주 이전에 부정不淨·아나파나(阿那波那 ānāpāna, 신역의 持息念)·계입界入의 소위 '3방편관'을 두며 수행의 단서는 부정관을 수습하는 것에 있다. … 두 번째 상이점은 사념주의 총관이다. 『심론』에는 사념주를 따로따로 관찰한 뒤에 일체의 신身·수受·심心·법法을 일괄해서 총관하는 것만이 설해져 있지만, 『심론경』에는 신·수를 대상으로, 혹은 신·심을 대상으로 하는 두 가지를 한 조로, 또는 신·수·심을 대상으로 하여 세 가지를 한 조 등으로 하는 공통상을 관찰하고 점차로 영역을 확장하여 마지막으로 신·수·심·법의 네 가지를 한꺼번에 총관하는 방식을 취한다.[46]

다나까에 의해 지적되고 있는 것과 같이 『심론경』이 『심론』보다 발전적으로 언급되고 있다. 즉 사념주 이전에 '3방편관'을 두고 있으며, 사념주를 관찰하는 방식도 먼저 사념주를 자상과 공상으로 관찰하고, 그중 법념주는 부괴연(不壞緣, 자상을 대상으로 하는 것)과 괴연(壞緣, 공상을 대상으로 하는 것)으로 관찰한다.[47] 이러한 『심론경』의 관찰방식은 앞에서 살펴본 『비바사론』에서도 확인할 수 있었다. 여기서 법념주는 부잡연不雜緣과 잡연雜緣으로 표현된다. 한편 『비바사론』의 염주에 관한 설명은 『잡심론』에 상당 부분 반영된다. 그 가운데 세 가지 염주와 관련된 설명은 『비바사론』의 설명과 거의 일치하나, 『비바사론』에서 번뇌를 단절하는 상잡념주를 3혜三慧로 분류하여 수소성혜만이 번뇌를 단절하는 작용이 있다고 언급하는 것과 달리, 『잡심론』에는 세 종류의 염주와 3혜를 대등하게 보고 있다. 나머지 언급은 거의 일치한다.[48] 『심론』 계열의 논서에서 주목할 가치가 있는 점은 『법온족론』에서 확정적 형태로 나타난 무상無常·고苦·공空·무아無我의 개념이 『심론』 계열의 논서에서 공상 혹은 법념주의 네 가지 행상으로 재정립되고 있으며, 번뇌의 단절과 관련되고 있는 점이다. 물론 『비바사론』에서도 이러한 관점은 찾아볼 수 있다.[49]

『법온족론』에는 사념주를 공상共相인 무상·고·공·무아와 관련시

---

46 田中教照(1976), 42-43; 『心論』 第2卷(T28, 818a19-b2); 『心論經』 第3卷(T28, 848c14-849a8).

47 田中教照(1976), 43.

48 『雜心論』 第5卷(T28, 908b21-909b15).

49 『毘婆沙論』 第187卷(T27, 937b21-c21).

켜 언급하고 있지만, 『아비담감로미론阿毘曇甘露味論』(『감로미론』)에 이르면 사념주는 무상·고·공·무아뿐만 아니라 사전도四轉倒와도 관련된다.[50] 『감로미론』의 성립 시기는 확정할 수 없지만, 『비바사론』의 호한한 논의를 근거로 한다고 생각되기 때문에 현존하는 『비바사론』이 정리되기 조금 앞일 것이다.[51] 따라서 유부 계열의 논서 중에 사념주를 사전도와 관련시켜 설하는 최초의 논서라고 생각된다. 이러한 관점은 『비바사론』과 『잡심론』에 계승되어 한층 체계적으로 정비되어졌다고 볼 수 있다. 『잡심론』에서는 사념처(四念處, 四念住)는 사전도의 대치로서 다음과 같이 언급된다.

【질문】 왜 사념처를 설하는가?

【대답】 4〔전〕도四倒·4식四食·4식주四識住·〔5〕음陰은 네 가지 종류를 수습함에 의해 대치되는 것이기 때문에, 네 가지의 수습법에 따르는 것을 설한다. 그 〔수행자〕는 ① 부정不淨을 정淨이라 하는 상想의 전도轉倒를 대치對治하기 때문에 신념처身念處를 설한다. ② 고苦를 락樂이라 하는 상想의 전도를 대치하기 때문에 수념처受念處를 설한다. ③ 무상無常을 상常이라 하는 상想의 전도를 대치하기 때문에 심념처心念處를 설한다. ④ 무아無我를 아我라고 하는 상想의 전도를 대치하기 때문에 법념처法念處를 설한다.[52]

---

50 兵藤一夫(1990), 80; 『甘露味論』 第12卷(T28, 977a29-b10).

51 櫻部建(1969), 57-58; 『心論』이 『甘露味論』의 영향을 받고 있는 것에 관련해서는 田中教照(1987), 30-31; 兵藤一夫(1990), 80; 兵藤一夫(2000), 139; 西村實則(2002), 476-492을 참고 바람.

여기서 사념주에 의해 대치되어야 하는 것에 4[전]도·4식·4식주·[5]음(5온)이 언급되고 있다. 이것은 『비바사론』 제8 「견온見蘊」에서 사념주의 대치가 4전도인 것이 유부의 정통설로 해석되고 있을 때,[53] 유설有說로서 열거되고 있는 것이기도 하다.[54] 이것으로 『잡심론』은 『비바사론』의 영향을 받고 있는 것을 알 수 있다. 이와 같은 『잡심론』의 경향은 앞에서 살펴본 상잡념주 → 수소성혜 → 법념주(공상작의)가 번뇌를 단절한다고 설명하는 『비바사론』에 따르고 있는 것에서도 확인할 수 있었다. 『잡심론』은 『비바사론』의 설명을 계승하고 있는 개소도 여러 군데 보이지만 사념주에 의해 4전도가 대치되는 것과 사념주를 자상과 공상으로 관찰하며 법념주의 단계에서 무상·고·공·무아로 관찰하는 것은 『심론』의 설명을 받아들여, AKBh에로 발전적으로 전개되고 있다고 생각된다. 한편 『비바사론』에 언급하는 공상작의에 포함되는 법념주만이 번뇌를 단절한다고 하는 해석도 같은 맥락에서 이해할 수 있다.

2) AKBh·『순정리론』·『현종론』

이상에서 살펴본 바와 같이 유부 문헌에서 수행도의 체계화가 끊임없이 시도되어 왔다. 또한 각 논서의 수행체계의 발전에 있어 사념주가

---

52 『雜心論』第5卷(T28, 908c9-14), "何故說四念處耶? 答四倒四念(食〈三〉)四識住及陰, 以四種修所治故, 說四種隨修法. 彼治不淨淨想顚倒故, 說身念處. 治苦樂想顚倒故, 說受念處. 治無常常想顚倒故, 說心念處. 治無我我想顚倒故, 說法念處."

53 『毘婆沙論』 第187卷(T27, 938a13-18).

54 『毘婆沙論』 第187卷(T27, 938a18-b5).

반복적으로 자세하게 언급되고 있는 것으로 보아, 유부의 수행체계에서 중요한 역할을 하고 있는 것을 알 수 있다. 이러한 역할은 AKBh에서도 유지된다. 여기서는 지금까지 살펴본 제1기, 제2기, 제3기 아비달마 논서에 근거하여 중현衆賢의 『순정리론』과 『현종론』을 염두에 두면서 AKBh에서 사념주가 어떻게 기술되고 있는지 고찰하고자 한다. AKBh에서 사념주는 사선근과 함께 견도의 가행도로 중시되고 있다. 즉 여기서 견도의 전단계로써 삼현위에 속하는 부정관不淨觀·지식념持息念 → 별상념주別相念住 → 총상념주總相念住 → 사선근의 순서로 전개되고 있으며, 별상념주·총상념주의 단계에서 수습된다고 설명하고 있다.

AKBh, AKVy에는 부정관과 입출식념에 의해 사마타(śamatha, 止)를 완성한 수행자가 위빠사나(vipaśyanā, 觀), 즉 혜慧를 완성하기 위해[55] 사념주의 신·수·심·법을 대상(所緣)으로 하여 자상과 공상으로 관찰한다고 설명하며, AKVy에서는 사념주를 유위법有爲法과 무위법無爲法의 일체법一切法이라 해석하고 있다.[56] 그리고 염주의 자성自性과 관련해서 다음과 같이 설명한다.

---

55 小谷信千代(2000), 137-166에서 경전과 아비달마 논서에 언급되고 있는 오정심관이 부정관과 지식념의 감로문으로 형성되는 과정에 대해서 자세하게 설명하고 있다; 부정관과 지식념에 관한 상세한 논의는 본서 제3장을 참고 바람; AKBh, 341.9; AKVy, 529.2, "*vipaśyanāyāḥ saṃpādanārtham* iti. prajñāyāḥ saṃpādanārtham ity arthaḥ."

56 AKBh, 341.7-14; AKVy, 529.9-15.

그렇다면 염주의 자성은 무엇인가? 염주는 세 가지 종류이다. 〔즉〕 (1) 자성〔념주〕, (2) 상잡〔념주〕, (3) 소연념주이다. 그 가운데 (1) 자성〔념주〕는 혜慧이다.(15a) 어떤 종류의 혜인가. 문聞등等의 소성所成이다.(15a) 〔Pr. 342.1〕 문소성聞所成·사소성思所成·수소성修所成이다. 〔사〕념주는 문소성·사소성·수소성의 세 가지 종류이다. 다른 〔諸法〕은 (2) 상잡〔념주〕, (3) 소연념주이기 때문에 〔염주이다〕. (15b) 그것과 같이 생기하는(俱生) 다른 제법은 (2) 상잡〔념주〕이다. 그것〔자성념주와 상잡념주〕의 소연이기 때문에, (3) 소연념주이다.[57]

이상과 같이 AKBh에서는 앞서 『집이문족론』 이후 유부 문헌에서와 마찬가지로 세 종류 염주의 설명이 중심축을 이루고 있다. 먼저 자성념주는 혜라고 정의하며 이것과 관련해 AKBh뿐만 아니라, 『비바사론』과 『순정리론』에서도 "신身에 있어서 신의 둔관(循觀, anupaśyanā)이다"[58]이라는 경증을 제시하여 "순관은 혜(慧, prajñā)"의 작용이라는

---

57 AKBh, 341.15-342.5, "atha smṛtyupasthānānāṃ kaḥ svabhāvaḥ/ trividhaṃ smṛtyupasthānaṃ, svabhāvasaṃsargālambanasmṛtyupasthānam/ tatra svabhāvasmṛtyupasthānam, **prajñā (15a)** kīdṛśī prajñā/ **śurtādimayī, (15a)** 〔Pr 342〕 śrutamayī cintāmayī bhāvanāmayī ca/ trividhāni smṛtyupasthānāni śrutacintābhāvanāmayāni/ **anye, saṃsargālambanāt (15ab)** anye tatsahabhuvo dharmāḥ saṃsargasmṛtyupasthānam / tadālambanā ālambanasmṛtyupasthānam/"

58 本庄良文(1984), 89, 本庄目錄6-27, 本庄良文(1988), 22; AKBh, 342.5-8; 『毘婆沙論』 第187卷(T27, 938b5-10); 『順正理論』 第60卷(T29, 675c13-17).

사실을 지지하고 있다. 혜와 함께 발생하는 다른 제법諸法인 "수受 등은 〔혜와〕 상잡(相雜, 공존)에 의한 염주이며, 자성념주도 공존하기 때문에"[59] 상잡념주라고 설명되고 있는 점에서, 혜와 함께 생기하는 수受 등의 심心과 심소心所를 포함하고 있는 것을 알 수 있다. 이것과 관련해 『순정리론』과 『현종론』에서는 번뇌가 단절되는 작용은 반드시 다른 법과의 관계에서 행해지기 때문에 번뇌를 단절하는 상태의 혜慧를 '상잡'이라 명명한다. 여기서 3혜三慧 중에서도 수소성의 상잡념주, 특히 잡연, 즉 전체적으로 관찰이 가능한 법념주의 공상작의共相作意만이 번뇌를 단절한다고 설명하고 있다.[60] 이로써 『순정리론』과 『현종론』에는 상잡념주가 번뇌를 단절하는 것으로 규정하고 있으며, 『비바사론』과 『잡심론』의 내용을 그대로 반영하고 있는 것을 알 수 있다.

AKBh에는 소연념주와 관련해 별다른 정의를 내리지 않고 있지만, AKVy에 의하면 "자성념주와 상잡념주의 소연(대상)이기 때문에"라고 해석하고 있다. 여기서 소연념주가 혜慧의 통찰대상이 되는 모든 법이라는 사실을 다른 사람들(apare)은 "비구들이여, 일체법이라는 이것은 사념주의 별칭이다"라는 『비바사론』과 같은 경증經証을 그 근거로 들고 있다. 이러한 『비바사론』의 경증은 『잡심론』에서도 예로 들고 있는 것이며, 혜의 소연인 일체법(신·수·심·법)이라는 정의는

---

59 AKVy, 529.25-27; 『順正理論』 第60卷(T29, 675c22-29); 『顯宗論』 第30卷(T29, 920a6-8); TA, P. tho 357a1-2, D. do 211a1-2; LA, P. Ñu. 198b7-199a1, D. chu 160b6-7.

60 『順正理論』 第60卷(T29, 676c6-11); 『顯宗論』 第30卷(T29, 920a13-19).

『순정리론』과 『현종론』에도 반영되고 있다.[61] 이로써 유부 문헌에서 세 종류의 염주와 관련된 설명은 거의 일치한다고 이해할 수 있다. 이 중에서 자성념주는 염주=혜라는 것을 명확하게 알 수 있지만, 앞서 살펴본 『비바사론』에서 염주의 자성이 염인지 아니면 혜인지와 관련해 이론이 있었던 사실도 배제할 수는 없다. AKBh에서 유부와 세친의 관점은 분명 다르다. 다음의 논의에서 유부와 세친의 관점이 드러난다.

왜 세존은 혜가 염주라고 설하는가?
【비바사사】 비바사사毘婆沙師들은 '염이 뛰어나기 때문이다'라고 〔설한다〕. 〔그것의〕 의미는 '염의 힘을 유지함에 따라, 〔혜가〕 활동하기 때문이다(smṛtibalādhānavṛttitvāt).' 예를 들면 나무를 쪼개는 힘이 쐐기에 의해 유지되는 것과 같다.
【세친】 그러나 다음과 같이 〔말하는 것〕이 합리적이다. 염이 이것(혜)에 의해 머물기 때문에 염주는 혜이다. 〔왜냐하면 혜에 의해〕 보여진 그대로의 〔대상〕이 〔염에 의해〕 명기(明記, abhilapana)되기 때문이다.[62]

---

61 AKVy, 529.30-31; 『毘婆沙論』 第187卷(T27, 936c23-24); 『雜心論』 第5卷(T28, 909a16-17); 『順正理論』 第60卷(T29, 675c29-676a1); 『顯宗論』 第30卷(T29, 920a8); 이 같은 『비바사론』의 경증은 AKBh의 주석서인 LA에서도 찾아볼 수 있다. LA, P. Ñu 199a2, D. chu 161a1-2.

62 AKBh, 342.8-11, "kasmāt prajñā smṛtyupasthānam ity uktā bhagavatā/ smṛtyudrekatvād iti vaibhāṣikāḥ/ smṛtibalādhānavṛttitvād ity yo arthaḥ/ dārupāṭanakīlasaṃdhāraṇavat/ evaṃ tu yujyate/ smṛtir anayopatiṣṭhata iti

여기서 양쪽 모두 염주의 자성은 혜라는 것에 동의하지만, 비바사사들은 염주는 "염의 힘을 유지함에 따라 〔혜가〕 활동하기 때문이다"라고 주장한다. 이것을 AKVy는 "염의 힘을 유지하는 활동에 의해, 혜에는 소연에 대한 활동이 있다. 염이 소연을 유지 하는 것에 의해 혜가 아는 것이다"[63]라고 해석하는 점에서 비바사사들은 혜가 소연에 머물 수 있는 것은 염의 힘에 의해서라고 하여 염의 역할을 강조하고 있는 것을 알 수 있다. 이것과 관련해 『순정리론』에서는 이것은 염을 지닌 자의 혜가 더욱 분명하기 때문에 염의 힘이 도울 때에 혜가 소연에 머물 수 있다는 서로 도우는 작용으로 설명하여 비바사사들의 이해를 지지하고 있다.[64] 한편 비바사사들의 해석에 대해, 세친은 "혜의 힘에 의해 염이 신身 및 제법諸法에 머물기 때문에 염주이다"라고 해석하여 대상이 혜에 의해 보여진 그대로를 염에 의해 명기(明記, abhilapana)한다고 해석한다. 여기서 명기는 AKVy에서 수동태인 abhilapyate로 설명되어 udgṛhyate으로 해석되고 있으나, 세친이 경증으로 들고 있는 "수신관자가 신에 머물 때 그의 염은 혼란치 않고(asaṃmūḍha, kun du mi mons pa, 현장: 不謬, 진제: 不忘) 머문다"에 대응하는 한역과, 세친은 염을 asaṃpramoṣa(mi brjed pa, 현장: 明記不忘, 진제: 不忘)로 해석하고 있는 점에서 잊지 않고 기억하는 작용으로 이해할 수 있다.[65]

---

smṛty upasthānaṃ prajñā yathādṛṣṭasyābhilapanāt/"

63 AKVy, 530.12-18.

64 『順正理論』 第60卷(T29, 676a6-9).

65 AKBh, 342.13, P Ňu 14b4, D khu 12b1, 현장(T29, 119a11-12), 진제(T29, 271a28-29), AKVy, 530.24; AKBh, 54.22, P gu 72a8, D ku 64b5, 현장(T29,

이러한 해석에 근거하면 혜에 의해 관찰된 소연이 그대로 염에 의해 기억되어지는 점에서 혜의 역할을 더욱 강조하고 있는 것으로 생각된다. 이와 관련하여 『순정리론』에는 염주의 자성이 염이라고 주장하는 분별론자分別論者에 대해 염주가 자성념주뿐이라고 한다면 혜주慧住라고 하는 것도 타당하지만, '염'이라는 말로 상잡념주를, '주住'라는 말로 소연념주를, '둔관循觀'이라는 말로 자성념주를 나타내기 때문에 세 종류의 염주 모두를 설명하기 위해서는 혜주뿐만 아니라 염주라고 주장하여 염주=혜라는 사실을 재확인하고 있다.[66] 이러한 AKBh와 『순정리론』의 언급에서 정통유부는 염주의 자성을 혜로 정의하며 세 가지 염주에 의거하여 사념주를 설명하고 있으나, 혜를 소연에 머물도록 유지하는 염의 역할을 더욱 강조하고 있는 것을 알 수 있다. 여기서 명백히 언급되고 있듯이 염과 혜는 상호 관련되고 있음을 알 수 있다. 그리고 이것은 초기불교에서 수관(anupassin)에 수반되는 정지(sampajāna)·정념(sati)과 연결되고 있다고 생각한다.[67]

한편 AKBh에는 별상념주의 단계에서 네 가지 전도(四轉倒)가 단절되고 총상념주의 단계에서 대상을 무상·고·공·무아로써 관찰한다고

19a20-21), 진제(T29, 178b14-15); AKVy, 127.32-33; TA to 216a6-7, tho 182a4-5; LA P ju 158a2, D cu 136a3-4; 『順正理論』 第10卷(T29, 384b7-8); abhilapana에 관한 어원 해석에 대해서는 Gethin(2001), 36-44; Cox(2002), 81-82을 참고 바람.

66 『順正理論』 第60卷(T29, 676b2-18).

67 Cox(2002), 77.

하지만, 『순정리론』과 『현종론』에서는 별상념주의 단계에서 사전도와 함께 『비바사론』과 『잡심론』에서 언급하는 4식(四食, catur-āhāra)도 단절되어야 한다고 해석하는 것은 유의해야 할 점이다.[68]

이상 AKBh와 『순정리론』·『현종론』에서의 사념주에 관한 설명은 세 가지 염주를 중심으로 하며, 염주=혜라고 규정하여 근본적으로 초기불교의 해석에 의거하고 있다고 말할 수 있다. 한편 앞의 고찰에서 알 수 있듯이 『순정리론』·『현종론』은 『잡심론』·『비바사론』의 설명을 반영하고 있으며 이러한 관점은 수행단계의 설정에서도 드러난다. 즉 『순정리론』은 『비바사론』에 의거하여 총연總緣의 공상념주共相念住의 가행위로써 3의관三義觀·7처선七處善을 설하여 AKBh와는 다른 방식을 취하고 있다. 또한 『순정리론』의 이러한 내용은 다른 AKBh의 주석서들에서도 언급되고 있는 점에서 사념주와 관련해 다양하게 논의되고 있는 것을 알 수 있다.[69]

---

68 『順正理論』 第60卷(T29, 677a27-b26), 『顯宗論』 第30卷(T29, 920b22-c22), ADV에는 4식四食뿐만 아니라 5온五蘊의 대치도 언급되고 있다. 三友建容(2007), 658-659.

69 『순정리론』의 이러한 내용은 TA와 『광기光記』·『보소寶疏』에 인용되고 있으며, '3義觀 7處善'은 LA와 ADV에서도 언급되고 있다. TA, P. tho 359a8-360a2, D. do 213a3-b4, LA, P. Ñu 200b6-201a1, D. chu 162b2-5, 『順正理論』 第61卷(T29, 677c7-678a3), 『顯宗論』 第30卷(T29, 920c22-921a19), 『俱舍論記』 第23卷(T41, 344a29-c24), 『俱舍論疏』 第23卷(T41, 734b15-735a3), 三友建容(2007), 662; 『비바사론』과 『심론』 계열의 논서의 수행단계의 차이점에 관해서 田中教照(1975), 172-173을 참고 바람. 田中教照는 『순정리론』에서 '3義觀·7處善'이 설해지는 이유로 중현은 AKBh의 해석에 반박하고 있다고 설명하고 있다. 이에 대한 자세한 논의는 본서 제7장을 참고 바람.

6. 결론

이상 유부 문헌에 제시되고 있는 사념주의 전개과정에 대해서 검토하여, 사념주는 세 가지 종류로 분류 고찰되며 염주=혜라고 일관되게 언급하고 있는 것을 확인하였다. 한편 사념주에 관한 설명은 논서마다 특징이 있는 것이 분명히 드러났다. 『집이문족론』은 세 종류 염주의 해석을 중심으로 제법을 분류하는 아비달마적 특색이 현저하며, 『법온족론』에서 염주는 위빠사나라는 사실을 경전의 해석을 통하여 명확하게 드러낸다.

제2기 논서인 『품류족론』은 『집이문족론』에 입각하여 제문분별諸門分別을 행하여 법념주法念住를 논하는 가운데 무위법無爲法을 제시하여 유부의 5위五位로 정의되는 법체계法体系 형성의 초기단계를 제시한다. 한편 『비바사론』에 이르면 최초로 논의되는 내용을 확인할 수 있으며, 사념주의 가행加行과 생기生起의 순서가 사선근으로 연결되는 수행단계로 체계적으로 확립되어 있는 것을 알 수 있다. 이러한 『비바사론』의 수행체계는 『순정리론』과 『현종론』에 반영된다. 한편 AKBh의 수행단계는 『심론』·『심론경』·『잡심론』을 계승하고 있다. 『법온족론』에서 확정적인 형태로 나타난 무상·고·공·무아의 개념이 『심론』 계열의 논서에서 공상 혹은 법념주의 네 가지 행상으로 재정립되고 있으며 번뇌의 단절과 관련되고 있다. 이것은 『잡심론』·『비바사론』에 언급하는 공상작의共相作意에 포함되는 법념주만이 번뇌를 단절한다고 하는 해석과 같은 맥락이며, 이는 초기불교에서의 사념주 수행의 목적과 서로 연결되어 있다고 생각한다. 이로써 아비달마불교에서의 사념주에 관한 설명은 초기불교의 사념주에 의거하면서, 자성념주·상잡념주·소연념주의 해석을 통해 사선근으로 이어지는 중요한 수행단계로 인정하는 것을 확인할 수 있었다.

제5장 설일체유부에 있어서 사선근四善根

- 신信과 단선근斷善根과의 관계를 중심으로 -

1. 서론

설일체유부說一切有部의 수행도에서 순결택분順決擇分인 사선근四善根은 『비바사론』에서 개념이 완성되고 본격적인 논의가 시작되고 있지만, 유부의 사성제四聖諦 현관도現觀道의 체계화와 더불어 『집이문족론』에서 원형이 확인되며, 이후 유부에서 중요한 위치를 차지하게 된다. 아비달마 문헌에서 사선근의 설명에 관한 입장의 차이는 보이지만, 사선근이 견도見道 발생의 직접적인 원인이 되는 것에는 이론의 여지가 없다.[1]

---

1 권오민과 박창환은 각자의 저작인 권오민(2012), 755-861; Changhwan Park(2007), 112-122에서 AKBh에서 인용된 상좌(上座, 經量部) 설이 중현(衆賢, Saṅghabhadra)의 『順正理論』에서 어떻게 비판, 분석되고 있는가를 통해 세친(世親, Vasuabandhu)의 학파적 귀속문제에 관해 상세하게 논의하고 있다. 그 결과 세친은 간다라 계통으로 비유사 계통인 상좌일파와는 계통은 달리하지만 영향을 받았으며, 그로 인한 사상적 유사성으로 인하여 중현에 의해 '동견자同見者',

먼저 여기서 주목하고자 하는 것은 아비달마 논서에 기술되고 있는 난선근煖善根과 정선근頂善根에 관한 해석이다. 특히 정통유부의 논서에서 이들 두 선근이 전제하고 있는 신(信, śraddhā)의 의미에 주목하여 단선근斷善根과의 관계를 고찰할 것이다. 왜냐하면 정통유부는 정선근의 해석에서 이러한 관계를 암시하고 있기 때문이다. 즉 난선근과 함께 동선근動善根에 속하는 정선근의 단계는 수행자가 높은 단계로 상승하는가 아니면 낮은 단계로 후퇴하는가의 분기점이 되며, 신信이 직접적으로 관련되고 있다. 여기서 정타頂墮를 야기하는 불신不信은 사견邪見과 함께 단선근으로 이어지는 중요한 원인이 된다.

초기불교에서 신信은 "견見을 근본으로 하는 견고한 신信"이라고 하여 바른 이해에 근거하는 확신이라고 이해되며 연기와 사성제의 통찰에 의한 무명의 소멸인 정견과 등치된다. 이것은 유부의 신信에 관한 해석에 그대로 반영된다. 이러한 관점에 의거하면 신근信根을

'친교문인親教門人'으로 호칭되어 비판되고 있다고 지적한다. 그러나 세친이 AKBh를 저술할 때 상좌일파의 영향을 받았다고 하더라도 이미 여러 학자들, 예를 들면 木村泰賢(1982), 213-272. 櫻部建(1969), 42-61. Willemen, Charles., Dessein, Bart., Cox, Collect(1998), 270-271 등에 의해 지적되고 있듯이 AKBh와 간다라 『심론』, 『심론경, 『잡심론』 등의 『심론』 계열의 논서들과의 관련성도 간과할 수 없다고 생각한다. 예를 들면 수행도론修行道論을 제시할 수 있는데, 특히 田中教照(1975), 172-173, (1976), 41-54, (1987), 28-35는 사념주四念住와 사선근四善根를 중점적으로 검토하여 AKBh의 수행체계는 『심론』 계열의 논서의 수행체계와 완전히 일치하지는 않지만, 밀접하게 관련되어 보다 발전적으로 체계화된 것이라고 지적하고 있다. 또한 『비바사론』과 AKBh, 『심론』 계열의 논서의 수행단계의 차이점에 관해서도 언급하고 있다.

시작으로 하는 5근이 전무한 자는 사성제를 관찰하지 않는 자, 곧 단선근자라고 규정하는 이유가 보다 명확하게 이해될 것이다.

이제까지의 선행연구들은 난선근과 정선근이 신信과 밀접하게 관련된다고 지적하지만 자세하게 논의하지 않았다. 본서는 기존의 선행연구에서 소홀히 다루어졌던 난선근, 정선근과 신信의 관계에 주목하여 단선근과의 관계를 검토함으로써 정견과 신信, 사견과 불신不信이 같은 맥락에서 논의되고 있으며, 나아가 신信이 선근의 단절과 속기와 밀접하게 관련되어 있는 것을 해명하고자 하는 시도이다.

2. 유부有部 수행도修行道에 있어서 사선근四善根

유부의 수행도에서 가행도(prayogamārga)인 순결택분(順決擇分, nirvedhabhāgīya)은 순해탈분(順解脫分, mokṣabhāgīya)에 의해 인기되는(所引) 난(煖, ūṣmagata), 정(頂, mūrdhan), 인(忍, kṣānti), 세제일법(世第一法, laukikāgradharma)인 네 가지 선근(四善根, catvāri kuśalam-ūlāni)을 말한다. 이는 무루無漏인 견도위見道位의 전단계로 무루지無漏智를 이끌어내는 중요한 역할을 한다. 초기불교에서 선근은 무탐(無貪, alobha), 무진(無瞋, adosa), 무치(無痴, amoha)로 정의되며, 이것들을 원인(nidāna), 생인(samudaya), 연(paccaya)으로 하여 모든 선법이 발생된다고 설명한다. 즉 선근은 모든 선법을 발생 증장시키는 원인이며, 궁극적으로 성도聖道, 열반涅槃의 획득에 도움이 되는 것이다.[2]

---

2 AN, I. 203.9-204.2; 『集異門足論』 第3卷(T26, 376c26-377a25); 『毘婆沙論』 第112卷(T27, 582b16-19); 『旧婆沙論』 第25卷(T28, 187a5-13); 『毘婆沙論』 第6卷(T27,

이러한 설명은 AKBh에서 순결택분의 어의 해석에 적용되고 있다.

> 순결택분이란 어떤 의미인가? 어근 vidh는 변별이라는 의미로 사용된다. 결정되고 변별되는 것이 결택이며 〔즉〕 성도이다. 그것에 의해 의혹이 단절되었기 때문이며, '이것이 고苦〔제諦〕이며 내지 도道〔제諦〕'라는 〔사四〕성제聖諦를 변별하기 때문이다. 그것의 부분은 견도의 일부분이다. 그것을 인기하는 것에 의해, 〔결택분에〕 도움이 되기 때문에 순결택분들이다.[3]

유부 문헌에서 순결택분이란 개념은 사선근이 완전한 형태로 확립된 『비바사론』에서 본격적으로 논의된다. 그러나 사선근은 개별적으

30a2-4); 『旧婆沙論』 第3卷(T28, 21a19-20); 『비바사론』의 다른 곳에서는 가행도를 순결택분 이전과 이후의 가행도로 구분하여 언급하고 있으며, 또한 가행도를 근가행近加行과 원가행遠加行으로 구분하여 사선근을 근가행에 포함시키고 있다. 안성두(2003), 254-255; Buswell, Robert E. Jr(1997), 590.

3 AKBh, 346.2-5, "nirvedhabhāgīyānīti ko 'rthaḥ/ vidha vibhāge/ niścito vedho nirvedha āryamārgaḥ, tena vicikitsāprahāṇāt satyānāṃ ca vibhajanād idaṃ duḥkham ayaṃ yāvat mārga iti/ tasya bhāgo darśanamārgaikadeśaḥ/ tasyāvāhakatvena hitatvān nirvedhabhāgīyāni/"; 『毘婆沙論』 第6卷(T27, 29c24-26); 『旧婆沙論』 第3卷(T28, 21a13-14); TA, P. tho 363a4, D. do 216a7-217a1; 本庄良文(1995), 3-8; 안성두(2003), 250: 안성두는 위의 논문에서 『선경禪經』이 사선근四善根의 도입에 직접적인 영향을 미치고 있다고 지적한다. 한편 Buswell(1997), 592, 598은 사선근과 Proto-Mahāyāna의 관련성을 제시하고 있는데 안성두(2003), 273-275에 의해 비판된다. 본서는 兵藤一夫(1990), 77의 지적에 따라 사선근의 원형을 사예류지라는 전제하에 본문을 전개하겠다.

로 유부의 초기 논서에서부터 사성제四聖諦 현관現觀이라는 새로운 수행도의 출현과 함께 제시된다. 즉 초기불교에서 설해지고 있는 수행도는 계戒·정定·혜慧의 삼학三學과 삼십칠보리분법三十七菩提分法으로 정리된다.[4] 그런데 유부는 초기불교의 이러한 수행도를 수용함과 동시에 한편으로 사성제 현관에 중심을 두는 새로운 수행도를 조직해 가고 있는데, 사선근의 형성과정은 그 연장선상에 있다고 본다.[5] 왜냐하면 『집이문족론』·『법온족론』에서 사선근의 원형은 현관도現觀道의 도입 부분에서 주로 논의되고 있기 때문이다.

먼저 『집이문족론』에서는 칠보특가라七補特伽羅 가운데 수신행보특가라隨信行補特伽羅와 수법행보특가라隨法行補特伽羅를 설명하고 있는 개소에 후대의 유부에서 주장하는 견도사상이 그대로 드러난다. 여기서 수신행자와 수법행자는 각각 본성이 신信 중심인가 사유 중심인가의 차이는 있지만, 양쪽 모두 제행諸行은 무상無常, 유루행有漏行은 고苦, 일체법一切法은 공空·무아無我라고 관찰하는 것이 세제일법世第一法의 획득으로, 세제일법은 고법지인상응苦法智忍想應의 성도聖道로 연결된다. 한편 『법온족론』에서 직접 언급하지 않지만, 제3「증정품證淨品」의 법증정法證淨의 해석에서 사성제 현관과 현관의 작용인 견소단見所斷과 수소단수면修所斷隨眠이라는 구체적인 개념이 제시된다.[6] 효도(兵藤一夫)가 지적하듯이,[7] 사예류지四預流支를 사

---

4 山田龍城(1959), 52-60; 齋藤 滋(2007), 65-78에서는 삼십칠보리분법三十七菩提分法이라는 개념의 형성과정을 여러 학자들의 연구를 토대로 재검토하고 있다.

5 田中教照(1993), 260-273, 299-306에서는 『법온족론』과 『집이문족론』에서 설명되는 새로운 수행도에 대해 지적한다.

선근의 원형이라고 보고, 법증정이 사예류지를 의미하는 사불괴정四不壞淨의 구성요소인 것을 고려하면 사선근과 무관하지 않다는 것을 알 수 있다. 본격적인 사선근과 사예류지의 관련성은 세제일법에 대한 정의로부터 시작하는 『발지론』의 정타頂墮의 설명에서 제시된다. 여기서 정, 정타, 난은 신信과 연결되고, 『비바사론』에서 인忍이 설명되어 순결택분에 해당하는 사선근의 개념이 완성된다.

사선근은 『비바사론』에서는 세제일법, 인, 정, 정타, 난, AKBh에서는 난, 정, 인, 세제일법의 순서로 설명된다. 먼저 AKBh의 순서에 의거해 유부의 논서를 참조하면서 사선근에 관한 중요한 논의를 중심으로 살펴본 후, 특히 정통유부 논서에서 난선근, 정선근의 단계에서 강조되고 있는 신信에 주목하여 단선근과의 관계를 고찰하겠다.

1) 난(煖, ūṣmagata)

순해탈분의 총상염주에서 발생하는 난선근은 처음으로 번뇌를 단절하는 견도위의 징조가 보이는 단계로, 비유적으로 번뇌를 태우는 성도의 불이 일어나기 전의 온기를 느끼는 단계로 설명된다. 여기서 본격적으로 고성제苦聖諦를 무상無常·고苦·공空·무아無我, 집성제集聖諦를 인因·집集·생生·연緣, 멸성제滅聖諦를 멸滅·정靜·묘妙·출리出離, 도성제道聖諦를 도道·여如·행行·출出의 16행상十六行相의 방식으로 관찰하지만,[8] 사선근의 행수(行修, 현재의 수행)와 득수(得修,

---

6 『集異門足論』 第16卷(T26, 435b18-c23); 『法蘊足論』 第2卷(T26, 462a7-463a4).

7 兵藤一夫(1990), 77.

8 AKBh, 343.9-18; 『毘婆沙論』 第6卷(T27, 28a11-15); 『旧婆沙論』 第4卷(T27,

행수에 의해 획득되는 미래의 수행)를 설명하고 있는 개소에서 사성제를 대상으로 하는 사념주 가운데 어느 하나와 병행되어 관찰하기도 한다.[9] 여기서 사성제에 대한 인식은 견도위에서의 명확한 인식과는 차별되는 것이다. 왜냐하면 아직 사선근의 단계는 무루인 견도 전단계로 유루도이기 때문이다. 이러한 관찰방식은 『순정리론』·『현종론』에서도 나타나지만, 여기서 사성제에 대한 신信의 발생과 삼보에 대한 신信이 가장 수승한 정선근으로 연결된다고 언급하고 있는 점은 주목할 만하다.[10] 난선근을 신信의 관점에서 설명하는 것은 다음의 『발지론』에 의거하고 있는 것이다.

> 난煖이란 무엇인가? 답한다. 정법과 비나야에 대해 약간의 신애信愛가 있는 것이다. 세존이 마사馬師와 정숙井宿 두 사람의 비구를 위해 설한 것과 같다. '이 두 어리석은 자들은 나의 정법과 비나야로부터 떨어져 있다. 예를 들면 대지가 허공으로부터 멀리 떨어져 있는 것과 같다. 두 사람의 비구는 나의 정법 및 비나야에 대해서

20a6-9); 『心論』 第2卷(T28, 818b5-17); 『心論經』 第3卷(T28, 849b1-3); 『雜心論』 第5卷(T28, 909c1-3).

9 AKBh, 345.12-19; 『毘婆沙論』 第7卷(T27, 31b2-23); 『旧婆沙論』 第3卷(T28, 22a18-b5); 『順正理論』 第61卷(T29, 681a12-23); 『顯宗論』 第30卷(T29, 922a7-17); 한편 『심론』·『심론경』에서는 사성제를 열여섯 가지 행상(十六行相)으로 관찰하는 것만을 설명하나, 같은 『심론』 계열이라도 『잡심론』에서는 사념주와 사성제의 관찰이 병행되고 있다; 『心論』 第2卷(T28, 818b6-17); 『心論経』 第3卷(T28, 849a8-b1); 『雜心論』 第5卷(T28, 909b16-c1).

10 『順正理論』 第61卷(T29, 678b8-11); 『顯宗論』 第30卷(T29, 921b9-11).

조금의 난煖도 없다.'[11]

위와 같이 유부의 난선근에 대한 설명의 특징은 난煖을 신信으로 해석하는 것이다. 하지만 여기서 신信에 관해 자세히 언급하지 않는다. 단지 앞에서 언급한 『순정리론』·『현종론』의 "신信이 사성제를 대상으로 하고 있다"는 설명에서 사성제와의 관련성을 추측할 수 있을 뿐이다. 이러한 견해는 『발지론』의 주석서인 『비바사론』에서도 볼 수 있다.[12] 한편 『심론』의 형성에 기여했다고 평가되고 있는 『감로미론』의 "〔난법은〕 예를 들면 나무를 마찰시켜 일어난 불이 나무 가운데서 발생하는 것과 같이 불법佛法에 대한 깨끗한 믿음이 발생하여 사제를 열여섯 가지 행상(十六行相)으로 관찰한다"는 설명에서 신信이 사성제 관찰에 전제되고 있는 것을 알 수 있다.[13]

난선근에 대한 『발지론』·『비바사론』 계열의 견해는 『순정리론』·『현종론』으로 전승되지만, AKBh에서는 사제를 열여섯 가지 행상의 방식으로 관찰하는 것만을 언급하여 『심론』·『심론경』·『잡심론』 계열을 전승하고 있다. 위의 『감로미론』의 언급에서 『심론』 이후

11 『發智論』 第1卷(T26, 919a5-8), "云何煖? 答若於正法毘奈耶中, 有少信愛〔『大正新脩大藏經』의 宋元明三本에 의거해 受는 愛로 교정함〕. 如世尊爲馬師井宿二苾芻說. '此二愚人, 離我正法及毘奈耶. 譬如大地去虛空遠. 此二愚人, 於我正法毘奈耶中, 無少分煖.'"; 『八健度論』 第1卷(T26, 772b27-c1); 『毘婆沙論』 第6卷(T27, 28b6-10); 『旧婆沙論』 第3卷(T28, 20c10-12).

12 『毘婆沙論』 第6卷(T27, 28b2-5); 『旧婆沙論』 第3卷(T28, 20a10-13).

13 『甘露味論』 第9卷(T28, 972c29-973a1); 兵藤一夫(1990), 77-80; 안성두(2003), 256.

신信에 대한 해석에 변화가 있었음을 추측할 수 있으며, 이는 점차 사성제의 관찰에 근거하는 혜慧를 중시하는 경향이라고 보여진다.[14]

2) 정(頂, mūrdhan)

난선근의 다음 단계인 정선근에 대해서도 정통유부 논서와 『심론』 계열의 논서의 관점의 차이가 드러난다. 정과 정타의 개념을 살펴봄으로써 논서 간의 다른 시점, 사선근이 설해진 배경과 신信의 역할을 확인할 수 있으리라 생각한다. 난煖과 같이 사제를 열여섯 가지 행상

---

14 초기불교에서 예류預流는 성자와 범부를 구별하는 중요한 분기점이 되며, 여기에 도달하기 위한 삼십칠보리분법, 사예류지, 사증정 등의 방법이 제시된다. 하지만 이러한 방법들은 크게 신信과 혜慧로 분류할 수 있다. 한편 아비달마불교에서는 예류預流 즉 견도에 도달하기 전단계인 사선근을 고안하여 초기불교에서의 이러한 방법들을 도입하였다고 생각된다. 하지만 본론에서 살펴본 것과 같이 신信과 혜慧를 중시하는 정통유부의 논서와는 달리 『심론』 계열의 논서에서는 신信에 대해 언급하지 않는 점에서, AKBh는 『심론』 계열의 영향을 받고 있다고 생각된다. 즉 수신행隨信行과 수법행隨法行이 각각 둔근鈍根과 이근利根을 의미한다고 가정하면, 혜慧의 능력에 대한 둔근과 이근으로 재해석되었다고 볼 수 있다. 兵藤一夫(1986), 40는 다음과 같이 그 이유에 대해 설명한다. "유부는 초기불교에서 수신행과 수법행이라고 하는 신信과 혜慧에 의한 예류預流의 획득의 두 가지 방법 가운데 점차 혜慧에 비중을 두게 되며, 이러한 경향을 잘 반영하고 있는 논서가 『심론』에서 도입한 기근機根의 둔鈍과 이利의 사고방식이다. 신해증상信解增上과 혜증상慧增上이라고 하는 두 가지 혜慧에 비중을 둔 하나의 능력에 둔鈍과 이利라고 하는 정도의 차이로서 바꾸는 것에 의해 기근機根을 혜慧의 능력으로 일체화하고 있다"고 지적하고 있다; 『심론』이 『감로미론』의 영향을 받고 있는 것과 관련해서는 櫻部建(1969), 58; 田中教照(1976), 30-31; 兵藤一夫(2000), 139; 西村實則(2002), 476-492 참고 바람.

(十六行相)으로 관찰하는 정頂은 하품下品, 중품中品, 상품上品으로 점차로 증장한 난煖에서 발생하며, 수행자가 높은 단계로 도약하는가 아니면 다시 낮은 단계로 후퇴하는가(정타)의 중요한 분기점이 된다.[15] 하지만 후퇴해도 선근을 단절하지 않는다고 하는 점에서 난보다 뛰어나기 때문에 동선근의 정점, 즉 정이라고 명명된다.[16] 이러한 설명에서 정타는 선근의 단절과 궤를 같이한다고 추측되기 때문에 후퇴한다(退: parihāṇi)는 것의 의미에 대해 확인해 볼 필요가 있다. AKBh에서 후퇴하는 것(退)은 과실에 의한 것이라고 설명되나, AKVy에서는 사견邪見에 의한 선근의 버림(捨, vihāni)에 비유되고 있다. 즉 사견에 의한 정타라고 추측할 수 있다.[17]

한편 ADV에서는 삼보에 대한 신(信, śraddhā)의 증장에 의해 난선근과 정선근이 구분되어 신信과의 관련성이 제시된다.[18] 흥미로운 점은 AKBh에서 선근의 단절유무에 의해 난과 정이 구분되기도 하지만,

---

15 난煖과 정頂은 동선근動善根, 인忍과 세제일법世第一法은 후퇴하지 않기 때문에 부동선근不動善根으로 분류된다. 나아가 두 가지 선근을 제각기 분류하여, 두 가지 동선근 가운데 하위는 난煖이며, 상위는 정頂이라고 한다. 한편 부동선근 가운데 하위는 인忍이며, 상위는 세제일법世第一法이다. 이 가운데 인忍은 후퇴하지 않기 때문에 난煖과 정頂보다 뛰어난 선근이라고 설명된다; AKBh, 344.1-2; AKVy, 532.20-26; 『毘婆沙論』 第6卷(T27, 25c15-17); 『旧婆沙論』 第3卷(T28, 18b9-11); 『毘婆沙論』 第5卷(T27, 22c23-28).

16 AKBh, 347.20-348.3; 특히 현장(T29, 120b21-29)의 한역에서는 난선근을 획득하더라도 선근은 단절되지만 정선근을 획득하고 있는 자는 후퇴해도 선근을 단절하지 않는다고 설명하고 있다.

17 AKBh, 347.19; AKVy, 539.24-540.4.

18 三友建容(2007), 664.

여기서 정이 난보다 삼보에 대한 신信이 증장하기 때문에 두 가지 선근이 구분된다고 하는 것이다. ADV의 이러한 견해는 『순정리론』의 관점과도 일치하며,[19] 다음의 『발지론』에 의거하는 것이다.

【질문】 정頂이란 무엇인가?

【대답】 불·법·승에 대해 소량의 신信을 내는 것이다. 세존께서 바라연나波羅衍拏와 마납바摩納婆를 위해 설하신 것과 같다. 만약 불·법·승에 대해서 아주 미약한 신信이라도 일어난다면 유동이여, 그는 이미 정법頂法을 획득한 자라고 명명한다고 알아야 할 것이다.

【질문】 정頂의 타墮란 무엇인가?

【대답】 어떤 사람이 있어, 선사善士에 친근하고, 정법正法을 청문하며, 여리如理하게 작의作意하여 '불佛은 보리菩提이며, 법法은 선설善說이며, 승僧은 묘행妙行임을 수습한다. 색은 무상이며, 수·상·행·식도 무상이며, 충분히 고제를 시설하고, 집·멸·도제도 시설한다'라고 믿는다. 그런 사람들이 다른 때에는 선사에 친근하지 않고 정법을 청문하지 않으며, 여리하게 작의하지 않으며, 이미 획득하고 있던 세속의 신을 퇴몰·파괴하고 이전·망실하는 것에서 정타라고 명명한다. 불佛께서 바라연나와 마납바를 위해 설한 것과 같다.

만약 사람이 이와 같이 〔불·법·승〕 삼법에서 퇴실한다면, 나는 그런 부류의 사람을 정타라고 명명한다고 알아야 할 것이다, 라고

19 『順正理論』 第61卷(T29, 678c2-4); 『顯宗論』 第30卷(T29, 921b26-28).

설한다.[20]

여기서 주목해야 할 것은 정은 삼보에 대해 소량의 신信을 내는 것이며, 삼보에 대한 신信의 퇴실이 정타라고 정의되고 있는 점이다. 이것은 『순정리론』과 ADV에서 정선근을 설명하는 근거가 되며, 나아가 신信에 의해 정과 정타가 구분되고 있는 것을 알 수 있다. 위에서 신信에 대해 자세하게 언급하지 않지만, 삼보에 대한 신信인 동시에 5온 무상과 사성제에 대한 신信이라고 설명되고 있다. 이는 동일한 맥락에서 두 가지 해석을 하고 있는 것이며, 초기 유부 문헌에서부터 행해지고 있는 것이다. 이것에 대해서는 뒤에서 다시 검토하도록 하겠다. 한편 효도(兵藤一夫)가 지적하듯이, 『비바사론』의 법수법행法隨法行을 가리킨다는 설명을 고려하면 앞의 친근선사親近善士, 청문정법聽聞正法, 여리작의如理作意와 함께 사예류지로 볼 수 있으며, 사선근의 원형이 된다는 것을 추측할 수 있다.[21]

난선근과 정선근의 설명에서 『발지론』·『비바사론』·『순정리론』·

---

20 『發智論』第1卷(T26, 918c20-919a4), "云何頂? 答於佛法僧生小量信. 如世尊爲波羅衍拏摩納婆說. 若於佛法僧, 生起微小信, 儒童應知, 彼名已得頂法. 云何頂墮? 答如有一類, 親近善士, 聽聞正法, 如理作意, '信佛菩提, 法是善說, 僧修妙行. 色無常受想行識無常, 善施設苦諦, 善施設集滅道諦.' 彼於異時, 不親近善士, 不聽聞正法, 不如理作意, 於已得世俗信, 退沒破壞, 移轉亡失, 故名頂墮. 如佛卽爲波羅衍拏摩納婆說. 若人於如是, 三法而退失, 我說彼等類, 應知名頂墮"; 『八健度論』第1卷(T26, 772b19-27).

21 『毘婆沙論』第6卷(T27, 27a29-b15); 『旧婆沙論』第3卷(T28, 19b19-b29); 兵藤一夫(1990), 76-77; 『發智論』第2卷(T26, 927c23-24).

ADV 등에서는 삼보에 대한 신信을 강조하고 있으며, 특히 정타의 설명에서 사예류지가 사선근의 원형이라는 것을 알 수 있다. 반면 AKBh에서 신信을 언급하지 않는 것은, 점차 신信보다 혜慧를 강조하게 되는 『심론』·『심론경』의 영향이라고 생각된다.[22] 하지만 앞에서 살펴본 것과 같이 AKBh에서 사견에 의한 정타라고 추측했을 때, 이때 사견은 불신不信과 같은 맥락에서 생각할 수 있으므로 신信과의 관련성도 배제할 수 없다.

3) 인(忍, kṣānti)

위의 정과 정타의 설명에서 사선근은 사예류지에 근거하고 있음을 알 수 있으며, 이는 『발지론』의 "선사善士에 친근하고, 정법正法을 청문하며, 여리如理하게 작의作意하여 이러한 인연으로 인해 제순인諦順忍을 획득한다"라는 언급에서 구체화된다.[23] 제순인諦順忍이 법수법행法隨法行에 해당된다고 본다면 정에서 인忍으로 연결되는 수행단계가 추측되지만, 『비바사론』에 와서야 인을 포함하는 순결택분이 완성된다. 난과 정의 단계에서부터 사성제에 열여섯의 행상行相들을 두고 혜慧로 관찰한다. 그러나 인의 단계에 와서 본격적으로 사성제를 관찰한다.[24]

---

22 『雜心論』 第5卷(T28, 909c13-15)에서는 정선근의 단계에서 본론에서 살펴본 『發智論』 第1卷(T26, 918c20-919a4)을 인용하고 있다. 한편 AKBh의 주석서들인 AKVy, TA, LA에서도 신信과 관련된 언급은 찾아볼 수 없다; 혜慧에 중점을 두고 있는 이유에 대해서는 본 장 각주 14) 참고 바람.

23 『發智論』 第2卷(T26, 927c23-24); 兵藤一夫(1990), 77; 안성두(2003), 254.

인의 단계에서는 견도에의 근접성이 고려된다. 즉 인忍도 난, 정과 마찬가지로 하품, 중품, 상품으로 분류되지만, 이 중 상품의 인은 견도와 연결되는 세제일법으로 연결되기 때문에 욕계에 속한(欲界繫) 고성제만을 대상으로 한다.[25] 이것은 '난, 정, 하인, 중인'은 욕계, 색계, 무색계 어느 곳에도 속하는 사성제를 대상으로 한다는 것을 간접적으로 제시하는 것이므로 상, 하계의 사제를 각각 열여섯 가지 방식으로 관찰한다는 사실을 유추해 낼 수 있다.[26] 그런데 중인의 단계에서는 소연과 행상을 점차 줄여(減緣減行) 마지막에 하나의 행상을 두 찰나로 수습하기까지 독특한 과정이 있다. 이것에 대해서는 일치된 의견이 보이지 않는데, AKBh에서 세친은 '전설(kila)'라고

24 AKBh, 343.9-18, AKBh, 343.19-344.8, AKBh, 344.8-345.2, AKVy, 533.3-535.18; AKBh에서 인忍은 "사성제에 대해서 최상으로 인가하는 것(kṣamaṇa)"라고 설명하지만, AKVy에서는 "인가하는(kṣamate) 즉 즐거워하는(rocate)"이라고 주석하여 kṣamate를 rocate로 바꿔서 설명하고 있다. '인가하는' 것은 난위煖位에서도 해당한다고 생각되기 때문에 『비바사론』·『순정리론』에서의 인忍만이 사성제 모두를 관찰하기에 '順諦忍'이라고 명명하는 것에 의거하면, 가행도加行道에서 본격적으로 사성제를 관찰하는 것에서 발생하는 즐거움이라고 생각된다; kṣānti를 둘러싼 논의는 佐々木現順(1972), 580-588을 참고 바람; 위의 인忍에 대한 해석은 『心論』 第2卷(T28, 818b22-23); 『心論經』 第3卷(T28, 849b14-17); 『雜心論』 第5卷(T28, 909c21-23)에서 원형을 확인할 수 있다; 『毘婆沙論』 第5卷(T27, 24b20-23); 『順正理論』 第61卷(T29, 678c6-9); 『顯宗論』 第30卷(T29, 921c1-4); TA, P. tho 360b1-3, D. do 213b2-3; AKVy, 533.3-5; 佐々木(1972), 588.

25 AKBh, 344.17; AKVy, 533.13-15.

26 AKBh, 344.17-18; AKVy, 533.15-20.

하여 이것에 대해 동의하지 않고 자세한 설명을 생략한다.[27]

한편 현장은 '전설(kila)'을 유가사瑜伽師라고 한역하고 있지만, 감연감행에 대한 자세한 설명은 유가사의 견해라고 보는 『순정리론』에 기술된다.[28] 여기서는 먼저 하인의 단계부터 설명한다. 즉 (1) 욕계欲界(이하 下界) 고제사행상苦諦四行相, (2) 색계色界, 무색계無色界(이하 上界) 고제사행상苦諦四行相, (3) 하계집제사행상下界集諦四行相, (4) 상계집제사행상上界集諦四行相, (5) 하계멸제사행상下界滅諦四行相, (6) 상계멸제사행상上界滅諦四行相, (7) 하계도제사행상下界道諦四行相, (8) 상계도제사행상上界道諦四行相의 순서로 팔제八諦의 삼십이상三十二相 모두를 관찰한 후, 다음과 같은 순서로 감연감행한다.[29]

---

27 AKBh, 344.18-345.2.

28 여기서 유가사瑜伽師라고 하는 명칭은 특별한 학파에 속한 자보다 일반적인 유부有部의 유가수행자를 지칭하는 것이라고 생각된다. 현장(T29, 119c8-12)은 이러한 사실을 염두에 두고 AKBh의 해당 개소를 한역하지 않았을까? 부파불교部派佛教에서 유가사에 대해서는 西義雄(1975), 219-265을 참고 바람; 이 개소에 대해 진제眞諦는 따로 한역을 하지 않았다; AKVy, 534.32-535.11에서는 중인中忍의 해석에서 욕계에 속한 고苦를 4행상行相에 의해 작의하기 때문에 4행상을 지니고 있는 유가사를 견행자見行者와 애행자愛行者의 두 종류로 분류한 뒤, 견행자에 아견행자我見行者와 아소견행자我所見行者 두 종류가 존재한다고 한다. 아견행자는 무아無我의 행상에 의해, 한편 아소견행자는 공空의 행상에 의해 正性決定(niyāma)에 들어간다고 설명한다. 애행자도 아만我慢에 의해 방해받는 자와 해태懈台가 심한 자 두 종류로 분류한다. 그 가운데 아만에 의해 방해받는 자는 무상無常의 행상에 의해, 해태懈台가 심한 자는 고苦의 행상에 의해 正性決定에 들어간다고 해석한다.

29 『順正理論』第61卷(T29, 678c16-24), "忍下中上如何分別. 且〔『顯宗論』第30卷(T29, 921c11)에 의거해 旦는 且로 교정함〕下品忍具八類心. 謂瑜伽師以四行相.

(8) 상계도제사행상, (7) 하계도제사행상, (6) 상계멸제사행상, (5) 하계멸제사행상, (4) 상계집제사행상, (3) 하계집제사행상, (2) 상계고제사행상, (1) 하계고제사행상.

여기서 감연감행이란 하계와 상계 각각의 사제인 여덟 가지 대상과 각각에 속한 삼십이행상을 먼저 하계고제사행상에서 상계도제사행상까지를 관찰한 다음, 상계도제사행상 가운데 출행상을 제거하는 것을 시작으로, 일회(周)에 하나의 행상씩 제거해 가는 것이다. 마침내 상계도제사행상를 제거하면 도제를 감연하는 것에서부터 총31회가 행해지고, 욕계 고제의 하나의 행상을 두 찰나로 관찰하기까지가 중품인이다. 그리고 욕계에 속하는 고성제를 무상 등의 어느 하나로 관찰하는 것이 상품인이라고 설명된다. 따라서 인위는 상품인에 속한 고성제 가운데 하나의 행상의 관찰에까지 제거되는 과정을 말한다.[30]

한편 AKBh의 감연감행에 대해 AKVy에서는 상계도제사행상 → 상계멸제사행상 → 상계집제사행상 → 상계고제사행상 → 하계도제

觀欲界苦名一類心. 如是次觀色無色苦. 集滅道諦亦如是觀. 成八類心名下品忍. 中忍減略行相所緣. 謂瑜伽師以四行相. 觀欲界苦乃至具足. 以四行相觀欲界道. 於上界道減一行相. 從此名曰中品忍初. 如是次第漸減漸略行相所緣. 乃至極少唯以二心觀欲界苦. 如苦法忍苦法智位. 齊此名爲中品忍滿.";『顯宗論』第30卷(T29, 921c10-19); 감연감행減緣減行의 과정에 관한 도표는 河村孝照(2004), 156; 周柔含(2009), 151-152을 참고 바람.

30 중인中忍의 감연감행減緣減行은 497찰나이다. 위의 『순정리론』의 설명은 『비바사론』에 근거하고 있는 것이라 생각된다; 『毘婆沙論』 第5卷(T27, 25a7-b6); 『旧婆沙論』 第3卷(T28, 17c22-18a13).

사행상 → 하계멸제사행상 → 하계집제사행상 → 하계고제사행상의 순서로 먼저 상계도제사행상을 제거한 후 도제를 제거하는 것에서 하계 고제를 두 가지의 행상에 의해 관찰하는 것까지를 중품인이라고 한다.[31] 『순정리론』과 비교해 보면 두 순서 모두 팔제삼십이행상八諦三十二行相에서 차례로 행상과 팔제를 제거하지만, 위의 설명과 같이 제거해 가는 순서와 중품인에서 욕계의 고제를 관찰하는데 마지막에 남는 행상도 일치하지 않는다. 즉 『순정리론』에서는 욕계의 고제를 네 가지 행상 가운데 한 행상에 의해 두 찰나로 관찰된다고 하지만, AKVy에서는 두 가지 행상에 의해 욕계의 고제가 관찰된다고 한다. TA, LA는 두 가지 행상을 무상행상과 고행상으로 해석한다.[32] 이상 중품인에 대해서는 『비바사론』의 설명을 반영하고 있는 『순정리론』의 해석과 AKBh의 주석서들의 해석이 동일하지 않는 점에서 정설이 없어 보인다.

4) 세제일법(世第一法, laukikāgradharma)

상품의 인忍 다음에 바로 세제일법이 발생한다. 처음으로 성도의 문을 열어 성자가 되기 직전의 단계이다. AKBh에서는 다음과 같이 설명된다.

〔세〕제일법은 그와 같이 (19c) 완전히 상〔품의〕 인忍과 같다.

---

31 AKVy, 533.25-534.4; AKVy에서는 본문에서 언급한 AKBh의 해석뿐만 아니라 異說도 제시하고 있다.

32 TA, P. tho 360b7-361a4, D. do 214a7-b3; LA, P. Ñu 202a1-6, D. chu 163b4-7.

실로 그것들도 욕〔계〕에 속한(欲界繫) 고苦〔제諦〕를 대상으로 하며 찰나성이다. 이것들은 세간적인 것들이며, 제일의 법들이다. 모든 세간적인 〔법들〕 가운데 최승이기 때문에 세제일법이다. 동류인同類因 없이 〔무루〕도는 그 〔세제일법〕의 작용(士用)에 의해 이끌려 나오기 때문이다.[33]

여기서 상품의 인과 같이 욕계에 속한 고제를 대상으로 하여 행상은 무상·고·공·무아 어느 하나이며, 일찰나이기 때문에 난·정·인처럼 하품, 중품, 상품의 구별은 없다. 욕계계의 고제를 대상으로 하는 이유는 견도와 연결되며, 견도와 지(地, 未至定, 中間定, 四靜慮)를 같이하기 때문이라고 해석된다.[34] 그러나 유루이기 때문에 세간이며, 유루법 가운데 가장 뛰어나기 때문에 제일이다. 왜냐하면 유루도인 세제일법의 힘에 의해 무루도의 동류인이 없어도 무루도〔도제〕가 인기되기 때문이다. 세제일법이라는 개념은 『집이문족론』에서 처음으로 나타나지만, 다음과 같이 『발지론』에서 본격적으로 논의된다.

【질문】 세제일법世第一法이란 무엇인가?

---

33 AKBh, 345.3-6, "**tathāgradharmāḥ** (19c) yathaivādhimātrā kṣāntiḥ/ te 'pi hi kāmāvacaraduḥkhālambanāḥ kṣaṇikāś ca laukikāś caite 'grāś ca dharmāḥ/ sarvalaukikaśreṣṭhatvād iti laukikāgradharmāḥ/ vinā sabhāgahetunā mārgasya tatpuruṣakāreṇākarṣaṇāt/"; 『順正理論』 第61卷(T29, 678c25-679a1); 『顯宗論』 第30卷(T29, 921c20-25); 『毘婆沙論』 第2卷(T27, 6a28-b1); 『旧婆沙論』 第1卷(T28, 4c2-4).

34 AKVy, 537.14-21.

【대답】"만약 심心, 심소법心所法이 등무간等無間〔연緣〕이 되어 〔수행자가〕 정성리생正性離生에 들어가면, 이러한 〔심, 심소법〕을 세제일법이라 한다." 어떤 사람은 다음과 같이 설명한다. "만약 오근五根이 등무간〔연〕이 되어 정성리생에 들어가면 이것을 세제일법이라고 한다"라고. 이 〔두 가지〕 의미 가운데 〔전자인〕 만약 심, 심소법이 등무간〔연〕이 되어 〔수행자가〕 정성리생에 들어가면, 이것을 세제일법이라고 말하게 되는 것이다.[35]

『발지론』은 세제일법을 정의하는 것에서 시작하고 있다. 여기서 세제일법의 자성은 "심, 심소법"이지만, 혹자는 "5근"이라고 주장한다. 『비바사론』에는 혹자에 대해 두 가지 해석이 제시된다. 첫째, 구아비달마舊阿毘達磨 논자論者에 의해 분별논자(分別論者, 구역: 毘婆闍婆提, Vibhajyavādin)의 "신信 등의 5근은 오직 무루뿐이다"[36]라는 주장이 논파된다. 두 번째는 혹자를 경부사經部師 혹은 독자부犢子部라고 하며 분별론자의 5근은 오직 무루뿐이라는 주장이 배척된다. 두 가지 해석 모두 5근은 무루뿐만 아니라 유루에도 통하고 있는 점을 강조하는 것에서 세제일법의 성격을 규정하기에 앞서 먼저 5근의 유루무루성의 확립이 우선 과제였다는 것을 알 수 있다.[37] 한편 법구(法

---

35 『發智論』 第1卷(T26, 918a10-14), "云何世第一法? 答"若心心所法, 爲等無間, 入正性離生. 是謂世第一法." 有作是說. "若五根爲等無間, 入正性離生, 是謂世第一法." 於此義中, "若心心所法, 爲等無間, 入正性離生, 是謂世第一法"; 『八健度論』 第1卷(T26, 771c9-12).

36 『毘婆沙論』 第2卷(T27, 7c1-4); 『旧婆沙論』 第1卷(T28, 5b23-29).

37 『毘婆沙論』 第2卷(T27, 8b6-9); 『旧婆沙論』 第1卷(T28, 6a28-29); 『毘婆沙論』

救, Dharmatrāta)와 각천(覺天, Buddhadeva)은 5근으로 결론내리고 있다.[38] 그런데 『비바사론』의 다른 개소에서 "사선근의 자성은 5온五蘊이다"라고 정의되어 AKBh에 전승된다.[39]

여기서 주목해야 할 것은 『비바사론』에서 세제일법의 자성을 둘러싸고 두 개소에서 논의된다는 점이다. 첫 번째는 『비바사론』 제2 「잡온」의 시작 부분인 『발지론』에 대한 주석으로 사선근의 개념이 완성되기 전단계의 해석이다. 두 번째는 『비바사론』 제6 「잡온」으로 첫 번째의 세제일법의 자성에 대한 정치한 논의 다음에 부가되고 있는 순결택분으로서 완전한 형태가 제시되고 난 후의 해석이다. 첫 번째 개소에서 『비바사론』은 『발지론』에 근거하여 주석하면서도 최종적으로 가다연니자迦多衍尼子의 주장에 "[5]근, 및 5근이 아닌 근(非五根)과 상응, 구유하는 심, 심소법"이라는 새로운 견해를 더하고 있다. 여기서 "구유하는 심, 심소법"으로 규정되기 때문에 구유인俱有因의 법칙에 의거해 수심전색(隨心轉色, 靜慮無表)과 함께 존재하는 5온이 상정되었다고 본다.[40] 이처럼 『비바사론』은 『발지론』의 주석서로서의 역할에 충실하면서도 세제일법의 자성은 5온이라는 것을 염두에 두고 있었던 것을 알 수 있다. 즉 가행도로서의 순결택분이

第2卷(T27, 8b10-13); 『旧婆沙論』 第1卷(T28, 6a9-12).

38 『毘婆沙論』 第2卷(T27, 8c7-16); 『旧婆沙論』 第1卷(T28, 6a29-b5).

39 『毘婆沙論』 第6卷(T27, 29c6-8); 『心論經』 第3卷(T28, 849b20-26); 『雜心論』 第5卷(T28, 909c1-2); AKBh, 345.8; 『順正理論』 第61卷(T29, 680b7-11); 『顯宗論』 第30卷(T29, 922a3-7).

40 AKBh, 83.16-84.1.

완성되었을 때, 자성은 5온이라는 것을 명확히 했다고 생각된다. TA, LA에서도 세제일법의 자성은 5온이라고 해석한다.[41] 이상의 고찰에서 세제일법의 자성은 심心, 심소법心所法 → 〔5〕근根, 및 5근이 아닌 것(非五根)과 상응相應, 구유俱有하는 심心, 심소법心所法 → 5온蘊으로 논의된다는 것을 알 수 있었다.

3. 단선근斷善根과 속선근續善根에 있어서 신信의 역할

정통유부 계통의 논서에서 언급했듯이, 정선근의 단계에서 신信은 정과 정타를 구분하는 중요한 역할을 하기 때문에 그 의미에 대해 재고해 볼 필요가 있다. 앞서 살펴보았듯이, 『발지론』에서 정의 반대 개념으로서 사예류지, 삼보, 5온 무상, 사성제에 대한 불신不信은 정타로 연결된다. 그리고 AKVy에서의 후퇴하는 것(退)에 관한 해석에서 사견邪見과 선근의 단절과의 관련에서 추측할 수 있듯이, 불신에 의해 야기되는 정타도 같은 맥락에서 이해할 수 있다고 본다. 먼저 사견은 AKBh에서 다음과 같이 설명되고 있다.

> 선善과 불선不善에 대한 과보를 '없다'고 하는 견해가 사견이다. '예를 들면 보시가 없고 공양이 없고 제사가 없고, 선행이 없고, 악행이 없다는 등등 내지, 세간에 아라한도 없다'고 〔경전에서 설한 것과〕 같다. 앞에서 말한 이것들은 모두 업, 과보, 성자의

41 TA, P. tho 361a4-7, D. do 214b4-6; LA, P. Ñu 202b2-4, D. 164a3-5.

부정에 해당되는 사견이다.[42]

유부 문헌에서 십불선업도十不善業道 중의 하나로 열거되고 있는 사견은 종교적 행위, 이러한 종교적 행위로 인해 성취되는 모든 선인선과善因善果 등의 인과관계를 부정하는 것으로 규정된다.[43] 즉 인과관계를 부정하는 상품의 완성된 사견에 의해 선근이 단절되는 것이다. 그런데 이러한 해석은 『발지론』에서 탐·진·치의 불선근에 의해 선근이 단절된다는 설명에 위배되기 때문에, 『비바사론』·AKBh·『순정리론』에서는 "사견은 불선근에서 발생한다"는 전제하에 논의되어야 한다고 설명한다. 다시 말하면 불선근인 탐·진·치에서 발생하는 사견에 의한 선근의 단절이라는 것이다.[44] 그렇다면 단선근이 어떻게

---

42 AKBh, 247.20-22, "śubhe cāśubhe ca karmaṇi yā nāstīti dṛṣṭiḥ sā mithyādṛṣṭiḥ/ tadyathā 'nāsti dattaṃ nāstīṣṭaṃ nāsti hutaṃ nāsti sucaritaṃ nāsti duścaritam ityevamādi yāvan na santi loke 'rhanta' iti/ saiṣā sākalyena karmaphalāryāpavādikā mithyādṛṣṭir bhavati/"; 『順正理論』 第42卷(T29, 580b14-17); 『顯宗論』 第22卷(T29, 881b21-24); MN. III, 71.26-72.3; 『集異門足論』 第15卷(T26, 431b15-18); 『法蘊足論』 第12卷(T26, 512a8-12); 『界身足論』 卷上(T26, 615b5-7); 『品類足論』 第1卷(T26, 693b20-21); 『發智論』 第7卷(T26, 954c8-10); 『毘婆沙論』 第97卷(T27, 504a5-13); 『心論』 第1卷, 第4卷(T28, 814b10, 815c12, 829a6-8); 『心論經』 第2卷, 第5卷(T28, 842b5, 844b24-25, 863b27-28); 『雜心論』 第3卷, 第4卷, 第8卷(T28, 893c11-12, 900b12-13, 939b25-28).

43 吉元信行(1983), 35-36는 사견邪見은 넓은 의미로 정견正見의 반대개념과, 좁은 의미로 십악업도十惡業道의 최후에 열거된 사견이며, 초기불교에서는 두 가지 의미의 사견이 모두 언급되고 있으나 아비달마에 있어서는 주로 후자의 의미가 문제시되고 있다고 지적한다.

설명되고 있는지 살펴보자. 『비바사론』에서는 단선근에 관해 다음과 같이 설명한다.

【질문】 단선근이란 어떤 뜻인가?

【대답】 예를 들면 세간의 도끼 등으로 나무를 자르는 것과 같은 것이 아니니, 사견과 선은 서로 접촉하지 않기 때문이다. 그러나 상속하는 가운데 사견이 나타날 때 모든 선근의 성취를 소멸하게 하고, 불성취를 발생하게 하기에 단절한다고 명명한다. 만약 상속하는 가운데 선근의 득得이 없다면 그때 선근이 이미 단절했다고 설명한다.[45]

---

44 『發智論』 第2卷(T26, 925a12-13); 『八健度論』 第2卷(T26, 779b18-20); 『毘婆沙論』 第35卷(T27, 181c5-7); 『旧婆沙論』 第19卷(T28, 137a16-17); 『順正理論』 第42卷(T29, 580c11-15); 『顯宗論』 第22卷(T29, 881c16-20); AKBh, 248.15-17; 舟橋一哉(1987), 370; 宮下晴輝(2007), 62; 『비바사론』에서는 "단지 사견邪見만이 善根을 단절하는데 〔발지론에서는〕 왜 〔貪, 嗔, 痴인〕 不善根을 언급하는 것일까?"라는 물음에 사견에 의해 단절될 때와 불선근에 의해 단절될 때로 구분된다고 설명한다. 즉 근본업도根本業道일 때는 사견에 의해, 가행도加行道일 때는 불선근에 의해 선근이 단절된다고 한다; 『毘婆沙論』 第35卷(T27, 181c5-8); 『旧婆沙論』 第19卷(T28, 137a16-18); AKBh, 248.17-18; 吉元信行(1983), 39-40; 吉元信行(1983), 45-49가 지적하고 있듯이 세친은 사견에 의해 선근이 단절되었다 하더라도 선법善法의 종자는 완전하게 단절되지 않는다고 한다. 이에 대한 유부의 반론은 吉元信行를 참고 바람.

45 『毘婆沙論』 第35卷(T27, 182b22-26), "問斷善根者是何義耶? 答非如世間斧等斷木, 邪見與善不相觸故. 然相續中邪見現在前時, 令諸善根成就得滅, 不成就得生, 說名爲斷. 若相續中無善根得, 爾時名爲善根已斷."; 『旧婆沙論』 第19卷(T28, 137c8-12); AKBh, 250.9-12; 『順正理論』 第42卷(T29, 581b5-9); 『顯宗論』 第22

여기서 단선근은 선근의 불성취不成就(asamanvāgama)라는 것을 알 수 있으며, 유부에 의해 심불상응행(心不相應行, cittaviprayukta-saṃskāra)의 다르마로 분류되는 것이다. 이는 『비바사론』에서 정타의 자성이 불성취성으로 규정되는 것과 궤를 같이하는 것이다.[46] 위의 단선근의 자성에 관해 『비바사론』에는 (1) 불신不信, (2) 사견邪見, (3) 번뇌전煩惱纏들, (4) 일체법一切法, (5) 무자성(無自性, 譬喩者), (6) 불성취(不成就, 評曰)가 제시된다.[47] 여기서 주목하고자 하는 것은 (1)~(3)이 선근의 단절에 관해 논의되며, 불신과 사견이 선근의 단절로 이어진다는 점이다. 앞서 정頂에서 확인했듯이 신은 중요한 역할을 하고 있다. 즉 신의 정의와 인과관계의 부정이라는 사견의 의미에 의거하면, 선근의 단절에 직접원인이 되는 불신과 사견은 같은 맥락에서 언급된다는 것을 알 수 있다. 『비바사론』에서는 그 반대개념인 선근의 속기도 제시한다.

【질문】 어떠한 마음에 머물며 선근을 속기할 수 있는가?

卷(T29, 882a15-18); 단선근斷善根에 관한 전반적인 내용은 吉元信行(1983), 33-53; 小川宏(1992), 19-23; 宮下晴輝(2007), 73-48 참고 바람.

46 『毘婆沙論』 第6卷(T27, 27c10-12); 『旧婆沙論』 第3卷(T28, 19b29-c2).

47 『毘婆沙論』 第35卷(T27, 182b26-c7); 『旧婆沙論』 第3卷(T28, 19b29-c21); AKBh, 250.9-12(4_79b); 舟橋一哉(1987), 372-373; 宮下晴輝(2007), 49. 각주 72). 『구바사론』와 AKBh에서는 단선근의 體와 自性을 함께 설명한다. 이 개소에 대한 『구바사론』의 해석에서는 사견은 단선근의 자성이라고 한 후 "餘義如上頂退中說"이라 언급하여 頂墮와의 관련성도 제시된다. 『旧婆沙論』 第19卷(T28, 137c8-14).

【대답】 혹은 의혹에 머무는가, 혹은 정견에 머무는가. 왜냐하면 인과에 대해서 때때로 의혹을 내는 경우도 있고, 이러한 일은 당연히 있을 것이다. 혹은 정견을 내는데 이것은 결정되어 있다. 그때 선근의 득得이 다시 속기한다. 선의 득이 발생하기 때문에 선근이 속기한다고 말하는 것이다.[48]

위에서 인과관계가 존재한다는 의심과 정견에 대한 확신이 선근의 속기로 이어지는 것을 알 수 있다. 이것은 AKBh·『순정리론』·『현종론』에서도 같은 관점에서 논의되고 있어 유부의 문헌에서 견해가 일치한다. 다시 말하면 초기불교에서 정견은 고苦의 생기와 소멸에 관한 인과관계를 여실지견하는 것에서 발생하는 지(智, ñāṇa)이며, 명(明, vijjā)으로 이해된다.[49] 이러한 설명은 사견이 무명無明에 근거하고 있다는 것을 간접적으로 말해준다. 이상 정견과 신, 사견과 불신은 같은 맥락에서 언급되며, 선근의 단절과 속기는 신과 관련된다는 것을 추측할 수 있다. 그러면 신이 어떻게 해석되고 있는지 살펴보자.

---

48 『毘婆沙論』 第35卷(T27, 184b22-25), "問住何等心能續善根? 答或住疑心, 或住正見. 謂於因果, 有時生疑, 此或應有. 或生正見, 此決定有. 爾時善根得還續起. 善得起故名續善根."; AKBh, 250.12-15; 『順正理論』 第42卷(T29, 581b9-13); 『顯宗論』 第22卷(T29, 882a18-22).

49 SN. III, 163.3-14; SN. II, 17.14-24.

4. 단선근斷善根과 오근五根의 관계를 통해 본 신信의 의미

앞에서 살펴본 것과 같이 초기불교에서 신信은 혜慧와 함께 예류預流를 획득하는 방법 중의 하나로 서로 밀접하게 관련되고 있다.[50] 주로 신에 대한 언급은 초기불교의 대표적 수행체계인 삼십칠보리분법三十七菩提分法에 포함되는 5근五根, 5력五力의 구성요소인 신(信, saddhā), 정진(精進, viriya), 염(念, sāti), 정(定, samādhi), 혜(慧, paññā)에서 볼 수 있으며, 혜를 획득하기 위한 전제조건이 되고 있다. 이들 가운데 신근은 "여래如來의 보리菩提를 믿는다(saddahati tathāgatassa bodhiṃ)"로, 다른 개소에서는 신근이 사예류지(cattāri sotāpattiyaṅgāni)로 설명되기도 한다.[51] 즉 여래의 보리에 대한 믿음은 불佛에 대한 무너지지 않는 청정한 믿음(不壞의 淨信)을 중심으로 하는 사불괴정(四不壞淨, 삼보에 대한 淨信과 戒)에 해당하기 때문에 신信이 단지 불佛에 대한 무너지지 않는 믿음으로 이해되는 것이다.

미즈노(水野弘元)가 지적하듯이, 유부 문헌에는 신에 관한 두 가지 해석이 있다. 초기불교에서의 해석의 계승과 아비달마 특유의 법상적法相的 설명이 더해져 있는 것이다. 이들 해석은 초기 아비달마 논서로 분류되는 『집이문족론』에 제시된다. 즉 5력五力 가운데 신력信力의 해석은 "여래에 대해 깨끗한 믿음(淨信)을 내는 것"이며, 정신淨信은 5승지五勝支의 해석에서 "수순성隨順性, 인가성印可性, 애락성愛樂性,

---

50 藤田宏達(1992), 92-142; 兵藤一夫(1986), 31-46; Giustarini, Giuliano(2006), 162.

51 SN. V, 196.11-13; SN. V, 196.26-197.4.

심청정성心淸淨性"이라고 설명된다.[52] 또한 『법온족론』에서는 불佛, 법法, 승증정僧證淨을 해석하고 난 뒤에 반복되는 구절에서 신을 "견見을 근본으로 하는 증지證智와 상응하는 것"이라 하여 여실지견과 등치시키고 있다.[53] 나아가 법증정의 해석에 사성제 현관(慧)과 이것에 의해 단절되는 견소단수면見所斷隨眠, 수도修道에 의해 단절되는 수소단수면修所斷隨眠이라는 보다 발전적인 해석도 제시된다.[54] 여기서 후대 유부의 견도사상의 원형이 보이며, 신은 사성제 현관과 관련되어 난선근과 정선근에서 강조되고 있음을 알 수 있다. 위의 설명은 다음의 AKBh의 해석에 반영되고 있다.

> 신信은 마음의 청정함이다. 다른 사람들은 〔사〕제와 〔삼〕보와 업과 〔그〕 과보에 대한 확신이라고 〔말한다〕.[55]

AKVy에는 "심은 신信과 결합함으로써 청정하게 된다"고 구체적으로 설명되며, 대선지법大善地法에 속하는 신은 확신(abhisaṃpratyaya,

---

52 『集異門足論』 第13卷(T26, 422c1-6), 第14卷(425c16-18); 『法蘊足論』 第2卷(T26, 462a3-5), 第10卷(499b25-27); 『品類足論』 第3卷(T26, 700a7-8); 水野弘元(1964), 595-596; 兵藤一夫(1986), 32-33.

53 『法蘊足論』 第2卷(T26, 462a2-5, 462c29-463a3), 第3卷(464c5-8).

54 『法蘊足論』 第2卷(T26, 462a23-c20); 田中教照(1993), 266-268.

55 AKBh, 55.6-7, "tatra śraddhā cetasaḥ prasādaḥ/ satyaratnakarmaphalābhisaṃpratyaya ity apare/"; 여기서 흥미로운 점은 世親은 이러한 信의 정의를 다른 사람들의 설명이라고 하지만, 『五蘊論』(4. 1. 11)에는 apare가 생략되어 있다. Li Xuezhu and Ernst Steinkellner (ed.)(2008), 6.

AKVy: abhisaṃpratipatti)이라고 번역되어 혜慧의 의미가 포함된다. 즉 신은 수행을 통한 심의 청정함의 추구와 사성제 등에 대한 바른 이해에 근거하는 확신이다.[56] 이러한 신의 의미는 『상응부』「입상응入相應」(Okkantikasaṃyutta)에서 이론적 원형이 확인된다. 왜냐하면 일체제법의 무상성에 대한 신과 신해信解를 지니고 있는 자는 수신행자이며 일체제법의 무상성을 인식하는 여실지견, 혜慧와 동일하게 설명되기 때문이다. 후나하시(舟橋一哉)와 후지타(藤田宏達)가 지적하듯이, 이는 불佛에 대한 무너지지 않는 청정한 믿음을 중심으로 하는 사불괴정이 여실지견과 동일시되는 것이기도 하다.[57] 이에 대해 『중아함』「심찰경審察經」(Vimaṃsaka-sutta)에서 "견見을 근본으로 하는 견고한 신(saddhā dassanamūlikā daḷhā)" 혹은 『중아함』「정견경正見經」(Sammādiṭṭhi-sutta)에서 무너지지 않는 청정한 믿음을 연기, 사성제의 통찰에 의한 무명의 소멸을 의미하는 정견과 동의어로 설명되고 있는 것이 이론적 근거로 제시된다.[58] 이상 신근=사예류지(사불괴정)=여실지견=정견으로 생각되며 신信은 혜慧와 등치된다는 것을 알 수 있다.

한편 단선근은 세간인식의 마지막 단계인 세제일법의 자성을 논의하는 가운데 5근은 무루유루이어야 한다는 문맥에서 논의된다. 『비바사론』에서는 먼저 『상응부』의 "5근을 완전히 성취한 자는 아라한이며,

---

56 AKVy, 128.16-20; 藤田宏達(1992), 123-126; 兵藤一夫(1986), 32.

57 舟橋一哉(1952), 184-203; 藤田宏達(1992), 106-110.

58 舟橋一哉(1952), 184-203; 藤田宏達(1992), 127-129, 130-135; MN. I, 320.18-19; MN. I, 46.16-55.25.

5근이 전혀 없는 자는 외부의 이생이다"[59]라는 정의를 인용하고 있는데, 이것은 다음과 같이 이생을 내부와 외부로 구분하여 외부의 이생을 단선근자라고 명명하는 단서를 제공한다.

> 단선근자를 외부의 이생이라고 한다. 왜냐하면 여러 이생들에는 대체로 내부와 외부 두 종류가 있다. 선근을 단절하지 않은 자는 내부이고 선근을 단절한 자는 외부라고 한다. 이 경전의 의도는 '만약 신信 등 5근이 전무한 자를 나는 단선근자라고 설한다'고 설명하는 것이다.[60]

위에서 언급한 『상응부』에서 5근의 성취는 예류과에서 아라한까지의 도과의 획득과 직접 관련되며, 이러한 경증에 의해 5근은 오직 무루만이라고 주장한다. 이와 같은 관점은 "네 가지 예류의 지분인 사예류지가 전혀 없는 자는 외부의 이생의 입장에 있는 자"라고 하여, 5근을 사예류지로 바꾸어 기술하고 있는 곳에서도 볼 수 있다.[61] 그런데 여기서 주목하고자 하는 것은 『비바사론』에서 언급하듯이, "5근이 전무한 자를 단선근자"라고 하는 것이다. 위에서 살펴본 것과 같이, 단선근에 결정적 영향을 미치는 사견은 인과관계를 부정하는

---

59 SN. V, 202.23-25; 『毘婆沙論』 第2卷(T27, 8b1-2); 宮下晴輝(2007), 56-53.

60 『毘婆沙論』 第2卷(T27, 8b1-6), "問彼經又說. 若全無此信等五根. 我說彼住外異生品. 復云何通. 答斷善根者名外異生. 謂諸異生總有二種. 一內二外. 不斷善根. 說名爲內. 斷善根者. 說名爲外. 彼經意說. '若全無此信等五根, 我說名爲斷善根者.'"; 『旧婆沙論』 第1卷(T28, 6a7-9).

61 SN. V, 397.25-27.

것이며 이는 불신不信과 관련되어 정타의 관점과도 연결된다. 앞의 『비바사론』의 언급은 이러한 이해에 근거하고 있는 것이라 본다. 이것은 AKBh 제2장 「근품」에 전승된다. 여기서 5근은 유루와 무루라고 정의되며, 이생은 내부의 선근을 단절하지 않은 자와 외부의 선근을 단절한 자로 구분된다.[62]

여기서 흥미로운 것은 미야시타(宮下晴輝)가 지적하듯이, TA에서 "내부란 사성제를 관찰하는 자이며, 외부란 사성제를 관찰하지 않는 자이다. 사성제의 제법을 얻지 못하기 때문에 이생의 입장에 있는 자"라고 해석하는 점이다.[63] 왜냐하면 앞에서 살펴본 것과 같이 사선근의 단계에서 사성제를 열여섯 가지 행상(十六行相)으로 관찰하며, 특히 정선근의 해석을 염두에 두고 있다고 생각하기 때문이다. 다시 말하면 『발지론』·『비바사론』에서 정타는 사예류지, 삼보, 5온 무상, 사성제에 대한 신信의 망실이며, 또한 단선근자와 연결시켜 생각할 수 있다. 즉 사성제의 관찰에 5근이 전제되는 것은, 신信과 혜慧를 등치시키는 관점과 연결시켜 생각할 수 있고, 이것은 선근과의 관련하에 제시되는 것이다.[64]

이상 5근이 없는 자는 단선근자이며 외부의 이생으로 사성제를

---

62 AKBh, 42.21-43.6.

63 TA, P. to 182b8-183a7, D. tho 154b5-155a3; 宮下晴輝(2007), 55-54.

64 『법온족론』에는 사성제와 5근의 관련성이 사예류지를 설명하는 개소에 제시되어 있다. 여기서 여리작의는 사성제를 관찰하는 것이며 法隨法行은 여리작의에 의해 발생하는 5근을 수습하는 것이라 해석하여, 5근은 사성제를 관찰한 결과 생기하는 善法이라고 설명한다. 『法蘊足論』 第2卷(T26, 459c8-20).

관찰하지 않는 자라고 정의된다. 앞에서 살펴본 신근=사예류지(사불괴정)=여실지견=정견의 관점과 연결시켜 본다면, 5근 가운데 혜근을 전제하고 있는 신근은 사성제 현관을 위한 중요한 역할을 하고 있는 것을 알 수 있다. 이러한 관점에서 TA에서는 사성제 현관을 성취하기 전단계인 정과 정타에서 선근의 단절과 속기가 혜慧를 전제하는 신信과 관련된다는 것을 명확하게 인식하고 있었다고 생각된다.

5. 결론

지금까지의 고찰을 통해 견도 획득에 중심적인 역할을 하고 있는 사선근은 유부의 새로운 현관수행도가 조직화되어 가는 가운데 형성되고 있으며, 난선근과 정선근에서 언급되는 신信은 단선근과 관련되고 있는 것을 알 수 있었다. 즉 정통유부는 이 두 선근에 신을 직접적으로 관련시키며, 특히 불신은 정타의 원인이 된다고 설명한다. 반면 『심론』 계열의 논서와 AKBh는 신에 대해 언급하지 않는다. 이것은 『심론』 이후 점차 혜로 일체화시켜 가는 증거일 것이며, 여기서 신은 혜의 의미를 함축하고 있다는 의미일 것이다.

정통유부의 논서에서 난선근과 정선근은 신과 관련되며, 『발지론』 정선근의 설명에서 사예류지, 삼보, 5온 무상, 사성제에 대한 신의 유무에 의해 정과 정타로 구분되는 것을 확인하였다. 여기서 신의 대상은 앞에서 살펴본 유부 문헌에서의 신에 관한 두 가지 해석으로 제시되고 있는 것이다.

한편 『비바사론』에서 정타를 야기하는 불신은 사견과 함께 단선근의 자성으로 열거된다. 인과법칙의 부정을 의미하는 사견과 불신은 탐·진·치에 근거한다. 무명과 직접 관련되는 것이 신의 의미의 재고를 통해 알 수 있었다. 이것은 불선근의 반대개념인 선근을 좀 더 명확하게 이해할 수 있게 해준다. 즉 인과법칙을 인정하는 것이 정견이며 또한 이것은 여실지견의 기능과 연결시켜 생각할 수 있다. 이상 유부에서 신은 인과관계에 대한 명확한 이해를 표명하며, 이러한 이해에 근거하여 수행도의 체계를 구축하는 유부 교의학의 한 측면을 확인할 수 있었다.

제6장 설일체유부에 있어서 번뇌의 고찰

– 수면隨眠의 개념과 단절의 의미를 중심으로 –

1. 서론

유부의 사상가들이자 수행자들은 번뇌를 단절하고 열반을 획득하기 위해 초기불교에서 설명하는 다양한 수행론을 받아들이는 한편, 사선근을 도입하여 새로운 유부의 수행체계를 구축하였다.

유부교학에서 번뇌 개념은 염오된 심소법으로 정의되는 존재론적 측면과 98수면으로 분류되는 수행론적 측면에서 설명된다. 이는 AKBh에서 제2 「근품根品」과 제5 「수면품隨眠品」으로 전개되고, 각각 번뇌와 수면이라는 개념이 강조된다. 이케다(池田練太郎)의 주장에 의하면 번뇌는 제2 「근품」에서 5위 75법 체계의 심상응행법 가운데 불선하고 오염된 심리요소로 제시된 것이다. 또한 이는 성도成道의 과정에서 사성제를 보는 것과 수습하는 것에 의해 단절되는 견소단과 수소단의 98수면으로 분류되는 것과는 다른 발전과정을 거쳐 형성되었다고 지적한다.[1] 그러나 전자와 후자가 다른 발전과정을 거쳐왔더라도 일체법一切法의 개념을 분석 정리하여 있는 그대로 이해하는 택법(擇法, dharmapravicaya)과 가립된 5온을 자아自我라고 집착하는 것이 고苦라고 이해하는 사성제 현관은 모두 혜(慧, prajñā)에 의한 관찰을 토대로 하며 관찰대상의 핵심은 5온蘊이다. 즉 존재론을 성립하는 다르마 체계에 대한 정확한 이해는 수행론의 이론적 전제가 된다는 것을 간과해서는 안 된다.

AKBh 제1장 「계품界品」에서 "모든 존재현상(다르마)을 올바로 변별하지 못하면 여러 번뇌들을 진정시킬 방법이 없다"고 설명하듯이 경험세계를 구성하는 존재현상(dharma)을 제대로 분석하는 것(擇法)이 고苦의 원인인 번뇌를 잠재우는 방법으로 제시된다. 또한 존재현상을 인식 가능한 경험세계의 최소단위인 자성(自性, svabhāva)을 지닌 다르마 개념으로 환원하여 이론적으로 체계화한다. 이러한 작업은 혜慧로써 변화하는 유위법有爲法의 특징을 바르게 이해하는 것에 의해 고통(苦)의 원인을 통찰하여 고통에서 벗어나는 구체적인 방법을 제시하는 것이기도 하다. 이는 사성제를 바르게 이해하는 현관과 등치한다. 즉 무명을 깨친 성자(聖者, āryapudgala)의 무루혜無漏慧로 원래 실재하지 않는 5온을 나(我)라고 집착하고 갈망하여 발생하는 고통과 고통의 원인을 연기적 인과관계의 원리로 이해하여 궁극적으로 고통을 극복하고자 하는 실천론적 목적을 동시에 지닌다.

이와 같이 유부는 번뇌를 현상적 특징을 지닌 다르마 개념으로 분석하여 3세실유와 무소연심의 부정이라는 기본 명제를 토대로

---

1 池田練太郎(1979), 120-122.

번뇌론을 전개한다. 유부에서 번뇌의 발생과 소멸은 마음이 작용하는 특정한 패턴에서 발생한다. 이를 올바로 이해하여 원래 실재하지 않은 것(자아)에 대한 집착에서 야기되는 고통의 성질을 있는 그대로 아는 무아無我의 증득은 번뇌의 속박에서 벗어나는 것을 의미한다. 5온의 집합에 '나'라는 개념을 설정하는 잘못된 인식에서 단지 5온의 집합일 뿐이라고 이해하는 인식의 전환을 추구하는 유부의 번뇌론의 특징과 번뇌 단절의 의미를 살펴보고자 한다.

2. 유부 번뇌론의 특징

1) 번뇌(煩惱, kleśa)의 일반적 의미와 작용원리

AKBh에서는 아비다르마 논서의 저술목적은 번뇌들로 인해 윤회의 바다에서 표류하는 사람들을 구하기 위해서라고 비바사사들은 설명한다. 다르마를 바르게 변별하는 것(擇法)이야말로 여러 번뇌들을 진정시키는 방법이라고 보며 다음과 같이 설명한다.

> 다르마를 〔바르게〕 변별하지 못하면 번뇌들을 가라앉힐 방법이 없으며, 세간은 여러 번뇌들 때문에 여기 생사〔고해〕의 바다에서 헤맨다. 그러므로 그런 이유로 스승님〔이신 부처님〕께서 이 아비다르마〔논서〕를 설하셨다고 〔비바사사들은〕 전한다.[2]

---

2 AKBh, 2.19-22, "dharmāṇāṃ pravicayam antareṇa nāsti kleśānāṃ yata upaśāntaye 'bhyupāyaḥ/ kleśaiś ca bhramati bhavārṇave 'tra lokas taddhetor ata uditaḥ kilaiṣa śāstrā (3)"; 『비바사론』의 서두에는 여러 논사들이

여기서 알 수 있듯이 세친은 비바사사들의 말을 빌려 여기서 고통의 직접적인 원인은 번뇌이며, 유정이 처한 고통이라는 상황에서 벗어나게 하기 위해 번뇌를 잠재우는 방도로 택법, 즉 다르마(dharma)의 분석을 제시한다. 존재의 속성에 대한 바른 이해와 분석이 번뇌를 진정시키는 하나의 방법이며, 또한 이를 위해 아비달마 논서를 설한 것이다.

유부교학에서 다르마는 다른 현상과 구별되는 자기만의 특징인 자상(自相, svalakṣaṇa)과 존재현상의 궁극적 단위인 자성(自性, svabhāva)을 지니고 궁극적으로 실재한다고 한다. 여기서 다르마의 자성은 감각기관(識)을 통해 파악할 수 있는 기본적인 인식 가능한 대상을 말한다. 존재현상을 궁극적으로 더 이상 분석할 수 없는 요소인 다르마에 이르기까지 분석하여 개념을 정확하게 이해하고자 한 것이다. 유부의 수행자들은 명상관찰을 통하여 인식범위 내에서 경험되는 존재현상의 발생과 소멸을 치밀하게 관찰하고 이는 인과관계를 토대로 한 것이라고 이해하여 번뇌와 고통의 소멸을 추구한다.

유부교학에서는 존재를 인과법칙에 의해 변화하는 유위법有爲法과

아비다르마의 의미에 대해 논구하고 있으며 그 가운데 다음의 해석이 시사하는 바가 크다. 여기서는 "모든 법상法相에 대해 잘 결택決擇하고 결택을 궁구하기 때문에 아비달마라고 한다"고 설한다. 『毘婆沙論』 第1卷(T27, 4a13-14), 또한 존자 세우는 "계경 가운데 제법의 성상性相을 결택하기 때문에, 12연기의 법성을 잘 깨닫기 때문에, 사성제법을 현관하기 때문에, 8성도법을 선설하여 수습하기 때문에, 열반을 증득하기 때문에, 제법을 다양한 방법으로 분별하기 때문에 아비다르마라고 이름한다"고 지적하여 제법의 분석과 수행도를 연결시켜 설명한다. 『毘婆沙論』 第1卷(T27, 4a26-b3).

인과법칙의 지배를 받지 않는 허공(虛空, ākāśa)·택멸(擇滅, pratisaṃkhyānirodha)·비택멸(非擇滅, apratisaṃkhyānirodha)인 무위법無爲法의 두 가지 범주로 구분하고 5위 75법으로 분류한다. 이러한 분류체계는 초기불교의 5온·12처·18계의 3과科에서 발전 분류된 존재 개념이다. 여기서 번뇌는 색色, 심心, 심소心所, 심불상응행心不相應行, 무위無爲 5위位 가운데 불선不善하고 염오된 심리작용(心所)으로 간주된다. 『비바사론』에서는 번뇌라는 개념을 이러한 오염된 심소의 총칭인 일반명사로 해석한다.[3] 이와 같이 유부교학은 5위 75법 가운데에서 번뇌를 마음(心)과 상응하여 생기는 심상응법 가운데 인과관계의 적용을 받는 유위법인 염오된 심리현상(心所)으로 이해하고 있는 것을 알 수 있다.

5위 75법의 체계는 유부의 교리를 망라하고 있는 『비바사론』에서도 아직 조직화되지 않았지만, 『법온족론』에서 초기 형태가 발견되며[4] 『계신족론』·『품류족론』[5]에 이르러 구체적인 체계를 갖추기 시작했다. 유부 논서에서 발전과정을 거쳐 심소법 가운데서도 번뇌는 AKBh의 단계에 이르면 (1) 대번뇌지법大煩惱地法 6개, (2) 대불선지법大不善地法 2개, (3) 소번뇌지법小煩惱地法 10개, (4) 부정지법不定地法 8개로

---

3 西村實則(2002), 362.

4 『法蘊足論』 第10卷(T26, 501b16-23).

5 『界身足論』 卷上(T26, 614b12-616a28); 『品類足論』 第1卷(T26, 692b23-c10), 『品類足論』 第2卷(T26, 698b28-29)에서는 "十八界十二處五蘊五取(取=根〈宮〉)蘊六界. 十大地. 十大善地法. 十大煩惱地法. 十小煩惱地法"로 설명하여 5위 75법 분류의 다른 형태도 제시한다; 『重事分阿毘曇論』 第1卷(T26, 627a9-24).

분류된다.[6] 여기에서 주목하고 싶은 것은 불선한 염오법과 관련된 개념을 열거하고 있는 정형구이다. 유부의 초기 논서에 해당하는 『집이문족론』·『법온족론』에서부터 초기불전의 주요한 번뇌를 분류하여 (1) 결結, (2) 박縛, (3) 수면隨眠, (4) 수번뇌隨煩惱, (5) 전纏을 하나의 번뇌군(一切結縛隨眠隨煩惱纏)으로 제시한다.[7] 이와 같은 번뇌군은 제법체계의 초기모습을 보여주는 『품류족론』「변오사품弁五事品」에서 5법의 체계에 속한 심소법心所法 가운데 염오된 심리작용으로 자리잡고 있다. 또한 행온行蘊 가운데 마음과 상응하는 행온(心相應行蘊)과 욕루欲漏·유루有漏로도 설명되고 있어 혜로 변별하여 제거해야 할 유루의 성질을 지닌 오염된 심리현상이라는 것을 알 수 있다.[8]

---

6 AKBh, 54.11-61.17; 심소는 (1) 대지법大地法 10개, (2) 대선지법大善地法 10개, (3) 대번뇌지법大煩惱地法 6개, (4) 대불선지법大不善地法 2개, (5) 소번뇌지법小煩惱地法 10개, (6) 부정지법不定地法 8개; 齊藤明 외(2011), 『『俱舍論』を中心とした五位七十五法の定義的用例集』, 東京: 山喜房佛書林을 참고 바람.

7 『集異門足論』 第4卷(T26, 383a4-9), 욕루와 유루, 第5卷(399c2, 399c3-5), 4폭류 가운데 欲瀑流와 有瀑流, (399c10-11), 4취 가운데 欲取와 我語取, (399c21), 第2卷(T26, 372b13-14), 修習力으로 단절해야 할 대상, 第6卷(425c25-27), 慧力으로 단절해야 할 대상, 『法蘊足論』 第6卷(T26, 481a8-9, 481a15-16), 고집성제의 해석, 第10卷(T26, 500c19-20), 법처, 『識身足論』 第5卷(T26, 557a5-6, a8), (557a15-16), (557b28-29), (558a8-9, a12, a14, a16, a23), (559a19), 『毘婆沙論』 第1卷(T27, 4b21), 결택으로 제거해야 할 대상, 『毘婆沙論』 第43卷(T27, 223a18) 慢의 정의, 『毘婆沙論』 第47卷(T27, 243c27-29), 욕루와 유루, 『毘婆沙論』 第48卷(T27, 248b18-19), 욕루, 『毘婆沙論』 第48卷(T27, 250b24-27), 結縛隨眠隨煩惱纏의 다섯 가지 의미를 구족한 것을 원만번뇌라고 한다.

8 『品類足論』 第1卷(T26, 692c3, 699b16-20), 『品類足論』 第6卷(T26, 717b16-20); 『重事分阿毘曇論』 第1卷(T26, 627a14-18), 第2卷(634c12-17), 『重事分阿毘

위의 설명에서 알 수 있듯이 유부교학에서 번뇌는 오염된 마음작용(心所法)으로 분류되고 심과 동시에 발생하는(俱生) 불선한 심소는 다른 심작용을 오염시키고, 심과 서로 상응相應하여 심소들이 가지는 선善·불선不善·무기無記의 성격을 한 찰나의 마음에 확립시킨다. 마음과 상호 의존하여 발생하기 때문에 심소는 심상응법心相應法이라고도 하며, 다음의 다섯 가지 방식에 의해서 심과 심소에 서로 평등하게 공유된다.

(1) [인식기관인] 의지처(āśraya), (2) 인식대상(ālambana), (3) [인식 대상의 특징을 파악하게 하는] 행상(ākāra), (4) 시간(kāla), (5) [한 찰나에 각 하나씩 발생하는] 실체적 존재(dravya).[9]

이와 같이 심과 심소 간에 성립하는 다섯 가지 평등성(五事平等, pañcasamatā)이라는 개념에 의해서 마음과 동일한 찰나에 발생한 오염된 심작용인 번뇌는 마음에 좋지 않은 영향력을 확산시킨다. 5사평등에 의해 심과 심소는 평등하게 상호 의존하기 때문에 상응인相

曇論』第5卷(T26, 650a15-19); 『品類足論』第6卷(T26, 717b16-20)의 설명은 『毘婆沙論』第47卷(T27, 243c26-29)에도 인용되어 있다.

9 AKBh, 62.3-9, "cittacaitasāḥ/ sāśrayālambanākārāḥ saṃprayuktāś ca (34bcd) eko 'rthaḥ/ ta eva hi cittacaittāḥ sāśrayā ucyante indriyāśritatvāt/ sālambanā viṣayagrahaṇāt/ sākārās tasyaivālambanasya prakāraś ākaraṇāt/ saṃprayuk tāḥ samaṃ prayuktatvāt/ kena prakāreṇa samaṃ prayuktā ity āha pañcadhā (34d)/ pañcabhiḥ samatāprakārair āśrayālambanākārakāladravyasamatābhiḥ/"

應因이 적용된다.[10] 유부의 인과법칙에 따르면 심과 심소는 서로 원인과 결과가 되는, 즉 상응인相應因과 사용과士用果의 관계가 적용된다. 예를 들면 지금 현재의 한 찰나에 오염된 마음이 생기는 것은 불선한 마음의 작용의 사용과로서이다. 이와 동시에 동일한 찰나에 발생한 오염된 마음은 스스로 상응인이 되어 사용과로서의 불선不善한 마음의 작용(번뇌심소)을 발생시킨다. 심과 심소에는 동시인과 관계(상응인)이 성립되고 이러한 관계에 의해 번뇌는 심과 심소와 서로 영향을 미치면서 불선한 세력을 확산시키게 된다.[11]

한 찰나 현재에 발생한 심과 심소는 과거에 발생했던 심과 심소에 의한 것이고, 현재에 발생하는 심과 심소도 생긴 순간 과거로 사라짐과 동시에 원인이 되어 미래에 있는 다른 심과 심소를 현재에 발생하게 한다. 이와 같은 심과 심소의 연속된 인과관계의 상속을 형성하는 개체의 의식의 흐름을 심상속心相續이라고 하며 인간 존재의 주체(자아)라고도 하지만 찰나의 심과 심소만이 존재한다고 본다.[12] 이와 같이 마음은 계속적인 심상속과 인연화합을 통해 발생한 번뇌를 획득(得)하고 그 뿌리를 강화시켜 번뇌의 상속이 계속되게 하며, 6근根이 '나라는 생각(我想)'을 생기시키기에 적합한 곳으로 만든다. 유부교학에 의하면 번뇌는 부적절한 주의력(非理作意)으로 인식대상을 있는 그대로 알지 못하거나 그 대상에 집착하여 윤회하게 하는 원동

---

10 AKBh, 88.13-24.

11 아비달마의 인과론에 대해서는 櫻部建·上山春平, 정호영 번역, 『아비달마의 철학』(1989), 66-72을 참고 바람.

12 櫻部建·上山春平, 정호영 번역(1989), 65.

력이 된다. 또한 선한 행위로부터 멀어지게 하고 중생들 각자가 속해 있는 세계에서 벗어나지 못하게 한 후,[13] 다음 찰나 다시 과거로 사라져 적합한 인연을 만날 때까지 자성을 보유하며 존재하게 된다고 주장한다.

2) 번뇌의 동의어인 수면(隨眠, anuśaya)의 두 측면에 관한 고찰

위에서 살펴본 것과 같이 유부교학에서 번뇌는 심과 상응관계에 있는 심소법(心相應行法, cittasaṃprayuktasaṃkāra) 가운데 염오법을 의미하는 보통명사로 사용된다. 수면(anuśaya, anu√śī)은 번뇌의 동의어들 가운데 하나이며, 유부 논서에서 수면은 수행론의 중요한 개념으로 제시된다. 후라우발너는 특히 간다라 계통인 『심론』 계열에서 사성제의 인식을 강조하여 견소단과 수소단의 98수면설로 분류하며, AKBh는 이러한 체계를 계승한다고 지적한다.[14] 이러한 경향은 비록 『심론』 계열의 논서에서 체계화되지만 유부의 초기 논서에 해당하는 『집이문족론』·『법온족론』에서부터 그 단초가 제시되며, 『품류족론』을 거쳐 『비바사론』으로 이어지고 있는 것을 간과해서는 안 된다.[15]

수면의 의미에 대해 살펴보면, 수면은 어근 √śī에서 파생된 것이며, '심상속 내에서 잠자고 있는'이라는 의미 이외에도 '〔어떤 대상을〕 따라 연속적으로(after, successive, following)'를 의미하는 접두사 anu를 두어 '대상을 계속 쫓아다니면서 들러붙어 집착한다'는 의미를

---

13 AKBh, 277.6-9; AKVy, 441.20-442.27: 加藤宏道(1982b), 52-57.

14 본서 제2장 각주 8 참고 바람.

15 본서 제2장 3. 참고 바람.

강조하는 개념이다.[16] 수면은 비교적 초기 논서인 『품류족론』에서부터 (1) 미세(微細, aṇu), (2) 수증(隨增, anuśerate), (3) 수축(隨逐, anugata), (4) 수박(隨縛, anubadhnanti)이라고 설명되어 다른 번뇌들과 다른 특이성이 논의되고 있다.[17] 유부가 수면에 대해 네 가지로 해석하고 있는 것은 다른 번뇌의 동의어들과는 달리 anuśaya의 해석을 통해 수행력으로 단절하기 힘든 번뇌의 특징과 번뇌 발생의 작용원리를 설명하기 위해서라고 생각된다.

가토(加藤純章)은 네 가지 가운데 "수박은 수면의 획득, 혹은 수면이 심상속을 떠나지 않고 추적하고 집착한다"는 해석을 예로 들어 '득(得, prāpti)'이라는 개념과 '심상속에 들러붙어 떨어지지 않고 쫓아다니는' 수면의 특이성에 주목한다.[18] 유부는 수면을 득(prāpti)에 대한 비유적인 표현으로 설명한다. 이것은 수면이 잠재심, 혹은 표면심인가를 둘러싼 논의 가운데 주장되며, 이러한 논의는 경전에서 설하는 6수면 가운데 하나인 '욕탐 수면'에 대한 복합어 분석에 관한 AKBh의 해석에서 다음과 같이 제시된 것이다.

【세친】 다음과 같은 것을 어떻게 이해해야 할 것인가? 〔유부〕 (1) 욕탐, 즉 수면이 '욕탐 수면(동격한정복합어, karmadhāraya)'인가? 〔분별론자 등〕 혹은 (2) 욕탐의 수면이 '욕탐 수면(6격한정복합

16 加藤純章(1990), 6-9 수면의 어의 해석을 참고 바람.

17 『品類足論』 第3卷(T26, 702a24-28); 유부 논서에 있어서 수면의 네 가지 의미의 전개는 加藤宏道(1982b), 33-52를 참고 바람.

18 加藤純章(1990), 8은 加藤宏道(1982b), 44를 참고하여 이와 같이 설명한다.

어, ṣaṣṭhī-tatpuruṣa)'인가?

【유부】 그러면 그것에 의해 어떤 차이가 있는가?

【세친】 만약 욕탐이 즉 수면이라면 경전에 위배된다. 〔경전 가운데〕 "여기에 어떤 사람이 욕탐에 사로잡힌 마음을 지니고 살고 있지 않다. 〔그 사람은〕 욕탐인 전纏이 발생한다 해도 뒤에 출리出離할 것[19]을 여실하게 안다. 그 사람에게 그 욕탐인 전이 확고하게 바로 적절하게 잘 수면과 함께 단절된다"[20]라고 설명하는 경전에 모순되기 때문이다.

【유부】 만약 '욕탐의 수면'이라고 한다면, 수면이 〔심〕불상응〔행〕이라고 하는 오류가 도출되기 때문에 아비달마 논서(『발지론』[21])와 모순된다. "욕탐 수면은 3근과 상응하기 때문이다"라고 〔아비달마 논서에서 설명하기 때문이다〕.

【유부】 "욕탐이 즉 수면"이라고 비바사사들은 주장한다. 의수면疑隨眠 등도 이와 같다.

【세친】 이와 같다면 경전과 모순된다고 앞에서 말하지 않았는가?

【유부 1】 모순되지 않는다. "수면과 함께 〔단절된다〕"는 "상속과 함께(sānubandha) 〔단절된다〕"는 의미이다.

---

19 AKVy, 442.30, "*uttara-niḥsaraṇam* iti. paścān-niḥsaraṇam ity arthaḥ."

20 本庄(1982), 20, MN. I, 434.19-22, 小谷信千代(2007), 14을 참고 바람.

21 『發智論』 第3卷(T26, 931b10-11), "第六愛身, 欲有貪慢隨眠, 三根相應, 除苦憂根.", AKVy, 443.4-5, "*abhidharma-virodha* iti. *kāma-rāgānuśayas tribhir indriyaiḥ saṃprayuktaḥ*. katamais tribhiḥ. sukha-aumanasyopekṣendriyaiḥ saṃprayukta iti."; 양 인용문이 완전히 일치하지 않는 것은 小谷信千代(2007), 14을 참고 바람.

【유부 2】 혹은 경전에서 수면이라고 하는 말은 '득(得, prāpti)'에 대한 '은유적 표현(aupacārika)'이다. 예를 들면 "불이 괴로움"이라고 하는 것과 같다. 한편 아비달마 논서에서 수면이라는 말은 번뇌 그 자체에 대해 〔현상의〕 정의와 관련된(lākṣaṇika) 용어이다. 그러므로 수면은 틀림없이 '〔마음과〕 상응하는 〔현상〕'이다.[22]

유부는 '욕탐이 곧 수면(karmadhāraya, 동격한정복합어)'이라고 복합어를 분석하여 욕탐과 수면을 구분하지 않고 동일하게 보는 반면, 세친은 유부의 주장에 반박하기 위해 경전에서 인용하는 '수면과 함께(sānuśaya)'라는 구절을 인용하여 욕탐과 수면을 명백히 구별한다. AKVy에서는 이를 해석하여 '~와 함께하는(saha)' 관계를 나타내는 합성어에서는 '함께하는 것과 함께해지는 것이 별도의 존재라고

---

22 AKBh, 277.15-278.8, "katham idaṃ jñātavyaṃ kāmarāga evānuśayaḥ kāmarāgānuśayaḥ, āhosvit kāmarāgasyānuśayaḥ kāmarāgānuśayaḥ/ 〔Pr 278〕 kiṃ cātaḥ/ kāmarāga evānuśayaś cet sūtravirodhaḥ/ "ihaikatyo na kāmarāgaparyavasthitena cetasā bahulaṃ viharati/ utpannasya kāmarāga-paryavasthānasyotari niḥsaraṇaṃ yathābhūtaṃ prajānāti/ tasya tat kāmarāgaparyavasthānaṃ sthāmaśaḥ samyak samavahataṃ sānuśayaṃ prahīyata" iti/ kāmarāgasyānuśayaś ced viprayuktānuśayaprasaṅgād abhidharmavirodhaḥ/ "kāmarāgānuśayas tribhir indriyaiḥ saṃprayukta" iti/ kāmarāga evānuśaya iti vaibhāṣikāḥ/ evaṃ yāvad vicikitsaivānuśaya iti/ nanu coktam evaṃ sūtravirodha iti/ nāsti virodhaḥ/ sānuśayaṃ sānubandham ity arthaḥ/ aupacāriko vā sūtre 'nuśayaśabdaḥ prāptau/ yathā duḥkho 'gnir iti/ lākṣaṇikas tv abhidharme kleśa evānuśayaśabdaḥ/ tasmāt saṃprayuktā evānuśayāḥ/"

인정되기 때문이다'고 해석한다. '아들과 함께 가는 데바닷다가'[23]의 예를 들어 saha가 적용된 복합어를 해석하여 두 가지는 별도의 존재임을 지적하고 있다. 이에 대해 유부는 '수면과 함께(sānuśaya)'에 대한 두 가지 해석을 제시하여 욕탐(번뇌)과 수면을 구분하는 세친에 반박한다. AKVy의 해석을 토대로 살펴보면, 먼저 (1) '수면과 함께 〔단절된다〕'라는 것을 '상속과 함께(sānubandha) 단절된다'는 것으로 심신에 수면이 끈질기게 들러붙어 속박하는 데 초점을 두는 '수박隨縛'으로 이해한다.[24] 또한 (2) 수면을 '득(prāpti)'에 대한 '은유적 표현(aupacārika)'이라 해석하여, 경전의 '수면과 함께(sānuśaya)'를 '득(prāpti)'이라고 이해한다. 불이 고통의 원인이 되기 때문에 고통이라고 말할 수 있는 것과 같이 득得이란 수면의 원인이기 때문에 수면이라고 설명하는 것이다.[25]

이와 같은 유부의 관점은 유부의 3세실유설을 토대로 하고 있다. 즉 유부는 존재론적 측면에서 과거·현재·미래의 실유를 주장하여 과거를 인정함으로써 현재와 미래에 영향력을 미칠 수 있다고 보기 때문에 잠재심을 따로 설정할 필요가 없었다. 그러나 존재현상(dharma)이 현재의 한 순간에만 존재한다(現在有體·過未無體)고 주장하는 유부의 부파들 사이, 특히 대중부(大衆部, Mahāsaṃghika)와 분별론자(分別論者, Vibhajyavādin) 계열의 논사들은 과거를 인정하지 않기 때문에 과거의 영향력을 보존할 잠재심을 대안으로 제시할 필요가

23 AKVy, 443.1-3.

24 AKVy, 443.8-11.

25 AKVy, 443.11-14.

있었다.[26] 잠재심을 주장하는 부파들의 주장에 대한 반박은 『심론』·『심론경』·『잡심론』에 설명되고 있다.[27] 이 가운데 『잡심론』의 설명의 일부분이 AKBh에 다음과 같이 설명된다.

【분별론자 등】 다음과 같은 〔『잡심론』의 게송을〕 어떻게 이해해야 하는가?

【유부】 수면은

"마음을 번뇌로 오염시키고, 〔마음을〕 방해하고, 청정한 〔마음과〕 상충하기 때문에"[28]

수면에 의해 마음은 〔번뇌로〕 오염되고, 아직 생기지 않은 선한

---

26 『이부종륜론』에서 대중부와 화지부 본종만이 현재유체現在有體·과거무체過未無體를 주장하여 3세실유설에 대항하고 있으며, 이러한 사고방식이 수면(anuśaya)은 잠재심이라는 주장으로 연결된다. 특히 대중부는 수면은 심도 심소법도 아니며 인식대상을 가지지 않는다(無所緣, anālambana)고 주장한 후, 수면은 심과 상응하지 않는 잠재심이며 전(纏, paryavasthāna)은 심과 상응하는 표면심으로 구분한다. 『異部宗輪論』 第1卷(T49, 15c28-29), (T49, 15c29-16a1); 加藤純章(1990), 10-11; 또한 『비바사론』에 의하면 분별론자(Vibhiajyavādin)와 독자부(Vātsīputrīya)는 수면은 심불상응행인 잠재심이며 전은 심과 상응하는 심소법이기 때문에 표면심이라고 구분한다. 특히 분별론자는 '수면은 전의 종자'로 설명하여 표면심의 잠재적인 원인이라고 본다. 『毘婆沙論』 第60卷(T27, 313a1-5), 加藤純章(1990),14; 이와 같은 분별론자의 주장에 대한 반론은 『심론』·『심론경』·『잡심론』에서 찾아볼 수 있고 AKBh, 278.9-15에 다시 인용되고 있다. 『心論』 第2卷(T28, 817c27-28), 『心論經』 第3卷(T28, 848b1-5), 『雜心論』 第4卷(T28, 907b20-b25), 加藤純章(1990), 16-17.

27 위의 각주 참고 바람.

28 『雜心論』 第4卷(T28, 907b24): 謂使煩惱心 障礙不違淨.

〔마음은〕 발생하지 않으며, 이미 생한 〔선한 마음은〕 버려지기 되기에, 그러므로 〔수면은〕 결코 〔마음과 관련이 없는〕 심불상응〔행법〕일 수 없다.

만약 〔심〕불상응〔행법인 수면〕에 의해서도 이와 같이 될 수 있다면, 어떤 선한 〔마음의 발생은〕 지각할 수 없을 것이다. 그들〔심불상응행법인 수면〕은 항상 현전하기 때문이다.[29] 그러나 〔현실에서는 선한 마음을〕 경험한다. 그러므로 〔위의 게송에 이어서 『잡아비담심론』에서는〕 "선한 〔마음의 발생을〕 경험하기 때문에 여기서 수면은 〔심〕불상응행〔법〕일 수 없다"〔고 설명한 것이다〕.[30]

【세친】 〔위에서 제시한 『잡심론』 게송〕 그것은 논의의 근거가 될 수 없다. 왜냐하면 수면이 〔심〕불상응행〔법〕이라고 인정하는 자[31]는 〔위의 게송에서 설명한〕 이 모든 것이 〔심불상응행인〕 수면의 작용이라 인정하지 않고 틀림없이 번뇌의 작용이라고 인정하기 때문이다.[32]

---

29 小谷外(2007), 7에 따라 AKVy, 443.29, "*nitya-saṃnihitatvāt*"로 읽음.

30 『雜心論』 第4卷(T28, 907b25): 妙善心可得 非不相應使; 小谷外(2007), 8에 따라 atha 제거.

31 AKVy에서는 수면이 심불상응행법이라고 인정하는 자를 犢子部라고 해석한다. AKVy, 444.3, "*yo hi viprayuktam anuśayam icchati* iti vātsīputrīyaḥ."

32 AKBh, 278.8-17, "katham idaṃ gamyate/ anuśayānāṃ 'cittakleśakaratvād āvaraṇatvāc chubhair viruddhatvāt' yasmād anuśayaiḥ kliṣṭaṃ cittaṃ bhavaty apūrvaṃ kuśalaṃ notpadyate utpannāc ca parihīyate tasmān na viprayuktāḥ/ atha viprayuktair apy evaṃ syāt/ kuśalaṃ na kadācid upalabhyeta/ teṣāṃ nityaṃ saṃnihitatvāt/ upalabhyate ca/ ataḥ, 'kuśalasya copalambhād aviprayuktaḥ ihānuśayāḥ' iti/ tad idam ajñāpakaṃ yasmād yo viprayuktam

유부가 수면이 잠재심이 아니라 심과 상응하는 다르마라는 것을 증명하기 위해 인용하고 있는 『잡심론』 게송에 대해, 세친은 잠재적인 수면의 작용(anuśayakṛta)과 현전하는 번뇌의 작용(kleśakṛta)을 구분해서 해석해야 한다고 반박한다. 즉 심불상응행법인 잠재적 수면의 작용이 아닌 현전하는 심상응행법인 번뇌의 작용이라고 하여 잠재심과 표면심을 구분하고 있는 것이다. 또한 마음과의 상응, 불상응보다는 새로운 수면설인 경량부의 종자(bīja)를 새로운 대안으로 제시한다.[33] 수면은 잠재심이며, 전(纏, paryavasthāna)은 표면심이라는 견해는 유부 부파들의 존재론적 논의와 관련된 이해의 차이에 기인한 것이라는 것을 알 수 있다. 또한 심상속 내에서 잠재심인 불선不善한 수면과 그 대치가 되는 선심善心이 함께 생기한다는 것은 모순이며, 선심이 발생한다 하더라도 불선심인 수면은 항상 대기하고 있다고 보기 때문에 수면과 전의 개념을 분리할 필요가 있었다.

이와 같이 유부는 복합어 분석을 통해 욕탐과 수면을 동일하게 보는 반면, 세친은 유부의 주장에 반박하기 위해 경전에서 인용하는 수면과 함께(sānuśaya)라는 구절을 인용하여 욕탐과 수면을 명백히 구별한다. 이와 같은 견해는 유부 부파들, 특히 대중부와 분별론자 계열 부파 간의 존재론적 논쟁과 관련된 이해의 차이가 원인이 되어 수면은 잠재심이며, 전纏은 표면심이라고 구분하게 되었다는 것을 알 수 있었다.

---

anuśayam icchati sa etat sarvam anuśayakṛtaṃ necchati/ kleśakṛtam evecchati/"

33 AKBh, 278.17-22.

또한 여기서 짚고 넘어가야 할 것은, 유부의 번뇌인 수면의 발생을 이해하기 위해서는 인식이 존재하는 이유는 인식대상(viṣaya)이 존재하기 때문이라는 인식론적 논증이다. 즉 모든 심소법은 실재하는 대상을 인식하며, 심은 심소와 상응하고, 수면과 다른 심소들이 상응하면서 동시에 발생한다고 보는 것이다. 5사평등의 원리에 의해 심은 마음의 작용인 심소들과 상호 의존하여 발생하는 심과 심소의 '마음의 집단(cittakalāpana)'을 형성하며 서로 상응(saṃprayoga)하고 유지한다.[34] 갈망이 항상 인식대상을 향하고 있는 것과 같이 염오된 심리작용인 번뇌는 특정한 대상을 향해 집착한다. 이와 같은 방식으로 수면이 성장(증장)한다는 (1) 상응수증相應隨增과 (2) 소연수증所緣隨增의 두 가지가 제시된다.[35] 수면은 무루법無漏法을 제외한 유루법有漏法에 대한 집착을 통해 심상속에서 그 힘을 유지 강화시키는 소연수증과 다른 심소와 상응하여 심리현상을 오염시킨다. 『비바사론』에서는 이것을 각각 소연박所緣縛과 상응박相應縛이라 하고 다음과 같이 설명한다.

'소연박'이라고 하는 것은, 단지 유루〔법〕만에 있어서이다. 수면은 그 〔유루법〕을 소연으로 반드시 수증한다. 무루〔법〕을 소연으로 해도 수증하지 않기 때문에 '얽어맴(縛)'은 없다. '상응박'은 그

34 AKBh, 62.6-10; 상응인의 정의에 관해서는 『毘婆沙論』 第16卷(T27, 79c6-81b3)을 참고 바람.

35 유부 논서에서 수증이 어떻게 전개되는지는 加藤宏道(1982b), 36-42를 참고 바람.

상응〔법〕인 번뇌가 아직 단절하지 않은 것이다. 번뇌가 단절되면 '상응'하고는 있지만 '얽어맴'의 의미는 없다.[36]

유부는 수면, 즉 번뇌가 지향하는 대상(境)은 유루법이며 이것을 기반으로 성장(anuśerate)[37]하지 무루법에서는 성장하지 않는다고 설명한다. 유부가 말하는 번뇌의 단절이란 수면에 의해 유루법에 자신의 힘을 유지시키는 힘이 약해지는 것을 의미하는 것이며, 수면의 얽매임으로부터 벗어나는 것을 말하지 수면의 완전한 단절을 의미하는 것은 아니라는 것을 알 수 있다. 이러한 『비바사론』의 관점은 AKBh에서 다음과 같이 설명된다.

단절하려고 하는 번뇌는 어디서 단절되어야 할 것인가?
번뇌는 소연에서부터 단절되어야 할 것이라고 인정된다.(61cd)

번뇌는 상응〔관계〕에서부터 분리할 수 없고, 소연에서는 〔분리할 수〕 있다. 왜냐하면 다시 그것을 소연으로 발생하지 않기 때문이다.
【세친 비판】 미래〔의 번뇌〕는 소연으로부터 분리될 수 있지만, 과거〔의 번뇌〕는 〔소연에서 분리될 수 있는가〕?
【유부】 그러면 그 의미는 '소연의 변지에 의해 단절되어야 하는

---

36 『毘婆沙論』第86卷(T27, 442c9-13), "所緣縛者, 唯於有漏. 隨眠緣彼, 必隨增故. 雖緣無漏, 而不隨增, 故無縛義. 相應縛者, 要彼相應, 煩惱未斷. 煩惱斷已, 雖有相應, 而無縛義."

37 AKBh, 3.12-13.

것이다'고 말하는 것이다.

【세친 비판】 그것도 또한 〔그렇게〕 정해져 있는 것이 아니다. 그러므로 다음과 같은 것이 설명되어야 한다. 어떤 〔조건〕에 의해 '번뇌가 단절되었다'고 설명되어야 하는가? 자신의 상속에 속하는 〔번뇌는〕 득(prāpti)이 단절되는 것에 의해서이다. 한편 다른 사람의 상속에 속하는 번뇌와 모든 색과 불염오법과 그것을 소연으로 하고 자신의 상속에 속하는 번뇌가 단절되는 것에 의해서이다.[38]

AKVy에 의하면 오염된 심소인 번뇌는 마음(심)과 분리될 수 없다고 설명하기 때문에[39] 번뇌가 단절된다 하더라고 마음에 잔존한다고 볼 수 있다.

한편 모든 번뇌는 소연을 단절하여 단절된다는 유부의 주장에 반박해 세친은 소연을 단절한다고 모든 번뇌가 단절된다면 번뇌의 대상이 직접 인식되지 않는 과거와 미래에 있는 번뇌의 단절을 충분히 설명할 수 없을 것이라고 하여 자성단自性斷에 의해 단절된다고 주장

---

38 AKBh, 320.16-321.2, "prahīyamāṇaḥ kleśaḥ kutaḥ prahātavyaḥ/ **prahātavyaḥ kleśa ālambanāt mataḥ (61cd)** na hi saṃprayogāt kleśo vivecayituṃ śakyate ālambanāc ca śakyate/ yasmān na punas tad ālambyotpadyate/ anāgatas tāvac chakyetālambanād vivecayitum/ atītas tu katham/ athālambanaparijñānāt prahātavya ity ayam asyārthaḥ/ eṣo 'pi naikāntaḥ/ tasmād vaktavyam etat/〔Pr 321〕 kiyatā kleśaḥ prahīṇo vaktavyaḥ/ svāsāṃtānikaḥ prāpticchedāt/ pārasāṃtānikas tu kleśaḥ sarvaṃ ca rūpam akliṣṭaś ca dharmas tadālambanasvāsāṃtānikakleśaprahāṇāt/"

39 AKVy, 499.32-33.

한다. 위에서 설명한 것과 같이 세친은 번뇌의 단절에 대해 자성단(自性斷, svabhāva-prahāṇa)과 소연단(所緣斷, tad-ālambana-kleśa-prahāṇa)의 두 가지 방법을 제시한다.[40] 즉 자성단은 번뇌의 득(prāpti)을 단절하는 것을 말하며, 소연단은 다른 사람의 상속에 속하는 번뇌와 모든 색과 불염오법을 대상으로 하여 이것들과의 접촉을 통해 자신의 상속(자상속) 내에서 발생하고 성장하는 번뇌를 단절하는 것에 의한 것이다. 그러나 엄밀하게 말하면 소연단도 자상속에 속하는 번뇌의 단절에 의한 것이기 때문에 번뇌의 득의 단절을 의미하는 자성단에 의한 것으로 귀결될 수 있다.[41] 『비바사론』에서는 득(prāpti)의 개념을 한 단계 발전시켜 번뇌의 획득을 단절하는 것에 의한 번뇌의 단절이라는 개념을 확립시켰다고 볼 수 있다.

또한 이러한 세친의 주장은 경량부의 종자설을 차용하여 유부의 득(prāpti)을 비판한 자신의 설명과 모순되는 것이기도 하다.[42] 즉 경량부적 관점에서 세친은 자신이 모든 번뇌는 심상속에서 '득의 얽매임에서 벗어남으로써' 소멸된다고 주장한 것과 달리 번뇌의 의지처인 인간 존재에 내재된 번뇌의 종자를 끊어낸 상태가 번뇌를 단절한 성자聖者라고 설명하기 때문이다.[43] 이와 같이 세친은 번뇌의 단절을 자성단과 잠재적 번뇌종자를 완전히 끊어냄의 두 가지로 해석한다. 이러한 세친의 견해에는 유부에 전승되어온 초기경전에 대한 새로운

---

40 소연단의 범어명에 관한 논의는 加藤宏道(1985), 472-473을 참고 바람.

41 加藤宏道(1985), 473; 福田琢(1996), 113; AKVy, 500.32-33.

42 AKBh, 63.15-22, 278.17-279.1.

43 AKBh, 63.17-21; 福田琢(1996), 113-110.

이해를 토대로 유부교학을 체계적 비판적으로 검토해 가는 자신의 사상의 노정이 투영되어 있다고 볼 수 있다.

이제까지 살펴본 것과 같이 유부는 번뇌(kleśa)를 마음과 상응하는 표면심인 오염된 심리현상의 총칭 개념으로 제시하며, 여러 동의어(paryāya) 가운데 하나로 수면隨眠을 열거하는 것을 알 수 있었다. 그리고 파악하기 힘들고 쉽게 단절하기 힘든 번뇌의 특징과 작용원리를 비유적으로 표현하기 위해 수면이라는 개념을 제시하는 것도 알 수 있었다. 이와 같은 검토를 통해 유부의 번뇌 발생과 단절에 관한 논의는 3세실유설의 논증과, 의식은 항상 대상을 향한다는 무소연심의 부정이 두 축을 이루고 있는 것을 '표면심', '득', '상응과 소연수증' 등의 검토를 통해 알 수 있었다.

3. 유부에 있어 번뇌 단절의 의미

1) 번뇌의 발생의 주요 원인과 번뇌의 단절

유부교학의 번뇌론을 이해하기 위해서는 3세실유설의 논증과 무소연심의 부정에 관한 설명이 불가결하다는 것을 알 수 있었다. 잠재심인 수면의 역할을 중시했던 세친과 달리 유부는 대상을 인식하는 것만으로도 번뇌가 발생할 수 있다고 본다. 이러한 관점은 세친이 수면을 번뇌가 발생하는 세 가지 원인 가운데 하나로 간주하고 있는 것에서도 나타난다.[44] 그러나 수면을 번뇌의 동어의 가운데 하나로 보는 유부의

---

44 『品類足論』第3卷(T26, 702b16-19); 『毘婆沙論』第61卷(T27, 313a8-22); 『雜心論』第4卷(T28, 902c20-26)에서 번뇌가 발생하는 주요한 원인에 대해 설명하고

입장을 옹호하는 중현은 수면이 모든 번뇌의 생기 원인이 아니라 수면도 다른 원인의 영향력에 의해 발생하는 것이라고 주장한다.[45] 중현은 번뇌 생기의 원인을 잠재심의 수면이라고 보지 않고 수면 또한 현전한 심소법의 하나이며 자성을 지닌 다르마로 간주하고 인과 법칙의 작용의 영향을 받는 다르마 체계로 분석하는 관점에서 설명한다. 즉 중현은 대상과 적절치 못한 주의력뿐만 아니라 심상속에서 전 찰나의 아직 단절되지 않은 동류인과 변행인의 번뇌가 번뇌 발생의 직접적인 원인이 된다고 보는 것이다.[46] 또한 중현은 번뇌가 발생하는 다른 원인에 대해 다음과 같이 지적한다.

'욕탐 수면이 아직 단절되지 않았고 변지遍知되지 않았다'라고

있는데, 이것을 인용하여 세친은 (1) 아직 단절되지 않고, 변지遍知되지 않은 〔탐심의〕 수면, (2) 〔탐심을〕 현전하게 하는 인식의 대상, (3) 〔현전한 대상에 대한〕 적절치 못한 주의력(非理作意), 이 세 가지 조건이 번뇌 발생의 주요인이며, 이 가운데 모든 번뇌 발생의 원인을 수면이라고 본다; AKBh, 305.14-19, "utpadyamānas tu tribhiḥ kāraṇair utpadyate// **aprahīṇād anuśayād viṣayāt pratyupasthitāte/ ayoniśomanaskārāt kleśaḥ (34abc)** tadyathā rāgānuśayo 'prahīṇo bhavaty aparijñātaḥ kāmarāgaparyavasthānīyāś ca dharmā ābhāsagatā bhavanti tatra cāyoniśomanaskāra evaṃ kāmarāga utpadyate/ tāny etāni yathākramaṃ hetuviṣayaprayogabalāni/"

45 『順正理論』 第53卷(T29, 639a10-25); 세친과 중현의 의견 차이에 대한 보다 자세한 내용은 박창환(2012), 138-143을 참고 바람.

46 『順正理論』 第53卷(T29, 639a28-b4); ADV는 AKBh의 해당 내용을 유부의 입장으로 변경하여 『순정리론』의 설명을 좀 더 자세하게 설명하고 있다. 박창환(2013), 143-144.

하는 것은 세 가지 인연으로 인해 '아직 단절되지 않았고 변지되지 않았다'고 설명한 것으로, 즉 '아직 단절되지 않음〔未斷〕을 획득하였기 때문에, 대치도가 아직 생기하지 않았기 때문에, 대상을 변지하지 못했기 때문이다.[47]

이와 같이 '단절됨의 획득(得)', '대치도의 발생', '대상의 변지'의 세 가지가 번뇌의 단절에 필요하다는 것을 알 수 있다. 주석서에서도 "획득이 아직 단절되지 않기 때문에 단절되어 있지 않고, 번뇌에 대한 대치가 아직 생기지 않은 것은 변지되지 않은 것이다"[48]라고 해석한다. 때문에 유부의 번뇌의 단절에서는 득의 단절과 대상의 변지가 중시되고 있는 것을 알 수 있다. 먼저 득의 단절에 관해 살펴본 후, 대상의 변지에 대해서 언급하겠다. 『비바사론』에서의 '소연박'에 대한 설명에서도 언급했듯이 번뇌는 반드시 유루법을 대상으로 성장한다. AKBh에서는 "번뇌의 단절은 대상으로부터 단절해야 한다"[49]라고 설명하는데, 앞에서 언급한 『비바사론』의 해석을 참고하면 대상은 유루법인 것을 추측할 수 있다. 즉 대상의 변지란 다섯 가지 개별적인 존재의 집합인 5온을 '나'라고 집착하는 것(5취온)에 대한 변지, 즉 유루의 5온에 대한 변지를 의미한다. 번뇌의 단절에 대한 AKBh의

---

47 『順正理論』 第53卷(T29, 639a7-9), "未斷未遍知欲貪隨眠者, 三緣故說未斷遍知, 謂得未斷故, 對治未生故, 未遍知境故."

48 AKVy, 485.2-3; TA, P. tho 299a1-4, D. do 160a5-7; LA, P. Ñu 159b7-8, D. chu 127b2-3.

49 AKBh, 319.21.

설명을 살펴보면 다음과 같다.

(1) 대상(소연)의 변지에 의해, (2) 그것을 대상으로 하는 〔번뇌〕의 멸진에 의해, (3) 대상의 단절에 의해 〔멸진한다〕, (4) 대치가 생기는 것에 의해 멸진한다.(60abcd)[50]

AKBh에서는 네 가지 방법 가운데 앞의 세 가지는 견소단의 번뇌를, 나머지 한 가지는 수소단의 번뇌를 단절하는 방법이라고 설명한다.[51] 유루법과도 직접적으로 관련되는 결과인 5취온은 고제苦諦이며, 원인이 되는 5취온은 집제集諦라는 순서로, 고통이라는 실존적 상황을 먼저 인지하고 그 원인을 이해하는 현관의 순서에 근거하여 사성제를 관찰한다.[52] 이와 같이 번뇌의 단절은 사성제의 관찰과 수습에 토대를 두고 있는 것을 알 수 있다.[53] 앞에서도 언급했듯이 유부는 번뇌란 대상에서부터 단절되어야 할 것으로 주장하나, 세친은 "대상의 변지에

50 AKBh, 319.21, 320.4, "ālambanaparijñānāt tadālambanasaṃkṣayāt/ ālambanaprahāṇāc ca (60abc) pratipakṣodayāt kṣayaḥ (60d)"

51 AKBh, 319.20-320.6.

52 AKBh, 3.5-14; 『法蘊足論』第6卷(T26, 481a5-15); AKBh, 328.12-14; 『毘婆沙論』第77卷(T27, 399a12); 『順正理論』第57卷(T29, 661b4-7); 현관의 의미에 관해서는 본서 제2장을 참고 바람.

53 대치에는 다시 (1) 단대치인 무간도, (2) 지대치인 해탈도, (3) 원분대치, 즉 그것에 의해 번뇌의 획득이 멀어지는 것, (4) 염환대치, 그 도道의 수습을 통해 비상非常 등의 행상으로 그 계界를 싫어하게 되는 네 가지가 설명된다. AKBh, 320.7-9.

의해서라는 것은 정해져 있지 않으므로 번뇌가 단절되는 조건은 자성단에 의해서"라는 대안을 제시하였다.[54] 이에 대해 중현은 "번뇌는 대상을 변지하는 힘에 의해 단절되기 때문에 번뇌는 대상에서 단절되어야 한다"라고 반박한다.[55] 이와 같이 설명하는 이유는 번뇌는 고제苦諦 등을 변지하는 힘에 의해서만 단절되기 때문이며, 고제의 변지 등의 유무에 따라 번뇌 단절의 유무가 결정된다고 보기 때문이다.[56]

3세실유 법체항유를 주장하는 유부에게 있어 번뇌의 단절이란 번뇌 그 자체를 단절하는 것이 아니라 번뇌에 의한 얽매임(saṃyukta)에서 풀려나는 것(離繫)을 의미한다. 어떤 사람에게 존재하는 어떤 수면이 어떤 특정한 대상을 갈망하고 그곳에서 성장할 때, 바로 이 수면에 의해 어떤 특정한 대상에 얽매여진다.[57] 즉 보석을 좋아하는 사람이 지닌 번뇌 가운데 하나인 탐심에 의해 보석을 갈망하게 되고 탐하는 마음이 더욱 강화되어 보석을 갈망하는 탐심에 의해 속박되는 것이다. 사람은 그 탐심에 속박되는 것이며 이러한 탐심에 의한 속박을 끊어내는 것을 번뇌의 단절이라고 말한다. 번뇌 그 자체를 없애는 것이 아니라 번뇌에 의한 획득관계를 끊어 내는 것이다. AKVy에서는 "어떤 〔유루의〕 사물〔과의 관계〕을 단절하는 것은 번뇌의 획득에서 벗어나는 것에 의해서이며, 얽매임에서 해제되는 것(離繫)은 그 〔유루의 사물을〕 대상으로 생기는 번뇌를 단절하는 것에 의해서이다"라고

54 AKBh, 320.16-321.2; 199-202를 참고 바람.

55 『順正理論』 第55卷(T29, 651a17-18); AKVy, 500.7-8.

56 『順正理論』 第55卷(T29, 651b7-8); AKVy, 500.24-29.

57 AKBh, 294.4; AKVy, 467,8-9.

설명하고 있다.[58] 이와 같이 유루법은 번뇌가 자라는 대상이며 토대가 된다.[59]

유부교학은 번뇌를 성장시키는 유루·유위의 현상들로부터 벗어나는 것을 택멸擇滅이라고 정의한다. 즉 사성제四聖諦의 관찰에 의해 인과관계로 성립된 유위법의 본성을 분석하는 것이 '택擇', 즉 무루혜에 의해 얻어지는 소멸(택멸)을 말한다.[60] 이는 곧 마음의 상속이 번뇌로부터 자유롭게 되는(離繫) 열반을 말하며, 무루혜에 의해 얻어지는 결과(離繫果)이다. 여기에 유부의 심상속과 번뇌를 결합시키는 득(prāpti)라는 심불상응행법心不相應行法에 속하는 개념을 적용시킨다. 이러한 사고방식은 유부의 기본명제인 3세실유설과 깊이 관련되어 있다. 이러한 이유로 무루지를 획득한 아라한이라도 한순간에 집중력을 잃고 과거로 사라진 번뇌를 기억하게 되면 심상속과 번뇌가 비득非得의 관계에서 득으로 전환하게 된다. 그 결과 과거에 억제되어 있던 번뇌들이 다시 작용하여 현재로 생기하게 된다고 한다. 이러한 관점은 『비바사론』에서 다음과 같이 확인할 수 있다.

> 또한 아라한이 여러 번뇌들을 단절한다고 해도 완전히 없는 것은 아니다. 과거와 미래의 번뇌는 오히려 실유實有하기 때문이다. 만약 〔심〕상속 중에 번뇌를 대치하는 〔성聖〕도道가 아직 현재에 일어나지 않았다면 "그때 번뇌는 아직 단절되지 않았다"고 말해진

58 AKVy, 477.26-27.

59 AKBh, 3.11-13; AKVy, 13.3-5.

60 AKBh, 3.24-4.2.

다. 만약에 〔심〕상속 중에 번뇌를 대치하는 성도가 현재에 일어난다면 여러 가지 얽매임의 획득(得)을 단절하고 이계득離繫得을 증득하기 때문에 번뇌와 결합하지 않고 "이미 번뇌를 단절했다"고 말한다.[61]

이와 같이 유부는 수면을 번뇌의 유사어로 간주하고 심상응행법이며 번뇌의 획득에 영향을 미치는 다르마로 간주한다. 수행력으로 성도(무루혜)를 발생시켜 번뇌의 획득의 얽매임에서 벗어나는 것(離繫)이지 번뇌 그 자체를 단절하는 것은 아닌 것을 알 수 있다. 번뇌 획득의 얽매임에서 해제되는 동시에 열반의 획득인 이계득離繫得, 즉 성도聖道를 획득한다. 이는 무위법無爲法인 택멸擇滅을 의미하는 것이다.[62] 수면을 번뇌의 득이라는 비유적 의미로 표현하고 있지만 유부 본래의 의미인 '택멸의 획득'과 '이계득'의 의미 또한 간과할 수 없는 것을 알 수 있었다.

---

61 『毘婆沙論』 第60卷(T27, 312c10-15), "又阿羅漢, 斷諸煩惱, 非令全無. 過去未來煩惱性相, 猶實有故. 若相續中, 違煩惱道, 未現在前, 爾時名爲煩惱未斷. 若相續中, 違煩惱道, 已現在前, 斷諸繫得, 證離繫得, 不成就煩惱, 名煩惱已斷."

62 유부의 초기 논서인 『集異門足論』 第6卷(T26, 392c23-393a5)과 『法蘊足論』 第2卷(T26, 460b21-460c1, 464c20-465a21)에서 득得의 개념은 사사문과四沙門果의 설명에서 유위有爲의 성법聖法과 택멸擇滅을 획득하고 택멸의 득得에 의해 사사문과를 증득하는 것이라고 설명한다. 득得, 즉 택멸의 득得을 통해 성도聖道를 획득한 성자聖者와 획득하지 못한(非得) 범부凡夫가 구분된다. 『毘婆沙論』 第31卷(T27, 161a14-16)에서 택멸은 이계득離繫得으로 제시되고, 번뇌의 얽매임(繫得)을 단절하고 이계득을 획득한다고도 설명한다. 『毘婆沙論』 第157卷(T27, 796c27-797a2); 福田琢(1990), 119-113, 福田琢(1996), 117-115.

2) 일체법의 변지遍知

혜에 의해 번뇌의 속박에서 벗어나는 것은 이계의 획득(離繫得)이라고 하며 이계의 각각의 단계는 변지遍知라고 한다. 앞에서 설명한 상응박과 소연박에서 벗어나는 것은 이러한 변지를 성립하는 하나의 조건이 된다.[63] AKBh에서는 변지를 지변지(智遍知, jñāna-parijñā)와 단변지(斷遍知, prahāṇa-parijñā)의 두 종류로 분류하고 다시 단변지에 9변지를 설정한다.[64] 이것은 여실지견과 같은 인식론적인 측면과 번뇌의 단절이라는 실천론적인 측면이 각각 지智와 단斷으로 설명되며, 지변지에 의해 변지되는 일체법인 유위·유루법에 대한 바른 인식이 번뇌의 단절로 연결되는 것을 시사한다. 이러한 두 종류의 변지는 『발지론』에서 설명된 이후, 『비바사론』·『심론』·『잡심론』·AKBh·『순정리론』으로 전개된 것으로 보인다.[65] 먼저 『발지론』의 지변지와 단변지에 대해 살펴보면 다음과 같다.

【질문】 지변지란 무엇인가?

---

63 『毘婆沙論』 第62卷(T27, 322b14); AKBh, 325.7-8; AKVy, 508.30-32; AKBh, 294.4; 加藤宏道(1982a), 141.

64 AKBh, 322.6-323.6; 유루법에는 존재하는 법의 수만큼 많은 이계가 존재하지만 전부 변지라고 하지 않는다. 조건을 갖추고 있는 변지는 9종류뿐이라고 정의한다. 加藤宏道(1980), 31.

65 『發智論』 第4卷(T26, 939c25-940a3); 『毘婆沙論』 第62卷(T27, 320c18-24); 『心論』 第2卷(T28, 817c19-26); 『心論經』 第3卷(T28, 848a19-28); 『雜心論』 第4卷(T28, 906a21-25); AKBh, 322.6-323.6; 『順正理論』 第56卷(T29, 654a9-c13); 加藤宏道(1980), 30-31.

【대답】 모든 지智·견見·명明·각覺·현관現觀, 이것이 지변지이다.

【질문】 단변지란 무엇인가?

【대답】 모든 탐貪을 영단하고 진瞋과 치癡를 영단하고, 일체의 번뇌를 영단한다. 이것을 단변지라고 한다.[66]

여기서 지변지라고 설명되는 '지·견·명·각·현관'은 사성제四聖諦에 대해 변지하고 얻게 되는 진지盡智와 같기 때문에 무루지無漏智라는 것을 알 수 있다.[67] 이것은 『초전법륜경』에서 사성제의 설법을 듣고 생기한 '안眼·지智·혜慧·명明·광명光明'에서 알 수 있듯이 지변지는 사성제를 관찰한 후에 발생하는 무루지를 말한다. 이와 같이 지변지는 초기경전의 여실지견如實知見, 그리고 유부의 현관現觀과 밀접하게 관련되어 있다는 것을 알 수 있다. 『비바사론』·『순정리론』에서도 지변지가 유루인가 무루인가에 대해 논의되고 있지만, 『순정리론』에서는 유부의 종의宗義는 AKBh와 마찬가지로 무루지만을 지변지로 인정한다.[68]

---

66 『發智論』 第2卷(T26, 924b29-c3), "云何智遍知? 答諸智見明覺現觀, 是謂智遍知. 云何斷遍知? 答諸貪永斷瞋癡永斷, 一切煩惱永斷, 是謂斷遍知."

67 AKBh, 394.4-11.

68 『毘婆沙論』 第34卷(T27, 175a21-23)에서 지변지는 무루이다, 혹은 지변지는 유루·무루이라는 두 가지를 제시하고 있다. AKBh, 322.7에서는 무루지라고 설명한다. 한편 『順正理論』 第56卷(T29, 654a10-19)에서 지변지는 유루와 무루에 통한다고 설하고 있는 사람은 어떤 논사이며, 중현은 무루라고 설명한다. TA에서도 유루와 무루라고 주장하는 것은 '유여사의 설'이라고 설명한다. 加藤宏道(1980), 30.

단변지에 대해서 살펴보면, 『비바사론』에서 단斷은 지智에 의해 변지된 결과이기 때문에 변지라고 해석한다. 단변지는 지변지의 이명이며 무루지無漏智로 존재현상을 분석하는 것에 의해 수행의 궁극목표인 번뇌의 멸진인 단斷, 즉 택멸무위인 이계과를 획득하는 것이다.[69] 그리고 AKBh에서는 단변지는 단斷 그 자체로 결과에 원인의 이름을 설정한 것이라고 설명하고 있어, 단斷이라고 하는 것은 지智에 의해 변지된 결과로 결과(斷)에 원인(변지)을 덧붙여 단변지라고 설명한다.[70]

그렇다면 구체적으로 무엇을 변지하는가에 대해 살펴볼 필요가 있다. AKVy는 초기경전을 인용해 '변지되어야 할 법은 5취온', '변지란 5취온에서 욕탐의 단절과 욕탐의 초월이다'라고 설명하고 있어 유루법에 대한 집착의 단절을 말하는 것을 알 수 있다. 초기경전을 인용해서 AKVy에서는 다음과 같이 설명한다.

> 왜냐하면 경전에서 다음과 같이 설하고 있다. "비구들이여, 나는 너희들에게 변지해야 할 법과, 변지와 변지를 지니고 있는 사람을 설하고자 한다. 변지되어야 할 법은 무엇인가? 5취온이다. 변지란 무엇인가? 욕탐의 단절과 욕탐의 초월이다. 이것이 변지이다. 비구들이여, 변지를 지니고 있는 사람은 누구인가? 아라한이라고 말해야 한다. … 비구들이여, 그가 변지를 지닌 사람이라고 해야 한다"라고.[71]

---

69 『毘婆沙論』 第34卷(T27, 175b11); 『順正理論』 第56卷(T29, 654a27-29)

70 AKBh, 322.7-8, AKVy, 503.25-26.

71 AKVy, 503.28-32, "sūtre evaṃ hi paṭhyate. parijñeyāṃś ca vo bhikṣavo

여기서 '변지되어야 할 법'은 '5취온'이며, '욕탐의 단절과 욕탐의 초월'은 변지이다. 그리고 5취온에서 번뇌를 단절해 아라한이 된다고 설명한다. 변지는 번뇌의 속박에서 벗어나는 이계와 같은 의미라는 것을 추측할 수 있다. 또한 여기서 주목하고 싶은 것은 『비바사론』에서 "계경에서 설하는 것과 같이, 고성제는 마땅히 혜로써 변지해야만 한다. 아비달마는 지智가 변지하는 것은 일체법이다"라고 설명하여 계경은 무루혜로써 변지하고 아비달마에서는 유루혜와 무루혜로써 변지한다고 해석하고 있는 것이다.[72] 초기경전에서 변지자는 아라한이라고 설명하고 있는 것에서도 알 수 있듯이 무루혜를 지닌 아라한이 변지자이지만 아비달마에서는 유루혜를 지닌 자도 변지할 수 있다고 설명하고 있어 유루有漏의 세간도世間道에 의해서도 번뇌를 단절할 수 있다고 주장하는 유부의 입장을 단편적으로 보여준다고도 할 수 있다.[73] 또한 여기서 짚고 넘어가야 할 것은, 일체법을 변지하는 혜의 작용이다. 초기의 유부 논서에서 혜는 '다르마의 간택' 혹은 '위빠사나'라고 정의된다. 이는 초기불교에서와 다른 '다르마의 분석(dharma-

---

dharmān deśayiṣyāmi. parijñāṃ ca parijñāvantaṃ ca pudgalaṃ. parijñeyā dharmāḥ katame. paṃcopādāna-skaṃdhāḥ. parijñā katamā. yad atra cchanda-rāga-prahāṇaṃ. chanda-rāga-samatikramaḥ. iyam ucyate parijñeti vistaraḥ."; SN. III, 159.24-160.5, 『雜阿含經』 第3卷(T2, 19a4-14); AKVy에서는 변지인의 부분은 생략되어 있지만 초기경전에 따라 보충함. 또한 AKVy에서 변지는 욕탐의 단절과 탐욕의 초월이지만, 초기경전에서는 탐·진·치의 멸진이라고 설명한다.

72 『毘婆沙論』 第79卷(T27, 406b8-10).

73 『毘婆沙論』 第79卷(T27, 406b11-12); AKBh, 368.6-15.

pravicaya)'이라는 유부만의 독특한 해석이 곧 수행론과 결합되고 있음을 암시하고 있다고 볼 수 있다.

앞에서 살펴본 것과 같이 유부교학에서 변지의 의미에는 이러한 인식적 실천적 의미가 포함된다. 변지의 대상인 일체법을 의미하는 5온은 『품류족론』에서부터 '5온' 대신 '5위'가 도입되어 '5위 75법의 체계'로 성립되며 다르마와의 관계가 치밀하게 탐구된다.[74] 이와 같이 번뇌는 염오된 심리현상으로 정의되는 번뇌와 마음의 관계를 제법의 성격 규정에 의한 분석 정리로 해석된다. 또한 사제의 실천인식을 토대로 유루법인 5취온(유신견)을 인과관계의 법칙으로 이해하는 것이, 곧 번뇌(취)를 제거하고 고통의 소멸로 인도하는 현관으로 귀결된다. 다르마 개념을 바르게 이해하는 것은 사성제 현관이라는 바른 인식을 체득하기 위해 필수적인 것이다.

지금까지 살펴본 것과 같이 유부교학에서 번뇌의 멸진은 대상과의 관계를 단절하는 것이다. 단절해야 할 대상은 일체법인 5온이며, 또한 5온을 '나'라고 집착하는 번뇌(取)라는 것을 알 수 있었다. 즉 화합된 5온에서 나(我)를 찾지(有身見) 않고 가설된 것이라고 혜(통찰력)로 이해하는 것이다. 자아의식인 유신견이 어떻게 해석되고 있는지에 대해서는 제8장에서 자세하게 검토하겠다.

74 西村實則(2002), 13-36.

4. 결론

지금까지의 고찰을 통해 유부가 이해한 번뇌의 개념과 작용원리에 대해 중요한 유부 문헌과 선행연구를 통해 살펴보았다.

유부에서 번뇌 개념은 실유하는 제법현상을 혜(慧, prajñā)로 검토하는 택법(擇法, dharmapravicaya)과 혜로 사성제를 바르게 이해하여 번뇌의 속박으로부터 벗어나는 현관(abhisamaya)의 구도 하에서 각각 존재론적 측면에서 번뇌와 인식론적 측면에서 수면의 개념에 중점을 두고 발전한다.

유부의 사상가들이자 수행자들은 번뇌는 인과법칙의 영향을 받는 유위법이자 염오된 심소법이라고 관찰한다. 유부는 수면을 오염된 심리현상인 번뇌의 동의어로 간주한다. 하지만 수면 개념을 둘러싸고 대중부와 분별론자 계열 간의 존재론적 논쟁에서 '수면은 잠재심이며, 전은 표면심'이라고 구분된다. 그러나 3세실유를 주장하여 잠재심을 따로 제시할 필요가 없었던 유부는 수면을 잠재심이 아니라 심상응행법의 표면심이라고 보며 상속(sānubandha)과 획득(prāpti)으로 해석한다.

또한 유부의 번뇌의 작용원리를 이해하기 위해서는 인식은 반드시 인식대상에 의해 발생한다는 인식론적 측면에 대한 이해가 필요하다는 것을 살펴보았다. 마음은 마음작용과 상응하며 번뇌심소는 다른 번뇌심소들과 상응하여 오직 유루법만을 대상으로 성장한다. 유루법은 번뇌가 성장하는 대상이며 기반이 되는 것이다. 유부가 말하는 번뇌의 단절은 유루법을 대상으로 발생하는 번뇌를 단절하는 것에 의해 번뇌의 획득, 즉 마음의 상속이 번뇌의 얽매임으로부터 벗어나는 것(離繫)을 의미한다. 이는 사성제를 변별하여 아는 변별(擇)에 의한 소멸인 택멸을 의미하는 것이며 무루혜에 의해 얻어지는 결과이다.

무루혜로 번뇌의 속박에서 벗어나는 이계 획득의 단계를 변지遍知라고도 한다. 변지는 여실지견과 현관을 의미하는 지변지와 번뇌의 단절을 의미하는 단변지로 분류되어 유루법에 대한 바른 인식이 번뇌의 단절로 이어지는 것을 제시한다. '변지되어야 할 법은 5취온', '변지란 5취온에서 욕탐의 단절과 욕탐의 초월'이라는 AKVy의 인용을 참고하면 번뇌가 향하는 대상인 5온에 대한 바른 이해로 귀결된다는 것을 알 수 있었다.

제7장 혜慧의 통찰대상에 대한 고찰

1. 서론

본 장에서는 『비바사론』에서 제시하고 있는 유부의 수행체계를 단서로 혜(慧, prajñā)와 혜의 통찰대상인 일체법의 핵심 개념인 5온이 유부의 수행도에서 어떤 역할을 담당하고 있는지 살펴보고자 한다. 혜로 일체법을 분석하는 것은 유부에서 존재론과 인식론의 관점, 즉 다르마를 분석하는 '법法의 이론'과 존재의 실상을 있는 그대로를 아는 '수행도론'을 이해하는 데 중요한 실마리를 제시한다. 전자는 '택법(擇法, dharmapravicaya)', 후자는 '제현관(諦現觀, satyābhisamaya)'이다. 이와 같이 혜는 '제법의 성격을 검토'하고 '번뇌를 단절'하는 핵심적인 역할을 하는데,[1] 법(존재현상)을 분석하여 유위법의 속성은

1 이러한 혜의 기능은 『품류족론』에서 "제법의 분석과 위빠사나"로, 『법온족론』에서 혜를 "여실하게 연하여 생기한 법을 아는 것" 또는 "사성제법에 대한 관찰"이라는 해석과도 연결된다. 『法蘊足論』 第6卷(T26, 481c11-15); 『法蘊足論』 第8卷

인과관계의 법칙에 따라 형성된 것이며, 무상·고·공·무아라고 이해(현관)하는 것이 유부 실천론의 핵심이 된다.

여기서 붓다가 깨달은 사성제에 대한 관법은 중요한 역할을 한다. 이는 불안정한 속성을 지닌 존재현상의 결과인 고苦는 원인인 집集에 의하여 발생하는 것이라고 이해하는 것이다. '나(我)'와 '나의 것(我所)'에 대한 갈망과 집착에 의해 야기되는 고통은 연기적 인과관계를 토대로 무상·고·공·무아라고 통찰된다. 이는 아라한과 획득이 확정되는 사성제 현관의 기본전제가 된다. 현관은 성자聖者의 단계인 견도위見道位로 진입하는 것을 의미하며, 사성제는 범부중생의 경험이 아닌 '성자가 경험한 존재현상에 대한 네 가지 관점'을 말한다. 이러한 이해는 명상 경험을 토대로 하는데 『비바사론』에는 수행자의 명상체험이 단계적으로 제시된다. 즉 견도위의 무루혜를 획득하기 위한 명상 관찰과정은 삼매상태에 있는 수행자의 인식의 변화가 구체적으로 제시된 것이라고 생각한다. 사성제 현관에 초점을 두는 AKBh에서는 3의관三義觀과 7처선七處善으로 5온을 통찰하여 유신견을 제거하는 방법을 제시하는 정통유부계 논서, 그리고 주석서들과 달리 3의관과 7처선을 생략하고 있는 반면 사성제 현관으로 설명한다.

유부는 일체법인 5온·12처·18계 3과科를 '5위 75법'의 체계로 분류 조직하고 3세실유와 관련지어 설명한다. 나아가 유부는 일체법인 존재현상을 유위의 현상의 집합체인 '세속적 존재'와 자성을 지닌 다르마를 의미하는 궁극적 존재현상인 '승의적 존재'로 구분하기에

(T26, 492b4-18); 『法蘊足論』 第10卷(T26, 499c11-14). 본서 제2장 참고 바람.

이른다. 『비바사론』에서 2제설과 2유의 단초가 발견되고, AKBh에 이르면 두 가지 존재(2유)는 2제설과 관련지어 설명된다. 즉 존재현상에 대해 세속제(世俗諦, saṃvṛtisatya)와 승의제(勝義諦, paramārtha-satya)의 측면에서 접근한다. 이는 각각 세속지世俗智와 승의지勝義智에 의해 파악된 것이다.

이제까지의 선행연구들은 2제에 대해 주로 언어관의 관점에서 고찰하고 있다.[2] 이와 달리 본서는 먼저 『비바사론』에서 제시한 수행체계를 단서로 일체법을 검토할 것이다. 그런 후 혜의 통찰대상인 일체법과 2제의 관련성을 고찰하고 각자 세속지와 승의지의 대상이라는 것을 실천수행의 관점에 보다 중점을 두고 살펴보고자 한다. 이러한 고찰을 통해 『비바사론』이 제시한 수행체계는 세속지의 대상이 아니라 성자나 수행자의 승의지에 의해 명상체험에서 체득되는 다르마 체계라는 것을 알 수 있을 것이다.

2. 혜의 통찰대상

1) 혜의 통찰대상인 일체법

다나카에 의하면[3] AKBh의 수행론은 『심론心論』·『심론경心論經』·『잡심론雜心論』 등 『심론心論』 계열의 논서와 밀접하게 연관되어 있으며 더욱 체계화된 것이다.[4] 여기서 주목해야 할 것은 다나카에 의해

2 Buescher(2005), 윤희조(2012), 박창환(2013).

3 田中教照(1975), (1976), (1987).

4 AKBh 제6장 「현성품賢聖品」의 수행체계는 『심론心論』·『심론경心論經』·『잡심론

지적된 『심론』 계열과 『비바사론』의 수행론의 차이점이다.[5] 그의 지적은 시사하는 바가 크나, 단서로 삼고 있는 3의관 7처선은 『순정리론』과 AKBh의 티베트어 주석서 등에서도 언급하므로 이것만을 단서로 『심론』 계열과 『비바사론』의 수행도론의 차이를 비교하기에는 무리가 있다고 생각한다.

본 장은 혜의 직관적 통찰의 대상인 일체법에 주목하여 다나까가 지적하고 있는 『비바사론』의 수행체계는 수행자가 명상에서 체험하

雜心論』 등의 『심론心論』 계열의 논서를 계승하고 있다. 신기청정위(身器淸淨位, 身心遠離·喜足小欲·四聖種) → 삼현위(三賢位, 五停心觀〔부정관·지식념〕), 別相念住·總相念住(사념주): 순해탈분(順解脫分, mokṣabhāgīya) → 사선근위(四善根位, 順決擇分: nirvedhabhāgīya) → 견도(見道, darśanamārga) → 수도(修道, bhāvanāmārga) → 무학도(無學道, aśaikṣamārga)로 제시된다; 『심론』은 사념주 가운데 신념주身念住, 『심론경』은 3방편관(方便觀: 不淨觀·持息念·界方便觀)을 먼저 완성하여 사념주를 수행하고, 『잡심론』은 3방편관을 3도문度門으로 칭하나 『심론경』과 거의 같다. 그리고 『구사론』에서는 3정인淨因인 심신원리心身遠離·소욕희족小欲喜足·사성종四聖種이 부가되고 부정관不淨觀과 지식념持息念을 수행하여 삼매(止, śamatha)를 완성하고 위빠사나(觀, vipaśyanā), 즉 혜를 성취하기 위해 사념처를 수행한다. 田中教照(1975), 172-173, (1976), 41-42; 지금까지의 연구에서는 5정심관·별상념주·총상념주의 3현위를 순해탈분으로 간주하고 있다 그러나 사선근인 순결택분과 달리 순해탈분이라는 개념은 『구사론』「세간품」(AKBh, 157.10-22)에서, 3현위에 대해서는 『구사론』「현성품」(AKBh, 337.7-343.8)에서 논의되고 「현성품」에서 3현위가 순해탈분이라는 언급은 찾아볼 수 없다. 이와 같은 관점에서 생각해 보면 佐々木閑(2015), 343-342가 지적한 것과 같이 순해탈분과 3현위는 완전히 다른 개념이라는 주장도 간과할 수 없다고 생각한다.

5 田中教照(1975), 172-173.

는 인식의 변화를 반영한다는 가설을 검토할 것이다. 이를 위해 3의관 7처선에 관해 언급하고 있는 AKBh 티벳어 주석서의 해당 부분을 설명하기에 앞서, 앞장에서 자세하게 언급하였지만 혜의 통찰의 대상이 무엇인지 명확하게 하기 위해 AKBh에서 수행의 단계가 어떻게 진행되고 있는지를 간략하게 언급하고자 한다.

먼저 수행자는 존재현상을 왜곡되지 않게 보기 위해 먼저 계戒를 지킨다. 그리고 적절한 가르침을 듣고 이해하고 그 의미를 알아 전도됨이 없이 생각하는 삼매를 행하는 수행자에게 문聞·사思·수修의 3혜가 차례로 발생한다.[6] 이와 같이 수행하게 된 수행자, 즉 욕심이 적은 자와 만족한 자는 다른 사람과의 접촉과 불선不善한 생각을 멀리하기 때문에 수관(修觀, 진제: 현관)이 완성된다. 다음으로 무탐을 자성으로 하는 4성종(도의 실천에 적합한 생활방법과 행위로부터 성자가 되므로)은 갈애(tṛṣṇā)가 일어나는 것에 대한 대치이다. 이와 같은 생활방식은 소유의식(내 것)과 자아의식(나)에 대한 갈애를 없애기 위해 필요하다. 여기서 소유의식의 대상물은 옷 등이고, 자아의식의 대상물은 신체(ātmabhāva)를 의미한다. 그것들에 대한 욕망이 갈애이다. 그 가운데 내 것이라고 집착하는 사물에 대한 욕망을 일시적으로 적멸하기 위해 세 가지 성종이 제시된다. 내 것과 나라는 욕망을 영원히 적멸하기 위해 네 번째 성종이 있고, 이와 같은 관행자觀行者에게 수습이 완성된다고 설명한다.[7]

이와 같이 성도로 향하는 그릇이 된 수행자는 부정관과 지식념에

---

6 AKBh, 334.13-335.6.

7 AKBh, 336.7-337.6

의해 삼매(止, śamatha)를 완성하고 위빠사나(觀, vipaśyanā)를 성취하기 위해 사념주를 수행한다.[8] AKVy에서는 위빠사나를 성취하기 위해서는, 혜慧를 성취하기 위해서라고 해석한다. 왜냐하면 삼매를 달성해도 혜가 없으면 번뇌를 단절하지 못하기 때문이다.[9] 사념주의 수행은 신(身, kāya)·수(受, vid)·심(心, citta)·법(法, dharma)에 대해 자상(自相, svalakṣaṇa)과 공상(共相, sāmānyalakṣaṇa, 진제: 通相)으로 관찰하는 것이다. 자상自相이란 법을 다른 법과 구별하는 근거가 되는 자성(自性, svabhāva)을 말하며, 공상共相은 유위법有爲法의 무상성無常性, 유루有漏의 고성苦性, 일체법一切法의 공성空性과 무아성無我性(현장: 非我)의 특징을 말한다. 즉 사념주는 상(常, nitya)·락(樂, sukha)·정(淨, śuci)·아(我, ātman)의 네 가지 전도의 대치법으로 제시된 것이다.[10]

이와 같이 수행자는 위빠사나, 즉 혜慧를 성취하기 위해, AKVy에 의하면 정淨의 전도의 대치로써 신념주, 낙樂의 전도의 대치로써 수념주, 상常의 전도의 대치로써 심념주, 아我의 전도의 대치로써 법념주가 설해졌다고 해석한다. 그리고 법의 어의 해석(nirvacana)으

---

8 AKBh, 341.7-10.

9 AKVy, 529.2-7: 위빠사나(毘鉢舍那, vipaśyanā)를 성취하기 위해서라고 하는 것은 혜를 성취하기 위해서이라는 의미이다. 삼매를 완성해도 실로 혜 없이 번뇌는 단절되지 않기 때문이다. '智所害의 번뇌(AK, V, 6, AKBh, 281.10)'라고 설명하기 때문이다. 그렇다면 위빠사나는 사념주의 수습에 의해 성취하는 것인가? 경전에 "비구들이여! 일승도一乘道가 즉 사념주이다", "완전한 善의 모임이 즉 사념주이다"라고 설명되어 있기 때문이다.

10 AKBh, 341.7-14; AKBh, 342.22-343.3.

로 개체(piṇḍa)를 분석하게 되면 제법諸法은 개별적으로 존재하나 그곳에 상일주재常一主宰하는 주체적인 아我는 존재하지 않는다고 해석한다.[11] 관찰하는 주체가 결여되고 분석의 대상인 존재현상만이 존재한다고 이해한다. 아我의 전도의 대치는, 즉 무아이다. 신身 등을 대상으로 하는 염주를 수습하고 나서 총연의 법념주에 머무는 수행자는 신身 등을 무상·고·공·무아로 관찰한다.[12] 이러한 관찰을 통해 난선근煖善根이 발생되고 사선근의 단계로 증진한다. 이상이 사선근에 이르기까지의 수행과정이다.

사선근의 단계는 사념주를 자성으로 하며 정지(定地, samāhita-bhūmi)에 속하기 때문에 무표無表를 특징으로 하는 5온을 동반하고 있다.[13] 또한 네 가지 선근 가운데 견도위 바로 전단계인 세제일법의 자성을 TA, LA에서 5온이라고 설명한다. 세제일법이 오직 고제苦諦만을 대상으로 하고 있는 것을 고려하면 관찰의 대상은 5온에 집중된다고 볼 수 있다.[14] 여기서 주목하고 싶은 것은 신·수·심·법 사념주를 모두 무상·고·공·무아로 관찰하는 것으로 이는 5온의 공통적인 특징에 다름 아니라는 것이다. 사선근의 단계에서도 난煖·정頂·인忍은 16행상 모두를 수습하지만 견도 바로 직전인 세제일법만은 견도와

11 AKVy. 531.28-532.9.

12 AKBh, 343.4-8.

13 AKBh, 345.6-9; AKVy, 535.22-24.

14 TA P. tho 361a4-7, D. do, 214b4-6; LA P. Ñu, 202b2-4, D. chu, 164a3-5; 세제일법의 자성은 心, 心所法 → 〔五〕根, 및 非〔五〕根과 相應, 俱有하는 心, 心所法 → 五蘊으로 논의되고 있다; AKBh, 345.18-19. 본서 제5장 참고 바람.

비슷하기 때문에 무상·고·공·무아의 4행상만을 수습한다.[15] 이 네 가지는 사성제 가운데 유신견에 대한 바른 인식인 고성제의 네 가지 행상에 포함되는 것이기도 하다. 이와 같은 고찰에서 『무아상경』 이래로 5온의 통찰이라는 해탈도가 유부 수행도에 면면히 이어져 내려오고 있는 것을 알 수 있다.

유신견적 사고는 고성제의 특징으로 대변된다. 화합된 5온을 영원한 자아와 동일시하는 유신견은 조건에 따라 변화하는 심리적 존재현상일 뿐이지 실재하는 것이 아니다. 이와 같이 알고 5온과 자아관념과의 관계를 단절할 수 있는 연기의 법칙을 깨닫는 무아의 증득이 바로 성자의 현관체험이라는 것을 알 수 있다. 따라서 AKBh에서 설명하는 사성제 현관은 5온의 무상·공·고·무아의 특징만을 통찰할 뿐 5온을 자아관념과 동일시하지 않음을 의미한다. 유신견에 대한 설명은 본서 제8장에서 자세하게 살펴볼 것이다.

앞에서도 지적했듯이 유부의 수행도를 사성제 현관의 관점에서 논의하게 된 시발점을 제시하고 있는 다나까는 그의 일련의 연구들을 통해 『심론』 계열의 논서를 계승하고 있는 AKBh와, 『비바사론』·『순정리론』의 정통유부 계통의 수행 순서의 다른 점을 지적하고 있다.[16] 그의 주장을 토대로 살펴보면 『비바사론』에는 다양한 수행체계가 제시되어 있지만 『비바사론』 제1권(T27, 34a2-c26)과 제1권(T27, 5c2-4)에서 언급하는 두 가지 수행체계의 예시를 들어 비교 고찰하겠다.

---

15 AKBh, 345.12-19.

16 田中教照(1975), 172-173, (1976), 41-54, (1987), 28-35.

첫 번째는 18계 → 12처 → 5온 → 사념주 → 사성제 → 문소성혜 → 사소성혜 → 수소성혜〔=난〕 → 사선근 → 견도 → 수도 → 무학도의 순서로 전개되어 무루의 혜를 획득하기 위한 난위의 가행위에서 일체법 수습의 중요성을 일깨운다. 두 번째는 염주 다음에 3의관三義觀과 7처선七處善을 설하여 5온에 대한 통찰이 사성제의 관찰과 함께 중시된다. 여기서 주목하고 싶은 것은 두 가지 수행체계 모두 일체법인 5온에 대한 관찰을 강조한다는 점이다.

한편 3의관과 7처선이 포함되는 수행체계는 AKBh에서 '총연의 법념주'에 대해 해석하는 주석서인 TA와 LA, 『순정리론』의 해당 개소, 그리고 『광기光記』·『보소寶疏』·ADV[17]에서도 설명하고 있어 다나까와 같이 수행 순서에 중점을 두고 문제를 제기하기에는 다소 무리가 있다고 생각한다. '총연의 법념주'에 대해 살펴보면 AKBh에서는 다음과 같이 설명한다.

> 이와 같이 신身 등을 대상으로 하는 〔별상〕염주를 수행해서, 그 〔행자〕는 총연의 법념주에 머물고 무상·고·공·무아로써 그것들을 관찰한다.(16) 총연의 법념주에 머문 자는 그것들 신체 등을 합해서 네 가지의 행상으로 관찰한다. 즉 무상·고·공·무아로써 〔관찰한다〕. 그것에서 난〔법〕의 생기가 있다.(17a) 그 법념주가

---

17 TA, P. tho 359a8-360a2, D, do. 213a3-b4; LA, P. Ñu 200b6-201a1, D. chu 162b2-5; 『順正理論』 第61卷(T29, 677c7-678a2); 『顯宗論』 第30卷(T29, 920c22-921a18); 『俱舍論記』 第23卷(T41, 344a29-c24); 『俱舍論疏』 第23卷(T41, 734b15-735a3); ADV, 三友健容(2007), 662.

> 이와 같이 수행되기 때문에 차례대로 난이라고 불리는 선근이 발생한다.[18]

신·수·심·법의 가운데 총연 법념주의 설명에서 무상·고·공·무아로써 사념주를 관찰하고 난煖이 발생하여 사선근위에 진입하게 된다. 그러나 『순정리론』에서는 총연 법념주에 관한 설명이 AKBh과 같은 부분도 있지만 다른 곳에서는 "무아관 → 생멸관 → 연기관(혹은 연기관 → 생멸관) → 3의관 7처선"의 순서로 문소성혜 16행상 건립의 가행으로 설명하고 있는 곳도 보인다.[19] 이와 같은 관점은 AKBh의 주석서인 TA와 LA등에서도 제시되고 있기 때문에 수행도의 차이보다는 수행자가 관찰하는 대상에 보다 중점을 두고 고찰해야 한다고 생각한다. 그렇다면 수행자가 관찰하는 대상이 무엇인지 먼저 AKBh의 주석서인 LA의 해석을 중심으로 살펴보겠다. LA에서는 수행의 순서와 함께 관찰의 대상이 다음과 같이 제시된다.

> 그것에서 난의 생기가 있다(AKBh, 343.9: tata ūṣmagatotpattiḥ (17a) 라고 하는 것은, 법수념의 직후에 〔제〕행이 찰나멸이라는 것을

---

18 AKBh, 343.4-10, "evaṃ kāyādyālambanāni smṛtyupasthānāny abhyasya, sa dharmasmṛtyupasthāne samastālambane sthitaḥ/ anityaduḥkhataḥ śūnyānātmatas tān vipaśyati (16) saṃbhinnālambane dharmasmṛtyupasthāne sthitas tān kāyādīn sarvān abhisamasya caturbhir ākāraiḥ paśyati, anityato duḥkhataḥ śūnyato 'nātmataś ca/ tata ūṣmagatotpattiḥ (17a) tasmād dharmasmṛtyupasthānād evamabhyastāt krameṇoṣmagataṃ nāma kuśalamūlam utpadyate/"

19 『順正理論』 第61卷(T29, 677c9-16); 『順正理論』 第61卷(T29, 677c8-23).

이해하기 때문에 생멸을 〔자세하게〕 관찰한다.[20] 제행은 찰나멸이며 그대로 제행〔의 관찰〕에 들어간다. 그로부터 연기를 관찰한다. 유루지에 의해 연기를 이해할 때 그 직후에 일체법을 대상으로 무아의 행상〔을 관찰한다〕. 바로 뒤에 온·계·처 3의를 관찰하고, 일곱 가지 세부사항에 능통하게 되고(7처선), 그렇게 되면 총연의 법념주를 대상으로 난선근이 발생한다고 하는 이와 같은 순서이다. 궤범사(세친)는 간단한 예시만을 설하였다.[21]

위와 같이 LA에서는 제행이 찰나멸이라는 것을 이해하기 때문에 "생멸관 → 연기관 → 무아관 → 3의관 7처선"의 순서로 설명하는

---

20 LA, D. chu 162b3에 따라 dpyod로 교정.

21 LA, P. Ñu 200b6-201a1, D. chu 162b2-5, "de las dro bar gyur pa 'byung, ,zhes bya ba la chos rjes su dran pa'i mjug thogs su 'du byed skad cig mar khong du chud par bya ba'i phyir skye ba dang 'jig pa la dpyod do, ,'du byed rnams skad cig ma yin na ji ltar' du byed rjes su' jug, de nas rten cing 'brel bar 'byung ba la dpyod do, ,gang gi tse zag pa dang bcas pa'i shes rab kyis rten cing 'brel par 'byung ba khong do chud pa de'i tse, de'i mjug thogs su chos thams cad la dmigs pa'i sgo nas bdag med pa'i rnam pa'o, ,de'i mjug thogs su phung po dang khams dang skyed mched de, don rnam pa gsum la dpyod cing gnas bdun la mkhas pa ste, de ltar na chos dran pa nye bar gzhag pa spyi la dmigs pa las dro bar gyur pa'i dge ba'i rtza ba 'byung ngo zhes bya ba 'di ni go rims so, ,slob dpon gyis ni cung zad dper brjod pa tzam zhig bshad do."; 본문에서 dpyod는 산스크리트 vicāra로 환원할 수 있으며 여기서는 진제 역 第3卷(T29, 180b7)의 관觀에 의거해서 번역하였다. vicāra에 대한 자세한 설명은 齊藤明 외(2011), 146-147를 참조 바람.

한편, 궤범사(세친)는 간략하게 설명하였다고 지적한다. 여기서 짚고 넘어가고 싶은 것은 수행의 순서보다 먼저 '연하여 발생하는 유위법을 여실지견如實知見하는 혜'[22]가 관찰하는 대상이다. 즉 혜의 인식대상이다. 위에서 언급한 관찰의 대상은 각각 제행과 일체법과 온·처·계 3의관이다. 이러한 관찰의 대상은 연기적으로 조건 지어진 존재인 5온을 의미한다. 이것은 유루지有漏智가 인식대상으로 하는 일체법인 5온이며 견도위의 무루지無漏智와 구별된다.

이제 LA의 주장을 차례대로 고찰해 보겠다. 첫 번째 관찰의 대상인 제행은 좁은 의미에서 행위와 동작을 의미하는 5온의 행과 같은 의미이지만, 넓은 의미로 제행무상의 행처럼 여러 인연에 의해 능동적으로 결과를 만들어내는 연기와 관련하여 논의된다. 연기된 존재는 만들어진 수동적이고 유위有爲인 존재이다. 명상 관찰자는 연쇄적으로 연기되는 일체 가운데 인과의 흐름에 집중하여 연기가 제행무상의 근거임을 통찰한다. 또한 연기법칙에 의해 일시적으로 구성된 유위인 존재는 무아라고 깨닫는 것이다. 이와 같이 제행무상과 제법무아를 관찰하고 나서 다시 일체법을 세 가지 관점(3의관)에서 관찰하고 5온에 대해 일곱 가지의 세부사항(7처선)으로 통찰한다. 일체법인 5온이 연기적 존재임을 통찰하는 혜를 더욱 강화시켜 가는 것이다. 7처선의 통찰은 연기와 사성제와도 밀접하게 관련되는데 이것에 대해서는 뒤에서 다시 살펴보겠다.

LA의 지적과 같이 다른 논서와 주석서 등과 달리 AKBh는 사념주

---

22 『法蘊足論』 第6卷(T26, 481c11-15); 『法蘊足論』 第8卷(T26, 492b4-18).

가운데 총연의 법념주에서 고성제의 4가지 행상과 같은 무상·고·공·무아의 방식으로 사념주를 파악한다고만 설명하고 있다. 그렇다면 AKBh는 어떤 이유로 3의관과 7처선에 대한 설명은 생략하고 간결하게 설명하는 것일까? 이와 같이 AKBh이 주장하는 핵심논리는 후라우발러가 지적한 것과 같이 초기불교에서의 '사성제의 인식'과 '루의 소멸'을 설명하고자 5견을 도입하여 유신견이 중심적인 역할을 하는 새로운 해탈도인 현관(abhisamaya)을 본격적으로 표면화하고자 한 것이라고 생각된다. 왜냐하면 일체법인 5온에 대한 통찰을 심화하는 3의관 7처선의 통찰을 생략하고 사성제 현관으로만 설명하고 있기 때문이다.

이상 『심론』 계통을 계승하고 있는 AKBh보다 『비바사론』·『순정리론』, 그리고 AKBh의 주석서들에서 일체법에 대한 통찰과정을 더욱 세밀하게 논의하고 있는 것을 알 수 있었다. 이제 현관을 강조하고 있는 AKBh이외에 『비바사론』·『순정리론』과 『구사론』의 주석서들이 3의관 7처선을 언급하고 있는 이유에 대해 검토할 필요가 있다고 생각한다.

2) 3의관과 7처선

앞에서 살펴본 것과 같이 AKBh에서는 사념주인 신·수·심·법 가운데 총연의 법념주에서 무상·고·공·무아로써 관찰하고 난煖이 발생하여 사선근위에 진입한다고 설명한다. 유위법의 특징인 네 가지 행상은 사선근의 단계에서 사제를 16행상으로 확대 관찰하며 염처수행과 함께 행해진다.[23] 이와 같이 점차적인 통찰로 혜를 강화하여 견도위에 도달하게 된다.

사성제 가운데 고성제의 자성은 번뇌를 지닌 5온이며(5취온), 유위법 개념의 공통된 특징(共相)인 무상·고·공·무아로 관찰된다. 이는 5온이라는 존재현상에 대한 관찰에 근거한 것이며, 세제일법의 자성과 동일하다. 5취온을 전도됨이 없이 바르게 인식(현관)하는 것이 고를 소멸하는 견도위의 성자의 조건인 것을 고려하면 5온관은 사성제 현관에 포괄되는 것을 알 수 있다. 먼저 초기불교에서 3의관과 7처선에 대해 어떻게 이해하고 있는지 살펴보겠다. 초기경전 『상응부』 「칠처경(Sattaṭṭhāna suttaṃ)」에서 세존은 다음과 같이 설명한다.

> 비구들이여! 7처(處, Sattaṭṭhāna)에 정통하고 3의義의 관찰이 있으며, 〔이와 같이 관찰한〕 비구는 이 법과 율에서 완전하게 해야 할 수행을 마치고 최상의 인간이 되었다고 말해진다. 비구들이여! 비구는 어떤 방식으로 7처에 정통하게 되는가? 7처선은 색色, 색의 생기 원인, 색의 소멸, 색의 소멸에 이르는 길, 색의 쾌락, 색의 결점, 색에서 벗어남 등에 대해서 여실하게 아는 것을 말한다.[24]

---

23 AKBh, 345.12-19; AKVy, 535.28-537.7.

24 SN. III, 61.31-62.4, "sattaṭṭhānakusalo bhikkhave, bhikkhu. tividhūpaparikkhī imasmiṃ dhammavinaye kevalī vusitavā uttamapuriso ti vuccati. kathaṃ ca bhikkhave, bhikkhu sattaṭṭhānakusalo hoti? idha bhikkhave, bhikkhu rūpaṃ pajānāti, rūpasamudayaṃ pajānāti, rūpanirodhaṃ pajānāti, rūpanirodhagāminiṃ paṭipadaṃ pajānāti, rūpassa assādaṃ pajānāti, rūpassa ādīnavaṃ pajānāti, rūpassa nissaraṇaṃ pajānāti."; 『雜阿含經』 第2卷(T2,

위에서 예를 든 색에 관한 일곱 가지 관점이 수·상·행·식에도 각각 적용된다. 또한 5온에 대해 35가지 측면에서 통찰(pajānāti)하며 5온에 대한 유신견적 견해를 부정한다. 그리고 계속해서 경전에서는 먼저 통찰을 통해 알려지는 색의 내용을 다음과 같이 설명한다. (1) 색은 4대와 4대에서 만들어진 것이며, (2) 색의 생기 원인은 음식(āhāra)이며, (3) 색의 소멸 원인은 음식의 소멸에 의한다. (4) 색의 소멸에 이르는 길은 8정도이며, (5) 색의 쾌락은 색에 의해 발생하는 즐거움과 기쁨이고, (6) 색의 결점이란 색은 무상·고·변하는 특징을 지니는 것이며, (7) 색에서 벗어나는 것은 물질에 대한 탐욕을 제어하고 끊어 초월하는 것이다.[25]

한편 색과 수·상·행·식이 다른 점은, 수受는 6수신受身·상想은 6상신想身·행行은 6사신思身·식識은 6식신識身으로 정의하고 식識은 명색名色의 생기와 소멸에 의존하나, 수受·상想·행行의 생기와 소멸은 촉觸에 의지하고 있어 12연기의 유전流轉과 환멸還滅의 관점도 제시된다.[26] 또한 색의 결점, 색의 생기 원인, 색의 소멸 원인, 색의 소멸에 이르는 길은 각각 사성제의 고·집·멸·도에 해당된다고 볼 수 있다. 이와 같은 5온에 대한 일곱 가지 통찰 관점은 고통(苦)의 발생과 소멸을 나타내는 연기의 유전과 환멸의 측면뿐만 아니라 사성

10a5-12); 『雜阿含經』(失譯)(T2, 498c21-29), 『佛說七處三觀經』(T2, 875b9-18).

25 SN. III, 62.11-63.3; 『雜阿含經』第2卷(T2, 10a12-24). 『雜阿含經』(失譯)(T2, 498c29-499a11), 『佛說七處三觀經』(T2, 875b19-29).

26 SN. III, 63.4-65.19; 『雜阿含經』第2卷(T2, 10a24-10c18), 『雜阿含經』(失譯)(T2, 499a12-b29), 『佛說七處三觀經』(T2, 875b29-c18).

제의 관점도 포괄적으로 설명된다. 즉 고통의 원인이 되는 유신견적 인식을 연기적 관점으로 전환하여 5온에 대한 유신견적 사고를 단절하는 것이 바로 고통의 소멸로 연결되는 것이라는 것을 알 수 있다.

한편 초기경전에서 3의관 7처선이 무루행이라고 설명하는 것과 달리 아비달마불교에서는 유루와 무루로 분류한다. 앞에서 언급한 『상응부』「칠처경(Sattaṭṭhāna suttaṃ)」에 해당되는 한역『잡아함경』 제42경에서는 3의관 7처선의 통찰이 번뇌를 단절하고(漏盡) 무루의 심해탈과 혜해탈로 이끈다고 설명하고 있어 이는 무루행無漏行인 것을 알 수 있다.[27] 그러나 아비달마적 관점에서 엄밀하게 고려하면 위에서 제시한 수행의 순서에 위치하고 있는 3의관과 7처선은 무루인 견도위에 도달하기 전단계이다. 때문에 유루의 단계도 포괄하고 있는 것을 간과해서는 안 된다. 『발지론』에서는 7처선을 설명한 후, 유루지와 무루지가 함께 포함되어 있음을 다음과 같이 설명한다.

(1) 여실하게 색을 아는 것[28]은 4지智, 즉 법法·유類·세속世俗·고지苦智이다.

(2) 여실하게 색의 생기 원인(集)을 아는 것은 4지智, 즉 법法·유類·세속世俗·집지集智이다.

(3) 여실하게 색의 소멸(滅)을 아는 것은 4지智, 즉 법法·유類·세속

---

27 『雜阿含經』 第2卷(T2, 10a4-8).

28 『八健度論』 第13卷(T26, 830b28-29)에서는 '색의 고苦를 아는 것은 4지智이다'라고 설명하여 5취온적 관점에서 설명한다; 유부 논서의 3의관 7처선에 대해서는 田中裕成(2017)가 상세하다.

世俗·멸지滅智이다.

(4) 여실하게 색의 소멸(滅)에 이르는 행行을 아는 것은 4지智, 즉 법法·유類·세속世俗·도지道智이다.

(5) 색의 쾌락(味)을 아는 것은, 4지智, 즉 법法·유類·세속世俗·집지集智이다.

(6) 색의 결점(患)을 아는 것은, 4지智, 즉 법法·유類·세속世俗·고지苦智이다.

(7) 색에서 벗어나는 것을 아는 것은, 4지智, 즉 법法·유類·세속世俗·멸지滅智이다.[29]

여기서 알 수 있듯이 5온이라는 존재현상을 관찰하는 지智에 대해 『비바사론』은 『발지론』 본론에서 언급한 법지法智, 유지類智, 세속지世俗智를 각각 욕계, 색계, 일체의 색의 과果·색의 원인·색의 소멸·색의 대치도對治道로 관찰하는 것이라 해석한다. 또한 (1) 고지는 유루有漏의 색의 과(果, 고)에 대해 비상非常·고苦·공空·비아非我, (2) 집지는 유루의 색에 대해 인因·집集·생生·연緣, (3) 멸지는 유루의 색의 멸滅·정靜·묘妙·리離, (4) 도지는 유루의 색의 도道·여如·행行·출出을 안다. 이는 모두 같은 하나의 색의 일체의 색의 과果·색의 원인·색

---

29 『發智論』第9卷(T26, 964b7-15), "如實知色是四智, 謂法類世俗苦智. 如實知色集是四智, 謂法類世俗集智. 如實知色滅是四智, 謂法類世俗滅智. 如實知趣色滅行是四智, 謂法類世俗道智. 如實知色味是四智, 謂法類世俗集智. 如實知色患是四智, 謂法類世俗苦智. 如實知色出是四智, 謂法類世俗滅智."; 『八健度論』第13卷(T26, 830b28-30c5).

의 소멸·색의 대치도對治道를 관찰하는 것이다. (5)는 하나의 색의 집을, (6)은 하나의 색의 고를, (7)은 하나의 색의 멸을 관찰한다고 해석하여 5온에 대한 통찰을 강조하는 것을 알 수 있다.[30] 이러한 관점은 사성제 16행상의 통찰내용이다.

위의 『발지론』 본론에서 알 수 있듯이 색의 쾌락(味)은 하나의 색의 집(원인)으로, 색의 결점(患)은 하나의 색의 고苦로, 색에서 벗어나는 것은 하나의 색의 소멸로 관찰하는 것이라고 하여 색의 쾌락(味)은 하나의 색의 집(원인)과, 색의 결점(患)은 하나의 색의 고통(苦), 색에서 벗어나는 것은 하나의 색의 소멸에 포함시킨다. 이는 초기경전에서 설명하고 있는 것과 같이 아비달마의 7처선의 해석도 고통의 발생과 소멸을 설명하는 유전과 환멸연기의 관점과 함께 사성제의 관점 또한 포괄하고 있는 것을 알 수 있다. 하지만 주의해야 할 것은 초기불교의 설명과 달리 7처선을 유루와 무루의 관점으로 분류하는 것이다. 아비달마는 이 단계에서의 사성제의 관찰은 앞의 『비바사론』에서도 언급하고 있듯이, '마치 비단을 사이에 두고 여러 가지 모양을 보는 것과 같다'고 설명하여 명료한 직관인 견도위에서의 사성제의 관찰과 구분한다. 이는 LA에서 법념주 직후는 유루지에 의해 연기를 관찰한다고 설명하고 있는 것과 같은 맥락이다.[31]

위에서 살펴본 것과 같이 『순정리론』·TA·LA의 해석에서 제시하는 관찰의 대상은 제행무상·제법무아·12지 연기의 유전流轉과 환멸還滅

---

30 『毘婆沙論』 第108卷(T27, 559b21-c17); 『旧婆沙論』 第56卷(T28, 397b15-c10).

31 LA, P. Ñu 200b6-201a1, D. chu 162b2-5.

의 관점·사성제·5온·12처·18계이며 7처선의 통찰 내용으로도 볼 수 있다. 이러한 통찰은 존재현상을 연기적으로 인식하는 태도를 바탕으로 나(我)에 집착하는 유신견적 사고의 단절이 해탈로 직결되는 것을 말한다. 따라서 3의관 7처선의 관점은 5온을 연기적 인과관계로 이해하여 진리를 체득하는 혜를 더욱 강화시켜 존재현상을 파악하는 방식으로 무루혜를 획득하기 위한 중요한 통찰방법이라는 것을 알 수 있다.

3) 일체법의 의미

『비바사론』을 비롯한 유부의 논서와 주석서들에 제시된 수행 순서와 통찰대상의 고찰을 통하여 혜의 대상은 5온이라는 핵심 개념에 집약된다는 것을 알 수 있었다.[32] 유부의 실천론의 중심을 차지하는 현관이란, 자아라고 집착하는 다섯 가지의 집합(5온)은 무상·고·공·무아의 특징을 지닌 가설된 존재에 지나지 않는다고 깨닫는 것이다. 이것은 사성제 가운데 고성제에 대한 바른 이해에 다름 아니다. 사성제는 현관이 먼저 일어난 순서대로 구성된 것이며, 고성제와 집성제의 통찰을 통해 생멸하는 존재현상은 연기적 인과관계를 토대로 한다는 사실을 이해하여 괴로움의 원인을 단절할 수 있는 것이다.[33] 이와 같은 현관의 관법은 사성제를, 무루지를 지닌 성자의 눈으로 일체법을 관찰하는 것이다. 즉 현관은 유신견적 사고에 입각한 범부중생의 인식에서, 연기법칙을 토대로 고통의 실상을 자각한 성자로 인식이

32 이러한 관점은 초기 아비달마 논서에서부터 나타난다.

33 본서 제2장 각주 48을 참고 바람.

전환된 상태를 의미한다.

일체법(5온)은 무아며 무상하다는 존재현상의 참모습을 이해하여 무루지를 증득하는 것이 아비달마불교 실천론의 핵심적인 내용이다. 이러한 실천방식은 연기의 법칙에 의해 형성된 존재현상을 있는 그대로 바라보는 여실지견如實知見의 통찰과도 연결된다.[34] 혜의 주요한 통찰대상인 일체법은 아비달마 교학의 다르마 분류체계의 토대가 되는 5온·12처·18계 3과科에 포괄된다. 이는 인식 발생의 토대와 인식대상이 경험하는 일체법이다. 여기서 먼저 초기불전에서 '일체'에 대해 어떻게 정의하는지 간단하게 살펴보자.

> 비구들이여! 나는 일체를 설할 것이다. 이것을 잘 들어라. 비구들이여! 일체란 무엇인가? 눈과 물질, 귀와 소리, 코와 향기, 혀와 맛, 몸과 촉감, 마음과 마음의 대상이다. 비구들이여! 이것을 일체라 말한다.
> 비구들이여! 어떤 이가 다음과 같이 말하고자 한다. 나는 이와 같은 일체〔에 대한 설명〕를 거부하고 일체지를 알려주겠다. 이러한 주장은 말(vācā)을 토대로 한 것이다. 〔무엇이냐고〕 물어봐도 설명할 수 없을 것이며, 더욱 혼란에 빠질 것이다. 그 원인은 무엇인가? 비구들이여! 그것은 〔그가 직접 경험할 수 있는〕 대상이 아니기 때문이다.[35]

---

34 본서 제4장 2. 초기불교에 있어서 사념주 참고 바람.

35 SN. IV, 15.10-21; 『雜阿含經』 第13卷(T2, 91a24-b3), "sabbaṃ vo bhikkhave desissāmi. taṃ suṇātha. kiñca bhikkhave sabbaṃ? cakkhuṃ ceva rūpā ca,

여기서 일체는 6내처內處와 6외처外處의 12입처入處라고 정의된다. 본문의 후반부에서 설명하듯이 일체는 언어의 개념에 근거하고 있는 것이 아니라 내가 일상생활에서 여섯 가지 감각기관을 바탕으로 직접 보고 듣고 경험하는 일체의 범위로 구성되어 있다. '일체는 12처'이라는 개념은 해당 한역에서도 명확하게 제시된다.[36] 구체적인 여섯 감각기관의 경험대상만이 일체법의 범위에 포함된다. 경험되고 지각된 현상에 근거하는 실재만이 존재하는 모든 것이라 정의되는 것이다.

이러한 관점은 초기불교의 존재론과 인식론의 특징을 잘 보여준다. 즉 초기불교의 존재분석은 연기법칙을 토대로 인간을 구성요소인 법으로 환원시키고 인식과정과 구성요소들을 분류 정리한다. 다시 말하면 12처, 즉 6근과 6경이 각각의 인식(6식)을 발생시키는 기반이 되는 일체이다. 발생된 6식은 각자의 기능을 지닌 발생조건인 6근에 의존하고 있는 것을 확인할 수 있다. 수행자는 이러한 인과적 흐름을 내적 관찰을 통해 존재의 구성요소는 조건에 의해 발생하는 무상·고·무아의 특징을 지닌 것으로 통찰한다. 또한 이러한 일체법의 범위는 세계의 범위이기도 하다.[37] 즉 6근과 6경이라는 존재요소들은 연기의

---

sotañca saddā ca, ghānañca gandhā ca, jivhā rasā ca, kāyo ca phoṭṭhabbā ca, mano ca dhammā ca. idaṃ vuccati bhikkhave sabbaṃ. yo bhikkhave evaṃ vadeyya. ahametaṃ sabbaṃ paccakkhāya aññaṃ sabbaṃ paññāpessāmīti. tassa vācāvatthurevassa. puṭṭho ca na sampāyeyya, uttariñca vighātaṃ āpajjeyya. taṃ kissa hetu? yathā taṃ bhikkhave avisayasminti."

36 『雜阿含經』 第13卷(T2, 91a26-29).

37 舟橋一哉(1952), 78-84; 후나하시(1952), 23-31는 경험적 인식론적인 담론으로 발전한 12처와 18계와 함께, 인간 존재의 구성요소인 5온을 일체법으로 분류하는

법칙을 토대로 구성된 세계이다. 이러한 존재요소들은 인연화합에 의해 만들어진 것(유위)이며 생멸하는 존재로 따로 나(我)라는 실체를 상정하지 않는다. 이와 같이 존재요소들은 연기법칙에 따라 발생한 현상이라는 존재의 실상을 있는 그대로 알고 보는 것이 깨달음으로 연결되는 것이다. 5온은 가설된 존재현상이라고 이해하여 자아를

범주에 포함한다; AKBh에서는 일체법을 먼저 유루와 무루로 분류한 뒤, 유위와 무위로 구분한다. 예를 들면 5온은 유위법이나 5온에 대한 집착인 5취온은 유위이며 유루에 포함시킨다. 또한 일체법을 5온·12처·18계에 포함시키는 것을 다음과 같이 설명한다. AKBh, 12.4-8, "tatra skandhaiḥ sarvasaṃskṛta-saṃgrahaḥ/ upādānaskandhaiḥ sarvasāsravāṇām āyatanadhātubhiḥ sarvadharmāṇām/ samāsatas tu jñātavyaḥ, **sarvasaṃgraha ekena skandhenāyatanena ca [/] dhātunā ca (18abc)** rūpaskandhena manāyatanena dharmadhātunā ca sarvadharmāṇāṃ saṃgraho boddhavyaḥ/" 이 가운데 5온에 의해 일체의 유위법들이 포함된다. 〔5〕취온에 의해 일체의 유루〔법〕들이 〔포함되고〕, 〔12〕처와 〔18〕계에 의해 일체법이 〔포함된다〕. 한편 〔다음과 같이〕 간단명료하게 알아야 한다. 하나의 온, 하나의 처, 하나의 계에 의해 일체법이 포함된다.(18abc) 〔5온 가운데〕색온, 〔12처 가운데〕의처, 〔18계 가운데〕 법계에 의해 일체법이 모두 포함된다고 이해해야 한다.; 『비바사론』에서는 일체법을 5온·12처·18계에 귀속시키고 이 가운데 12처가 가장 뛰어난 법이라고 다음과 같이 설명한다. 【질문】 왜 이 교설이 가장 수승하고 미묘한 〔법문인〕가? 【대답】 이 〔교설〕는 이 〔12〕처處 가운데 일체법을 포함한다고 설명하기 때문이다. 18계의 교설도 일체법을 포함하기도 하지만, 이 교설은 길게 설명하기 때문에 수지하기 힘들다. 5온의 교설은 간략하게 설명해 이해하기 어렵지 않으나 일체법을 모두 포함할 수 없다. 〔왜냐하면〕 〔5〕온에 3무위無爲는 포함되지 않기 때문이다. 『毘婆沙論』 第73卷(T27, 378c17-21), "然佛所說十二處教, 最上勝妙非餘法門. 問何故此教最上勝妙? 答此是處中說攝一切法故. 十八界教雖攝一切法, 而是廣說難可受持. 五蘊教非唯略說難可解了, 而亦不能攝一切法. 以蘊不攝三無爲故."

인정하지 않는다. 이러한 관점은 유부에 이르면 인무아로 표현된다.

앞에서 언급한 초기불교의 관점은 유부가 인식주관과 인식대상을 구성하는 구체적인 현상들인 제법으로 환원되는 것이라 생각하는 태도의 근원이 된다. 분석된 존재현상들은 과거·현재·미래의 3세에 걸쳐 실체(dravya)로 존재한다고 생각하는(dravyato' sti) 3세실유설로 체계화되었다. 유부는 존재현상(諸法, dharmas)을 과거·현재·미래의 3세에 걸쳐 다른 것과 구별되는 자신만의 고유한 특질인 자성을 지니고 실유하는 현상으로 본다. 법에 다른 존재와 구별되는 고유한 성질(自性, svabhāva)의 개념을 도입한 것이다. 초기불교에서 설명되는 인식주관(6근)과 이에 대응하는 외부대상(6경)으로 환원된 존재요소들은 제법 분류체계인 5위 75법으로 분류 체계화되고 유부의 존재론적인 법의 이해는 3세실유와 관련지어 설명된다. 즉 인식에 의해 포착되는 구체적인 경험대상들인 존재현상에 실체성이 부여되어 '일체법'은 존재하는 모든 것의 범위인 5위 75법으로 체계화된다.

유부는 다섯 범주에 속하는 75종류의 물질적, 심리적, 관념적 요소들을 일체법으로 체계화한다. 유부에게 궁극적으로 존재하는 실유는 5위 75법이며, 이러한 일체법은 존재의 구성요소로 초기불교에서 인식하는 주관과 대상인 5온·12처·18계에서 발전되며 제법의 분류체계로 체계화되었다.[38] 유부 교의학은 초기불교에서 붓다가 설한 중요한 주제들(論母, mātṛkā)의 분류, 정리를 바탕으로 5위 75법으로 경험된 현상을 분류하고, 마침내 존재현상을 세속적 존재와 승의적 존재로

---

38 西村實則(2002), 13-36.

구분하게 되었다. 이와 같은 존재현상의 분류방식은 일상생활에서의 경험대상과 종교적 명상체험에서의 인식대상이 엄밀하게 구분되는 것을 말해준다.[39]

이와 같은 관점에서 보면 앞에서 언급한 『비바사론』에서 제시한 수행체계는 통찰의 대상이 되는 존재현상에 관한 유부의 이러한 관점을 잘 나타내고 있다고 생각한다. 붓다의 가르침을 토대로 분류된 제법을 분석하는(dharmapravicaya) 혜는 명상에서 체험되는 자성을 지닌 다르마라는 궁극적 존재현상을 통찰하는 혜와 분리해서 생각할 수 없다. 즉 전자는 후자의 이론적 근거를 제공하는 것을 『비바사론』의 수행체계를 통해 알 수 있었다.

3. 존재를 보는 두 가지 관점 - 세속제와 승의제-

1) 설일체유부에서 2제설의 의미

위에서 살펴본 것과 같이 유부는 일체법을 세속제(世俗諦, saṃvṛtisatya)와 승의제(勝義諦, paramārthasatya)의 관점에서 본다. AKBh에 이르면 두 가지 존재(2유)가 2제설과 관련하여 설명되지만, 『비바사론』에서는 2제설과 2유의 구체적인 관련성은 뚜렷하지 않다.[40] 먼저 AKBh의 사상 형성에 많은 영향을 끼치고 있는 『비바사론』에서 존재에 대해 어떻게 분류 설명하고 있는지 살펴본 후 2제에 대해서 살펴보겠다. 『비바사론』에서는 존재를 다음과 같이 분류한다.

---

39 이종철(1999), 86-92.

40 윤희조(2012), 142-147.

(1) 실물유實物有, 시설유施設有,

(2) 상대유相待有, 화합유和合有, 시분유時分有,

(3) 명유名有, 실유實有, 가유假有, 화합유和合有, 상대유相對有이다.

차례대로 살펴보면 첫 번째, 예를 들고 있는 실물유는 온蘊과 계界 등이며, 시설유는 남男과 여女 등이라고 설명한다. 두 번째, 상대유는 다른 것과의 관계에 있어서 유무有無, 화합유는 어떤 장소에 있는 존재, 시분유는 어떤 시간에서의 존재를 지칭한다. 세 번째, 명유는 이름뿐인 존재, 즉 거북이의 털과 토끼의 뿔 등과 같이 실제로는 존재하지 않는 것, 실유는 각자의 자성을 지닌 일체법, 가유는 병·옷·수레 등이다. 화합유는 모든 온(諸蘊)의 화합에 푸드갈라(pudgala)를 시설하는 것이며, 상대유는 길고 짧음 등을 의미한다.[41] 여기서 주목하고 싶은 것은 실물유, 즉 실유를 의미하는 온蘊과 계界, 실유로 정의되는 일체법은 시설유와 가유에 상반되는 것이다. 나아가 여기서 말하는 온(蘊, skandha), 처(處, āyatana), 계(界, dhātu)의 분류법은 가설적 개념(prajñapti)으로 표현되는 세속적 존재가 아니라 다른 현상과 구별되는 변하지 않는 자기만의 특징(svabhāva)을 지닌 '승의적 존재'를 의미한다. 유부가 분류하는 5위 75법은 이러한 승의적 존재를 지시하

41 『毘婆沙論』 第8卷(T27, 42a24-b4), "有說二種. 一實物有, 謂蘊界等. 二施設有, 謂男女等. 有說三種. 一相待有, 謂如是事, 待此故有, 待彼故無. 二和合有, 謂如是事, 在此處有. 在彼處無. 三時分有, 謂如是事. 此時分有, 彼時分無. 有說五種. 一名有, 謂龜毛免角空花鬘等. 二實有, 謂一切法各住自性. 三假有, 謂瓶衣車乘軍林舍等. 四和合有, 謂於諸蘊和合施設補特伽羅. 五相待有, 謂此彼岸長短事等."; 『旧婆沙論』 第4卷(T28, 30c20-25).

는 다르마로 구성된 체계인 것이다. 이와 같은 존재의 종류는 후대 유부에서 승의제·세속제와 관련지어 설명되는 중요한 개념이다.

2제설은 『비바사론』에 이르러 본격적으로 논의되기 시작한다. 『비바사론』에서 2제를 설하게 되는 계기는 사성제의 자성과 제諦의 의미를 설한 후 "진리(제)가 네 가지면 하나의 진리는 왜 설명하는가?"[42]라는 문제의식에서 제기되고 있다. 『비바사론』에서는 먼저 사성제는 2제설로 분류되고 있으며, 그 다음 세속과 승의의 구분방법이라는 두 가지 관점에서 다음과 같이 설명하고 있다.

(1) 고제와 집제는 세속제: 세간에서 경험하는 모든 일, 즉 남·여·가는 것·머묾·병·옷감 등이 이 가운데 포괄된다.
멸제와 도제는 승의제: 출세간의 진실의 공덕 모두가 포함된다.
(2) 고제·집제·멸제는 세속제: 세속의 시설施設이 있다.
도제는 승의제: 세속의 시설이 없다.
(3) 사성제 전부는 세속제: 붓다는 사문, 바라문의 명칭으로 도제를 말하기 때문에 도제에도 세속의 사물이 설명되고 있다.
일체법의 공·비아의 이치는 승의제이다: 공·비아에 대해서는 세속의 대상으로 시설할 수 없기 때문이다.
(4) 세속제, 고제(남·여·가는 것·머무는 것·병·옷감 등)
집제(고제와 같음)
멸제(성·궁전·피안과 같음)
도제(배, 뗏목·돌산·사다리 등과 같음)

---

42 『毘婆沙論』 第77卷(T27, 399b10-14).

승의제, 고제(고·비상·공·비아)
집제(인·집·생·연)
멸제(멸·정·묘·리)
도제(도·여·행·출).[43]

『비바사론』은 (1)~(3)에서 어떤 사람의 설명을 제시한 뒤, (4)에서 자신의 의견을 나타낸다. 여기서 공통적으로 사제를 이제의 관점에서 파악하는 것을 알 수 있다. 세속과 승의의 구별은 무라카미(村上, 1993), Buescher(2005), 박창환(2013)[44]이 주장하고 있듯이 언표된 내용에 의해 구분된다. 즉 세상에서 일반적으로 사용되는 사람·항아리·옷 등과 같이 의미를 전달할 수 있는 명칭(名)과 그러한 명칭의 자성自性은 세속제라고 한다. 한편 성자가 연기나 사성제 가운데

---

43 『毘婆沙論』第77卷(T27, 399c9-400a1), "有作是說, 於四諦中, 前二諦, 是世俗諦. 男女行住及瓶衣等, 世間現見, 諸世俗事. 皆入苦集二諦中, 故後二諦, 是勝義諦. 諸出世間, 眞實功德, 皆入滅道二諦中故. 復有說者, 於四諦中, 前三諦, 是世俗諦. 苦集諦中, 有世俗事義, 如前說. 佛說滅諦, 如城如宮或如彼岸. 諸如是等世俗施設, 滅諦中有, 是故滅諦, 亦名世俗. 唯一道諦, 是勝義諦. 世俗施設, 此中無故. 或有說者, 四諦皆, 是世俗諦攝. 前三諦中, 有世俗事義, 如前說. 道諦亦, 有諸世俗事. 佛以沙門婆羅門, 名說道諦故. 唯一切法空非我理, 是勝義諦. 空非我中, 諸世俗事, 絶施設故. 評曰, 應作是說, 四諦皆有世俗勝義, 苦集中, 有世俗諦者, 義如前說. 苦諦中有勝義諦者, 謂苦非常空非我理, 集諦中有勝義諦者, 謂因集生緣理. 滅諦中有世俗諦者, 佛說滅諦如園如林如彼岸等, 滅諦中有勝義諦者, 謂滅靜妙離理. 道諦中有世俗諦者, 謂佛說道如船栰如石山如梯隥(=蹬<宋><元><宮>)如臺觀如花如水, 道諦中有勝義諦者, 謂道如行出理."

44 村上眞完(1993), 26-27, Buescher, J. B.(2005), 63-65, 박창환(2013), 42-43.

멸제나 도제 그리고 허공과 비택멸 등을 언급하는 것은 승의제라 부른다.[45] 한편 성자의 언어는 세속제이나 그 언어가 표현하는 대상은 승의제로 구분한다. 이러한 관점은 다음과 같이 『순정리론』에서 보다 자세하게 설명하고 있다.

> 2제는 언어표현을 통한 가르침에 의해 분류된다. 즉 〔성자가〕 설한 모든 보특가라·성·숲 등에 상응하는 언어표현은 모두 세속제에 포함된다. 이것은 진실한 의미를 제시하기 위해 먼저 설명한 것이지 다른 이를 속이려는 마음으로 인용한 것은 아니기 때문에 제(諦, 진리)라고 하였다.
> 온·처·계 등은 모두 존재한다고 설명하고, 〔이러한 것들과〕 상응하는 언어표현에 의한 가르침은 모두 승의제에 포함된다. 이는 제법의 실상을 드러내어 변별하기 위한 것이다. 일합상一合想과 유정상有情想을 논파하여 진리를 드러내기 때문에 '제'라고 하였다. 이러한 사제에 의한 가르침은 능히 유정으로 하여금 진실(眞實, tattva)의 이치를 증득하게 하기 때문에 승의제이다.[46]

여기서 2제는 성자의 언표와 언표된 내용과 관련시켜 설명한다.

---

45 『毘婆沙論』 第77卷(T27, 400a26-400b4).

46 『順正理論』 第58卷(T29, 665c22-28), "有言二諦約教有別. 謂諸宣說補特伽羅城園林等相應言教, 皆世俗攝. 此爲顯示實義爲, 非從誑他作意引起, 故名爲諦. 諸有宣說蘊處界等, 相應言教皆勝義攝. 此爲詮辯諸法實相. 破壞一合有情想等, 能詮眞理故名爲諦. 此四諦教, 能令有情, 證眞實理, 故是勝義."

즉 세속제는 성자가 '보특가라·성·숲' 등 보편적인 세간의 언어로 의미를 제시하기 때문에 '진리(諦)'라고 설하여 일상적인 언어의 중요성을 강조한다. 한편 승의제는 온·처·계 등의 제법의 궁극적 존재방식을 드러내기 때문에 승의제이며 세속제와는 다른 존재방식으로 구분된다. 일체법이 존재한다고 설명하는 이유는 제법이 연기적으로 조건지어진 존재임을 이해하는 것을 토대로 5온의 집합체를 하나의 일합상과 유정상이라고 보는 견해를 버리게 하기 위해서라는 것을 알 수 있다. 여기서 이에 대응되는 『비바사론』에서 일체법의 공·비아의 이치가 승의제라고 해석하고 있는 것을 고려하면 5온 무아와의 관련성을 간과할 수 없다.

이러한 관점은 『비바사론』에서 자세하게 설명하고 있다. 여기서는 "5온을 일합상一合想으로 이해하고 하나의 나(我)로 파악한다"[47]고 설명하여 일합상이란 5온의 화합에 의해 '내(我)'가 존재한다고 보는 사고방식이라는 것을 알 수 있다. 일체법인 온·처·계에 가상假想으로 시설施設된 것이 유정상이라고 이해하며 '나'를 가설된 존재로 파악하는 것이다. 이와 같은 전도된 생각을 바로잡는 방법으로 사념주 가운데 법념주가 제시되는데 이는 공상작의인 법념주만이 번뇌를 단절할 수 있다고 보는 관점으로도 연결된다.[48] 무상·고·공·무아의 속성을

---

47 『毘婆沙論』 第8卷(T27, 38a8-12).

48 『毘婆沙論』 第137卷(T27, 707a17-20), "유정은 진실의 의미나 승의로 이해할 수 없고 온·처·계에 가상假想으로 시설施設된 것이 유정·인간·의생意生·양자養者·보특가라補特伽羅·명자命者·생자生者이기 때문에 유정이라고 한다.": 『毘婆沙論』 第186卷(T27, 939a26-b3)에서 어떤 사람에 따르면 유가사는 법념주에

지닌 유위법은 연기적 인과관계의 법칙에 따라 형성된 것에 불과하다는 것을 이해하는 것이 진실의 이치를 증득하는 것이며 이러한 이해는 사성제의 관법을 바탕으로 한다. 즉 5온에서 나를 추구하는 범부의 인식에서 연기적 인과법칙의 이해를 토대로 5온을 이해하는 성자의 인식으로 변화하는 것을 말한다.

세속제는 조건에 의해 발생하는 세간에서 일반적으로 사용되는 명칭인 사람 등을 지시하는 것이다. 한편 승의제는 본질적인 존재현상인 다르마의 체계를 지시하는 궁극적인 존재현상을 말한다. 이러한 관점은 다음의 ADV의 2제에 관한 설명에서 명확하게 나타난다.

> 궁극적인 의미에서 늘 자성(svabhāva)에 의해 파악되고, 결코 자신의 존재를 상실하지 않으며, 수승한 혜慧를 지닌 〔성자의〕 언어표현(abhidhāna)과 연관되어 있고, 인간의 〔관념적 조작을〕 넘어서 있는 어떤 대상(apauruṣeyaviṣaya, 즉 다르마)을 '궁극적인 존재'(paramārthasat)라고 일컫는다. 또한 〔성자가〕 궁극적인 진리〔를 획득〕한 후 일상 언어로 소통(vyavahāra)하기 위하여 가설(prajñapti)의 형태로 표현하는 것, 이것을 '세속적 존재'(saṃvṛtisat)라고 한다. 예를 들어 항아리(ghaṭa), 옷, 숲, 사람 등이다.[49]

위의 설명에서 알 수 있듯이 승의제는 성자의 혜로 통찰하는 인지적

의해 아상·일합상을 없애는 것이 가능하다고 설명한다.

49 ADV, 243, 박창환(2013), 43에서 재인용함; 유부의 이제설에 관해서는 Buescher, J. B.(2005), 55-83, 윤희조(2012), 142-147, 박창환(2013), 41-44을 참고 바람.

특징인 자성에 의해 구별되는 궁극적인 존재현상, 즉 온·처·계로 분류되는 궁극적인 존재체계를 의미한다.[50] 유부의 관점에서 말하자면 견도위見道位에 있는 성자가 획득한 무루혜로 다르마인 존재현상을 통찰하는 것이기 때문에 성자의 언어를 통해 표현된다고 설명한다. 즉 성자의 직접지각(pratyakṣa)의 대상이며 다른 현상과 구별되는 고유한 인지적 특징(自相, svalakṣaṇa)을 지닌 존재를 말한다. 한편 세속제는 구성요소가 만들어낸 현상에 대한 가설적 표현을 지칭하는 것을 알 수 있다. ADV의 설명에서 알 수 있듯이 유부에 의해 승의제는 불설을 정리한 '다르마 체계'를 정리한 요의설(nītārtha, 진실어)로, 세속제는 불요의설을 설하는 것으로도 연결된다.[51] 이와 같은 ADV의 설명에서 승의제는 무루혜를 지닌 성자의 언어와 인식대상과 밀접하게 관련되며 해탈체험과 분리하여 생각할 수 없다는 것을 알 수 있다. 이는 『비바사론』과 『순정리론』의 관점이 전적으로 반영되어 있어 이제에 관한 유부의 입장을 보다 명확하게 제시한다고 생각한다.

2) AKBh에서 설명하는 2제설

위에서 살펴본 것과 같이 2제는 존재를 인식하는 두 가지 방법이다. 이제 2제에 대한 유부의 주장을 AKBh에서는 어떻게 설명하는지 살펴보겠다. AKBh 제6장 「현성품」에서는 본격적으로 2제는 존재(2유)와 관련지어 설명하며 존재론적 측면을 보다 강조한다. 세속제는 인과적 조건에 의해 발생한 화합물(samūha)을 대상으로 한다.[52] 예를

---

50 Buescher, J. B.(2005), 68, 박창환(2013), 44.

51 박창환(2013), 43.

들면 항아리는 조각으로 분석되기 전 항아리라는 세속적 명칭으로 지칭할 수 있으나, 분석되고 나면 항아리라는 명칭에 대응하는 실체는 사라지고 조각난 경험대상(dharma)만 남는다. 항아리는 가설적인 관념적 존재, 즉 조건적인 사회적 합의를 바탕으로 명명된 세속제이다. 이러한 사고방식은 5온에도 적용된다. 각각의 5온의 존재적 요소를 임시적으로 '나(我)'라고 지칭할 뿐이다. 한편 승의제는 자성을 지닌 궁극적 존재인 온·처·계로 분류되는 다르마를 의미한다. 이는 더 이상 분석될 수 없는 존재현상의 근본요소인 5위 75법에 다름 아니다. 세속제와 승의제로 구분하는 것은 인식하는 주체에 따라 보이는 대상도 달라지는 것을 의미한다. 이는 각각 일상생활에서 경험하는 인식대상과 수행자나 성자가 혜인 통찰로 명상에서 경험하는 인식대상이다. 이러한 차이점을 설명하기 위해 사성제를 해석한 뒤 2제를 방론으로 따로 제시하였다고 생각된다. AKBh의 2제설에 대해 살펴보면 먼저 게송으로 설한 후 장행석에서 다음과 같이 해석하고 있다.

세존께서는 사제도 설하셨고, 세속제와 승의제도 〔설하셨다〕. 이 두 가지는 어떻게 정의되는가?
어떤 X를 〔물리적으로〕 분석했을 때나 다른 〔구성요소들을〕 혜(dhī)로 배제했을 때 그것에 대한 인식(buddhi)이 없어지면 〔예를 들면〕 항아리와 물[53]과 같이 세속유이고, 그렇지 않으면 승의유이

---

52 西義雄(1975), 384-385, 박창환(2013), 51.

53 현장 第22卷(T29, 116a14); 진제 第16卷(T29, 268c11); P. Ṅu 8b7, D. khu

다.(6-4)[54]

어떤 X를 부분으로 분석했을 때, 그것에 대한 인식이 없어지면 그것은 세속유다. 예를 들면 항아리와 같다. 왜냐하면 그것을 파괴하고 조각나면, 항아리에 대한 지각은 없어지기 때문이다.[55]

그리고 어떤 X로부터 다른 구성요소(제법)들을 인식으로 배제했을 때 그것에 대한 인식이 사라지면, 그것도 또한 세속유라고 이해해야 한다. 예를 들면 물과 같다. 왜냐하면 그것으로부터 색色 등의 제법을 인식에 의해 배제하면 물에 대한 인식은 존재하지 않기 때문이다.[56]

그러나 그러한 〔존재들〕에 대해 세속적인 개념(saṃvṛtisaṃjñā)을 만들어 세속유에 의거해 '항아리가 있다' 혹은 '물이 있다'고 한다면

7b1; AKVy, 524.9에 따라 artha는 ambu로 교정.

54 AKBh, 333.21-334.2, "catvāry api satyāny uktāni bhagavatā, dve 'pi satye saṃvṛtisatyaṃ paramārthasatyaṃ ca/ tayoḥ kiṃ lakṣaṇam/ 〔Pr 334〕 **yatra bhinne na tadbuddhir anyāpohe dhiyā ca tat/ ghaṭāmbuvat saṃvṛtisat paramārthasad anyathā (4)**"

55 AKBh, 334.3-4, "yasminn avayavaśo bhinne na tadbuddhir bhavati tat saṃvṛtisat/ tadyathā ghaṭaḥ/ tatra hi kapālaśo bhinne ghaṭabuddhir na bhavati/"

56 AKBh, 334.4-5, "yatra cānyān apohya dharmān buddhyā tadbuddhir na bhavati, tac cāpi saṃvṛtisad veditavyam/ tadyathāmbu/ tatra hi buddhyā rūpādīn dharmān apohyāmbubuddhir na bhavati/"

〔세속적인〕 진실을 말한 것이지 허언으로 〔말한 것은〕 아니기 때문에 이것은 세속제이다.[57]

이와 다르다면 승의제이다. 어떤 X가 분석될 때도 그것에 대한 인식이 실로 존재한다. 인식에 의해 다른 다르마를 배제할 때도 〔그것에 대한 인식이 실로 존재하는〕 그것을 승의유라고 한다. 예를 들면 색(色, rūpa)과 같다. 왜냐하면 이런 경우 실체는 극미에까지 분석하여도 인식으로 맛 등의[58] 제법을 배제해도 색의 자성(svabhāva)에 대한 인식은 실로 존재한다. 수受 등〔의 심소들〕도 마찬가지로 보아야 할 것이다. 이것은 승의에 의해 존재하기 때문에 승의제이다.[59]

위에서 알 수 있듯이 AKBh에서는 세속유를 (1) 물질적 분석과 (2) 인식적 분석으로 분류하고 있다. 이것을 TA는 각각 형태를 지닌 세속(saṃsthānasaṃvṛti)과 화합된 세속(samudayasaṃvṛti)이라 부른

---

57 AKBh, 334.5-7, "teṣv eva tu saṃvṛtisaṃjñā kṛteti saṃvṛtivaśāt ghaṭaś cāmbu cāstīti bruvantaḥ satyam evāhur na mṛṣety etat saṃvṛtisatyam/"

58 현장 第22卷(T29, 116a24); 진제 第16卷(T29, 268c27); P. Ṅu 9a4, D. khu 7b4에 따라 rasārhān api는 rasādīn api로 교정.

59 AKBh, 334.7-9, "ato 'nyathā paramārthasatyam/ yatra bhinne 'pi tadbuddhir bhavaty eva/ anyadharmāpohe 'pi buddhyā tat paramārthasat/ tadyathā rūpam/ tatra hi paramāṇuśo bhinne vastuni rasādīn api ca dharmān apohya buddhyā rūpasya svabhāvabuddhir bhavaty eva/ evaṃ vedanādayo 'pi draṣṭavyāḥ/ etat paramārthena bhāvāt paramārthasatyam iti/"

다.[60] 즉 물리적 충격에 의해 항아리가 깨졌을 때 항아리라는 인식은 사라진다. 인식의 대상이 되는 항아리 등의 물질적 존재는 조건에 따라 인연이 화합하여 가설된 존재로 명칭(nāma)이 지시하는 조건적인 화합물이다. 두 번째 화합된 세속적 존재인 물은 물질적 분석을 통해 맛 등을 제거하는 것이 불가능하기 때문에 인식(buddhi)를 통해 맛 등의 존재요소들을 배제하고 물에 대한 인식여부를 확인하는 것이다. 이와 같은 두 가지 분석법을 이용하여 5위 75법의 체계 가운데 많은 부분을 차지하고 있는 심리적 요소인 수受 등의 분석에도 적용된다는 것을 추측할 수 있다.[61]

인식적 분석은 물질의 해체가 아닌 심리적인 존재현상(심소법)의 분석에 사용할 수 있는 방식이다. 이에 대해 TA는 "항아리와 같이 조각나는 것과는 달리 어떤 구성요소들의 집합을 생각을 통해 배제했을 때, 이전의 그것에 대한 인식이 사라지게 되는데, 예를 들면 물과 같다고 한다. 즉 여타의 구성요소에 대한 인식을 통해 색깔과 형태,

---

60 TA, P. tho 347b1-2, D. do 202b3; AKVy, 524.12-13에서는 다른 사람의 설로써 (1) 항아리 등과 같이 다른 세속에 의하는 것(saṃvṛtyantaravyapāśraya), (2) 물과 같이 개별적인 실체에 의하는 것(dravyāntaravyapāśraya) 두 종류로 설명한다. 松田和信(2014), 385.

61 AKVy, 524.16-20: **세속유**란 언설로서의 **존재**(sat)이다. **승의유**란 승의로서의 **존재**(sat)이다. 자성으로서의 **존재**라는 의미이다. **수/느낌 등도 마찬가지로 보아야 할 것이다**, 라는 것은 受·思·想 등도 마땅히 이와 같이 보아야 할 것이다. 왜인가? 受 등의 제법을 인식으로 배제해도, 受의 자성에 대한 인식이 생기하기 때문에 受는 실유이다. 이와 같은 [설명이] 想과 思에도 적용되어야 한다; 平川彰(1953), 7는 유부의 인식의 대상은 외계뿐만 아니라 심리현상도 의식의 대상이 된다고 설명한다.

냄새와 촉감들을 배제하면 이것이 물이라는 생각, 즉 물이라는 인식이 사라진다"[62]고 해석하여 세속적인 존재를 두 가지로 분류하는 것을 알 수 있다.

한편 정밀하게 분석된 후에도 더 이상 분석할 수 없는 궁극적인 존재현상은 5위 75법의 다르마 체계로 실재한다. 즉 색법을 분석하더라도 그것의 자성이 없어지지 않는 존재가 승의제인 실재이며, 사라지는 존재는 세속제인 가설적인 존재라고 정의한다. TA와 『순정리론』에서는 자성에 대한 인식이 항상(恒常, nitya)한 것이 승의제라고 설명하여 자성의 실체적 존재를 강조한다.[63] 여기서 주목하고 싶은 것은 승의제는 성자의 인식활동과 인식대상과 관련된다는 것이다. 왜냐하면 성자의 관점에서 사성제는 진리이며, 고제의 자성은 5취온이라고 이해되기 때문이다. 성자 이외 범부중생들의 인식은 원래 무상·고·공·무아의 특징을 지니고 있는 5온의 집합체인 '나(我)'에 대해 상·락·아·정이라는 정반대의 유신견적 사고방식을 토대로 하는 아집我執에 의해 지배된다.[64] 이와 같은 설명에서 인식주체에 따라 보이는 대상

---

62 『順正理論』 第59卷(T29, 666a9-17); TA, P. tho 347b1-4, D. do 202b3-5; 松田和信(2014), 385.

63 『順正理論』 第58卷(T29, 666a23-26); TA, P. tho 347b4-5, D. do 202b5; 松田和信(2014), 385-384.

64 AKBh에서는 無常을 常, 苦를 樂, 不淨을 淨, 非我를 我로 보는 네 가지를 顚倒라 하며 유신견 가운데 我所見을 제한 我見을 我顚倒로 분류한다.(AKBh, 283.5-10). 이와 같은 전도는 모두 예류의 성자에 의해 단절되는 견수면에 속한다.(AKBh, 282.14-15). 한편 5취온을 '나' 혹은 '내 것'이라고 생각하는 사람의 교만함을 我慢이라고 정의하고, 이를 7慢에 포함시키며 견소단과 수소단에

또한 다른 것을 알 수 있다. 이러한 관점을 AKVy는 다음과 같이 설명한다.

> **승의제**란 뛰어난 지智의 대상이다. 승의이며, 또한 진실한 그것이 **승의제**이다. **다른 지** 〔즉〕 세속지에 의해 **파악된 것**과 같은 **세속제**가 있다. 세속의 〔즉〕 세속적, 염오 혹은 불염오의 지에 의해 파악되기 때문에 세속제이다.[65]

위의 해석에서 세속제와 승의제를 대상으로 하는 지智가 구분되고 있는 것을 알 수 있다. 유부는 지智를 열 가지 종류로 정의하며 유루有漏와 무루無漏로 분류한다. 이것에 관해 AKBh 「지품智品」을 중심으로 살펴보면, 이 가운데 세속지는 유루로, 법지(法智, 욕계에 속한 사성제를 대상으로 하는 지)와 유지(類智, 색·무색계를 대상으로 하는 지)는 무루지에 해당된다. 다음으로 세속지가 대상으로 하는 것에 대해 두 가지를 설명하고 있는데 첫 번째는 병과 옷 등 세속에 존재하는 사물인 세속유, 두 번째로 세속지는 유위有爲와 무위無爲의 모든 법이 대상이 된다.[66] 세속지는 16행상을 지니고 또한 다른 행상도 지니는데 이는 일체법에 대해 자상自相과 공상共相으로 파악하는 것을 말한다.[67] 여기서 세속지

통한다고 설명한다.(AKBh, 284.21-285,4 285.16-17).

65 AKVy, 524.25-28, "paramasya jñānasyārthaḥ *paramārthaḥ*. paramārthaś ca satyaṃ ca tat *paramārtha-satyaṃ* yathā *'nyena jñānena* laukikena *gṛhyate*. *tathā saṃvṛti-satyaṃ*. saṃvṛtyā saṃvyavahāreṇa jñānena vā kliṣṭenākliṣṭena vā gṛhyata iti saṃvṛti-satyaṃ."

66 AKBh, 391.15-392.18.

가 16행상을 가진다고 하는 것은 순결택분인 난煖 등의 사선근의 단계를 의미한다.[68] 이와 같은 논의는 『비바사론』·『순정리론』 등에서도 찾아볼 수 있다.[69] 사념주와 사선근의 단계에서 유루지에 의한 16행상의 관찰은 견도위의 무루지를 획득하기 위한 명상체험에서의 인식이라는 것을 알 수 있다.

이와 같이 유부의 다르마 체계는 명상 경험의 이론적 토대이자 수행자의 수승한, 혹은 성자의 지(혜)로 명상에서 인식되며 세속지와

---

67 AKBh, 395.20.

68 AKVy, 618.15-17.

69 『毘婆沙論』 第9卷(T27, 44b8)에 따르면 "智는 자상과 공상을 대상으로 하지만 識은 오직 자상을 대상으로 한다." "지는 유루와 무루를 대상으로 하지만 식은 오직 유루만을 대상으로 한다." "지는 무위와 유위를 대상으로 하지만 식은 오직 유위만을 대상으로 한다" 등이라고 여러 논사들이 지와 식에 대해 논의하고 있는 곳에서 승의지와 세속지의 단초를 찾아볼 수 있다. 『毘婆沙論』 第9卷(T27, 44b19-20), (T27, 44b21); 또한 『비바사론』과 『순정리론』에서는 다음과 같이 설명한다. 즉 "존재를 무루와 유루로 분류하고 유루의 자성을 세속지"라고 설명하기도 한다. "온, 처, 계, 사성제 등은 승의법이며 남녀, 오고감, 병, 옷, 차, 집, 숲, 산 등은 세속법이기 때문에 세속지이다." "유루는 불명료한 행상을 만드는데 세속지는 16행상을 만든다." "지는 소연법을 깊이 관찰하고 결정하기 때문에 지라고 이름한다." "진지盡智는 무루이고 세속지는 유루이다." 『毘婆沙論』 第106卷(T27, 547a27-29), (T27, 548b11-13), (T27, 548c27-29), 『毘婆沙論』 第141卷(T27, 727a29-b1), 『毘婆沙論』 第155卷(T27, 790c5-6); "10지는 유루와 무루성으로 구별한다. 이와 같은 2지는 세속지·법지·유지의 세 가지 특징이 있으며 〔이 가운데〕 유류지의 이름이 세속이다." "세속지는 일체의 유위 무위를 대상으로 한다." "세속지의 16행상이란 사선근에서 관찰하는 16행상이다"라고 설명한다. 『順正理論』 第73卷(T29, 735c8-13), (T29, 736a24-25), (T29, 739b1-2).

구별된다. 성자의 지는 궁극적으로 5온이라는 일체법을 무상·고·공·무아의 특징으로 여실하게 보는 것이다. 가설된 존재는 명칭을 통해 제시되지만 가립된 존재에 가려진 본질적인 존재인 다르마를 인지하는 것은 성자의 인식이다. 이러한 인식이 향하는 대상이 현관작용인 견도를 증득하기 위한 예비단계의 실천으로 이론 체계화되어 유부의 수행체계로 제시된다는 것을 알 수 있었다.

4. 결론

지금까지 『비바사론』에서 제시된 유부의 수행체계를 단서로 유부의 수행론은 유부의 존재론을 이론적 근거로 하고 있는 것을 알 수 있었다. 즉 일체법인 5온이 연기적 인과관계에 의해 발생된 존재현상이라는 것을 명상에서 통찰해 가는 과정은 유부의 수행체계를 이해할 수 있는 중요한 단서를 제공한다.

이것을 이해하기 위해 본서에서는 먼저 『비바사론』에서 제시한 3의관 7처선에 주목하였다. 이는 AKBh의 총연의 법념주를 설하는 곳에서는 언급되지 않으나 AKBh의 주석서인 TA와 LA, 그리고 『순정리론』에서는 3의관 7처선을 언급하여 일체법인 5온에 관한 통찰을 더욱 강조한다. 특히 LA의 해석을 단서로 혜가 관찰하는 대상은 인연화합에 의해 발생하는 5온의 변화상이라는 것을 알 수 있었다. 견도의 무루지의 전단계인 유루지의 대상으로 통찰의 대상은 5온으로 집약된다.

일체법인 5온·12처·18계의 범주는 자성을 지닌 궁극적인 존재이며 명상체험에서의 인식대상이다. 일상적인 언어관습을 토대로 한 가설된 존재는 명칭을 통해 제시된다. 하지만 가설된 존재를 넘어 본질적이고 실체적인 존재인 다르마를 인지하는 것은 성자와 명상수행자의 뛰어난 인식이다. 이러한 바른 인식인 무루지를 강화하고 성취하기 위한 준비단계로 붓다의 가르침을 체계화하고 실천 체험하였다. 그리고 이는 『비바사론』에서 제시된 유부의 수행체계를 구성하고 있는 것을 확인할 수 있었다.

제8장 현관現觀, 인무아人無我의 통찰

– 설일체유부를 중심으로 –

1. 서론

앞장의 2제의 설명에서 알 수 있었듯이 자성을 지닌 궁극적인 존재는 명상에서 경험하는 존재현상(일체법)이며 수행자 혹은 성자가 지닌 혜(慧, prajñā)의 대상이다. 또한 이는 중요한 붓다의 교설과 밀접하게 관련한다. 유부의 수행체계는 붓다 자신이 깨달은 무아無我를 천명하기 위해 설한 교설을 토대로 하고 있기 때문이다.

유부는 붓다가 발견한 사성제 가운데 고성제의 특징을 5취온取蘊이라고 정의한다. 이는 5온이라는 일시적인 화합물에 영속적인 '나(我)'를 설정하여 집착하는 잘못된 견해이다. 이러한 사고방식은 초기불교에서 그 단초를 찾아볼 수 있다. 유신견적 사고를 대변하는 불법을 듣지 못한 범부중생(assutavā puthujjano)은 5온을 '나(我)'·'내 것(我所)'이라 생각한다. 한편 불법을 많이 들은 성제자(sutavā ariyasāvako)는 5온을 다섯 가지 존재요소의 화합물에 불과한 무상·고·무아의 특징을 지닌 존재현상으로 통찰한다.

유부는 초기불교에 근거하여 고통의 발생과정을 연기법칙에 따라 관찰하고 고통과 고통의 원인인 자아관념도 연기과정에 의한 생성물로 간주한다. 이러한 관점은 『법온족론』「연기품」 제21장에 무명無明에서 생·노·병·사에 이르기까지 고통의 생기과정에서 발생하는 자아관념에 대한 설명에서도 잘 나타난다.

유부는 자아의식인 유신견에 대해 초기불교의 이해를 토대로 해석하면서도 존재현상으로 보는 유부 특유의 시선을 놓치지 않는다. 그리고 혜에 의한 관찰을 바탕으로 제법諸法을 판별하고 내면적으로 인과작용에 의해 형성된 제법임을 관찰하는 데 집중한다. 유부 문헌에서 혜는 '법상法相의 간택'과 '위빠사나', 즉 존재론적 범주론와 인식론적 실천론의 두 가지 관점으로 정리된다. 유부가 법상을 분석하는 것은 실천론의 사전정지 작업으로 볼 수 있다.

본서는 중요한 유부 문헌에서 다루고 있는 유신견에 대해 자성(自性, svabhāva)과 자상(自相, svalakṣaṇa)의 관점에서 살펴보고자 한다. 5온에 집착한 상태인 20가지 종류의 자아관념은 자성으로, 아행상我行相과 아소행상我所行相의 방식으로 파악하는 것은 자상의 관점에서 고찰한 것이다. 이와 같은 유부의 유신견의 분석적 이해를 통해 5온의 실유實有는 인정하면서도 영속적인 '나(我)'의 존재는 부정하는 인무아의 통찰에 대해 고찰하고자 한다.

2. 고성제와 유신견의 관계와 의미

1) 고성제와 유신견의 관계

현관은 유루법인 5취온의 결과적 측면인 고통의 속성을 무상·고·공·무아(비아)라는 네 가지 특징으로 파악하는 것이다. 이는 초기불교에서 경험대상을 있는 그대로 인식하고(如實知見) 고통의 특성을 파악하는 연기적 통찰을 통해 고통을 소멸하고자 하는 것과 맥락을 같이한다. 한편『비바사론』에는 사성제의 자성에 대한 여러 논사들의 다양한 설명이 제시되어 있는데 그 가운데 아비달마 논사들은 다음과 같이 주장한다.

【질문】 사제의 자성은 무엇인가?

【대답】 아비달마 논사들은 '5취온은 고제, 유루인 원인은 집제, 그것의 택멸은 멸제, 학·무학은 도제'라고 말한다.[1]

위와 같이 아비달마 논사들은 고성제를 5취온으로 해석한다.[2] 5취

---

1 『毘婆沙論』第77卷(T27, 397a28-b2), "問如是四諦自性云何? 阿毘達磨諸論師言, 五取蘊是苦諦, 有漏因是集諦, 彼擇滅是滅諦, 學無學法是道諦."

2 고제를 5취온으로 정의하는 입장은 초기불교의 충실한 계승자인 유부 계통의 초기 논서인『집이문족론』·『법온족론』·『품류족론』에서부터 찾아볼 수 있다. 『集異門足論』第6卷(T26, 392a17-19);『法蘊足論』第6卷(T26, 480a16-481a4); 『品類足論』第7卷(T26,718b21-22);『法蘊足論』第6卷(T26, 480c21-481a4)에서는 5취온을 설명한 뒤, 취온은 모두 본질적으로 苦가 된다. 안온하지 않고 성자의 마음에 위배되기 때문이라고 설한 뒤, 고제라고 부르는 이유에 대해 다음과

온이란 색·수·상·행·식의 화합인 5온을 '나(我)'라고 집착(取)하는 것이며, 나(我)와 내 것(我所)이 존재한다고 잘못 이해하는 범부중생들의 심리적 집착인 유신견으로도 표현된다. 연기적 형성물에 불과한 '나'는 원래 존재하지 않는 것이라는 사실에 대한 무지인 무명無明은 고통을 야기하는 직접적인 원인이 된다.[3] 이는 색·수·상·행·식 등 각각의 5온에 자아의 존재를 관련지어 5온의 집합을 실체시하는 범부중생의 관점을 말한다. 한편 불법을 많이 접한 성제자들은 5온을 연기적 존재로 통찰하여 무상·고·무아의 특징을 지닌 것이라고만 알 뿐 자아의식이라는 부정적인 심리요소와 결부시키지 않는다.[4]

같이 설명한다. "이와 같이 여러 苦들을 고라고 부르는 것은, 즉 여기서 무상이라 부르는 것은 진실로 무상이며, 여기서 고라고 부르는 것은 진실로 고이다. 부처님께서 세상에 계시든 세상에 계시지 않으시든, 이와 같은 고라고 하는 법은, 법으로서 법계에 머물며, 모든 여래는 자연히 통달하고 등각하고, 시설하고, 건립하고, 분별하고, 계시하고, 그것을 나타나게 한다. 즉 이것은 무상이며, 고이며, 이것은 무상성이다. 이것은 眞이며, 이것은 實이다. 이것은 諦이며, 이것은 如이며, 妄이 아니며, 虛가 아니며, 전도된 것이 아니며, 異가 아니므로 고라고 부른다. 聖諦라고 부른다. 聖이라는 것은 즉 제불 및 불제자이며, 그들의 諦[를 성제라고 하는 것]이다. 즉 그들은 그것에 대해 지견하고, 이해하고, 깨달아서 諦인 것이다. 이것에 의해, 고성제라고 하는 것이다. 고성제라는 것은 임시로 명칭과 개념을 세워서 고성제라고 한다. 갠지스강의 모래보다 많은 부처님과 불제자들은 모두 함께 이와 같은 명칭을 시설하기 때문이다"라고 설한다. 한편 『心論』 第4卷(T28, 827a21-29); 『心論經』 第5卷(T28, 861a5-13); 『雜心論』 第8卷(T28, 936b23-936c1)에서는 고성제를 일체유루행一切有漏行이라고 정의하여 행의 역할에 초점을 맞추고 있다; MN. I, 299.7-12.

3 MN. I, 299.16-34.

4 『상응부』 「박칼리(Vakkali)」와 『중아함』 「상적유경(Mahāhatthipadopama-sutt

『상응부』「온상응蘊相應」 등에는 5온과의 관계에서 무아를 설명하는 많은 예가 제시되고 있다.[5] 즉 5온 각각은 '무상·고·무아이며, 무아인 것은 내(我)가 아니고, 내 것(我所)이 아니며, 내가 아트만이 아니다'라는 인무아 사상을 강조하여 '나'라는 아트만과 연결 짓지 않는다. 유신견은 5온과 자아의 존재를 연결시키는 그릇된 견해이며, 이것이 바로 고통을 발생시키는 주요한 원인이 되는 것이다. 고가 발생하는 과정에 대해 『상응부』에서는 다음과 같이 설명한다.

> 비구들이여! 비통(愁, soka)·비탄(悲, parideva)·고통(苦, dukkha)·근심(憂, domanassa)·절망(惱, upāyāsa)이 어떻게 생기며, 어떻게 나타나는가? 비구들이여! 여기에 무문無聞의 범부가 있다. 성인聖人을 본 적이 없고, 성인의 가르침을 알지 못하고, 성인의 가르침에 따르지 않고, 선인善人의 가르침을 알지 못하고, 선인의 가르침에 따르지 않고, 몸(色)은 나(我)이다, 나는 몸을 지니고 있다, 나 가운데 몸이 있다, 몸 가운데 내가 있다고 본다. 그는 그 몸이 다르게 변한다. 그 몸이 다르게 변하여 비통·비탄·고통·근심·절망이 발생하는 것이다. (이하 수·상·행·식도 같은 문장.)[6]

---

a)」에서는 "연기를 보는 자는 법을 보며, 법을 보는 자는 연기를 본다"고 설명한 후, 5취온은 이러한 조건(緣)에 의해 발생한 존재현상이며, 5취온에 대한 탐욕과 애착이 고를 발생시키며, 5취온에 대한 탐욕의 단절이 고의 소멸이라는 것을 강조한다; SN III, 120.28-121.4; MN I, 190.37-191.6.

5 SN. III, 1-277.

6 SN III, 42.8-17, "kiṃjātikā ca bhikkhave, sokaparidevadukkhadomanassupāyāsā, kim pahotikā? idha bhikkhave, assutavā puthujjano. ariyānaṃ

위와 같이 불법을 듣지 못한 범부는 원래 색·수·상·행·식으로 이루어진 5온의 집합에 '몸(色)은 나이다, 나는 몸을 지니고 있다, 나 가운데 몸이 있다, 몸 가운데 내가 있다'라고 오인하여 비통·비탄·고통·근심·절망이라는 괴로움이 발생한다고 설명한다. 유신(有身, sakkāya), 즉 자신의 신체가 존재한다고 집착하는 것이 고통의 직접적인 원인이 된다.[7] 범부중생의 입장에서 집착된 5온(5취온)은 20가지 자아에 대한 견해인 유신견이며, 5취온의 한 특정 현상을 자기와 동일시한다. 그리고 이러한 자아의식도 연기법에 의해 형성된 조건적인 현상이라는 것을 설명함으로써 자아에 대한 집착(取)은 연기적 결과물이라는 것을 강조한다.

이러한 관점은 『법온족론』「연기품」 제21장에서 무명無明에서 생·노·병·사에 이르기까지 고통의 인과적 발생과정을 나타내는 12연기지 가운데 취取가 연기적으로 발생되는 과정에서 다음과 같이 설명된다.

… "또한 어떤 사람이 있어 내가 설한 색온의 법 가운데서 '나'를

---

adassāvī, ariyadhammassa akovido, ariyadhamme avinīto, sappurisānaṃ adassāvī, sappurisadhammassa akovido, sappurisadhamme avinīto, rūpaṃ attato samanupassati, rūpavantaṃ vā attānaṃ, attani vā rūpaṃ, rūpasmiṃ vā attānaṃ. tassa taṃ rūpaṃ vipariṇamati. aññathā hoti. tassa rūpavipa-riṇāmaññathābhāvā uppajjanti sokaparidevadukkhadomanassupā-yāsā."; 高橋審也(1983b), 92-93; 高橋는 5[취]온을 제법과 제행과 같이 범부적 세계로 본다.

7 高橋審也(1983b), 92-93.

관찰한다.[8] 이러한 조건 지어진 현상(行, Skt. saṃskāra, Pāli. saṅkhāra, 제행)을 관찰하는 것은 무엇에 의(緣)하고, 무엇을 원인으로 하며, 이것은 무엇에서 생하며, 이것은 무엇에서 나타나는가?[9] 무명촉에 의해 발생된 수受에 의해 애愛가 발생한다. 이와 같이 조건 지어져 생한 현상(행, 애)은 그것(수)에 의하고, 그것을 원인으로 삼으니, 이것은 그것에서 생하며, 그것에서 나타난다. 이와 같이 발생한 애는 무엇에 의하고, 무엇을 원인으로 삼으며, 이것은 무엇에서 생하며, 무엇에서 나타나는가? 이른바 무명촉無明觸에서 발생된 수受에 의해 발생한 애는 수(느낌)에 의하고, 수를 원인으로 하고, 수에서 생하며, 수에서 나타난다. 이와 같이 발생한 수는 무엇에 의하며, 무엇을 원인으로 하고, 이것은 무엇에서 생하며, 무엇에서 나타나는가? 이른바 무명촉에서 발생된 수는 촉觸에 의하며, 촉을 원인으로 하고, 이것은 촉에서 생하며, 촉에서 나타난다. 이것에서 생한 촉은 무엇에 의하며, 무엇을 원인으로 하고, 무엇에서 생하며, 무엇에서 나타나는가? 이른바 6처이니, 이와 같이 생한 촉은 6처에 의하고, 6처를 원인으로 하며, 이것은 6처에서 생하며, 6처에서 나타난 것이다. 이와 같이 6처는 무상하고 유위이며, 이것은 만들어진 것으로 여러 인연에서

8 samanupassati(sam-anu-√paś)는 to see, perceive, regard로서 등수관等隨觀으로 한역되고, 생각하다, 시인하다, 보다, 관찰하다 등으로 해석된다.

9 아집(자아관념)이 12지 연기에 의해 형성되는 과정을 나타내며 5취온이 연기에 의한 발생한 것임을 증명한다. 한역은 是誰種類. 從誰而生이나 팔리(SN III, 96.23-24), "so pana saṃkhāro kiṃnidāno kiṃsamudayo kiṃjātiko kimpabhavoti."; 『雜阿含經』 第2卷(T2, 14a14): 彼行何因何集何生何轉을 토대로 해석하였다.

발생한 것이니, 이와 같이 촉·수·애인 현상(행)을 관찰하고, 또한 무상하고 유위이며, 이것은 만들어진 것으로, 여러 조건(연)에서 발생한 것이라고 하였다." 이와 같이 관찰하면서 색色을 '나'라고 집착하는 것이 바로 유신견이니, 지금 생기되는 번뇌(纏)이며, 그 〔나라고 집착하는〕 이 번뇌(유신견)에서 다시 다른 번뇌가 생기되어 성장한 것은 더욱 성장하게 하고, 맹리한 것은 더욱 맹리하게 하고, 충족된 것은 더욱 충족되게 할 것이니 앞에서 생기한 번뇌(纏)를 애愛라 하고, 나중에 발생한 번뇌를 취라고 이름한다. 이것을 '애에 의해 취가 존재한다'고 한다.[10]

위에서 살펴본 것과 같이 유신견(자아관념)은 촉－수－애－취의 연기과정 가운데 '취'의 발생에서 뚜렷하게 나타난다. 『법온족론』에서는 계속해서 '나(아)는 색(몸)을 지니고 있다고 관찰한다(我有諸色)'·

10 『法蘊足論』 第12卷(T26, 511b19-511c8), "…"復有一類, 於我所說, 色蘊法中, 等隨觀我. 此能觀行, 以誰爲緣, 用誰爲集, 是誰種類, 從誰而生? 謂無明觸所生諸受, 爲緣生愛. 此所生行, 以彼爲緣, 用彼爲集, 是彼種類, 從彼而生. 此能生愛, 以誰爲緣, 用誰爲集, 是誰種類, 從誰而生? 謂無明觸所生諸受, 此所生愛, 以受爲緣, 用受爲集, 是受種類, 從受而生. 此能生受, 以誰爲緣, 用誰爲集, 是誰種類, 從誰而生? 謂無明觸, 此所生受, 以觸爲緣, 用觸爲集, 是觸種類, 從觸而生. 此能生觸, 以誰爲緣, 用誰爲集, 是誰種類, 從誰而生? 謂六處, 此所生觸, 以六處爲緣, 用六處爲集, 是六處種類, 從六處而生. 如是六處, 無常有爲, 是所造作, 從衆緣生, 如是觸受愛能觀行, 亦無常有爲, 是所造作, 從衆緣生." 此等隨觀, 色爲我者, 是有身見, 現所起纏, 彼從此纏, 復起餘纏, 增上轉增上, 猛利轉猛利, 圓滿轉圓滿, 前所起纏, 說名爲愛, 後所起纏, 轉名爲取. 是名愛緣取."; SN III, 94.25-99.32; 『雜阿含經』 第2卷(T2, 13c7-14b11)을 참고 바람.

'색은 나의 소유이다(我所)라고 관찰한다(色是我所)'·'내가 색 가운데 있다고 관찰한다(我在色中)'고 한 뒤, '수受·상想·행行·식識'에 대해서도 이와 같이 관찰한다고 설명한다. 이러한 관찰은 '나와 내 것'이라고 집착하여 아만我慢의 발생에까지 이른다. 하지만 이러한 연기적 발생 과정에서 생기한 존재현상은 '무상無常하고 유위有爲이며, 만들어진 것으로, 여러 조건에서 발생한 것이다'라는 특징을 지닌 연기적 현상으로 설명된다. 그리고 수·상·행·식에 대해서도 같은 문구가 적용되고 유신견은 조건 지어진 무상한 존재현상으로 간주된다.[11] 이와 같이 자아관념은 조건에 의해 형성된 현상에 불과한 것이다. '나'와 '내 것'이라는 자아관념을 형성해 가는 힘에 의해 인과적 흐름 속에서 발생한 존재현상인 제행은 연기법칙에 의해 발생된 각각의 지支이며 '무상하고 유위이며, 만들어진 것으로, 여러 조건들에 의해 발생된 것이다'라는 존재론적 특징을 지닌다.[12]

이와 같이 5온과 '나'를 동일시하는 자아의식도 결국 연기법칙에 따라 생멸하는 법이다. 유신견은 무명촉無明觸에서 발생한 느낌(受)을 조건으로 발생한다. 즉 고통을 발생시키는 자아는 연기에 의한 생성물이라는 것에 대한 무지에 의해 기관(根)·대상(境)·의식(識) 세 가지 감각요소들이 결합한다(무명촉). 그리고 이는 궁극적으로 '나는 색을 지니고 있다고 관찰한다(我有諸色)·색은 나의 소유라고 관찰한다(色是我所)·내가 색 가운데 있다고 관찰한다(我在色中)'라는

---

11 『法蘊足論』 第12卷(T26, 511c8-511c28).

12 諸行의 의미에 대해서는 高橋審也(1983a), (1983b)과 村上眞完(1987, 1988, 1990)이 유용하다.

자아의식이 발생하게 되는 것이다. 연기적 존재현상에 불과한 5온의 한 요소를 '나'와 동일시하고 20가지 종류의 자아의식이라는 관념이 발생하게 되는 것이다. 이와 같이 자아의식도 연기과정에서 발생한 심리적인 존재요소에 불과한 것이라 보는 5온 무아의 이해는 현관체험과 등치한다.

2) 고성제와 유신견의 의미

『법온족론』「연기품」 제21장의 설명에서 무명의 추동에 의해 발생하는 3사 화합의 작용에서 자아의식이 어떻게 발생하는지 살펴보았다. 연기법칙을 토대로 형성된 자아관념은 5온에 대한 집착이 만들어낸 심리적인 요인에 불과한 것이지 영원한 자아로 존재하는 것은 아니다. 5온에 대한 집착인 고의 원인은 연기의 전개과정에 따라 형성되며 소멸되는 것에 불과하다. 그러면 AKBh에서 고를 어떻게 설명하고 있는지 살펴보겠다.

> 고苦를 자성으로 하는 것은 느낌(受)의 한 부분인데, 어떻게 모든 유루의 제행이 고라고 말해지는가?
> 유루의 제행은 마음에 맞는 것, 마음에 맞지 않는 것, 그것 이외의 것이며,
> 가능성에 따라 세 가지 고성苦性과 연결해 있기 때문에, 남김없이 고이다.(6-3)
> 실로 3가지 고성은 고고성(苦苦性, duḥkhaduḥkhatā)·행고성(行苦性, saṃskāraduḥkhatā)·괴고성(壞苦性, vipariṇāmaduḥkhatā)이다.

모든 유위인 제행은 가능성에 따라 그것들에 의해, 남김없이 고이다. 그 가운데 마음에 맞는 〔제행〕은 괴고성〔과 연결되어 있다〕. 마음에 맞지 않는 〔제행〕은 고고성〔과 연결되어 있다〕. 그것들 이외〔의 제행〕은 행고성〔과 연결되어 있다〕.[13]

고성제의 설명에서 행복(樂)을 포함하는 유루의 제행이 고통인 이유는 고고성苦苦性·행고성行苦性·괴고성壞苦性 세 가지 고성苦性과 결합되기 때문이라고 설명한다. AKVy는 "마음에 맞는 제행은 괴고성과 행고성이 결합해 있기 때문에 고이다. 마음에 맞지 않는 제행은 고고성과 행고성이 결합해 있기 때문에 고이다. 그것들 이외의 제행은 행고성만에 의해 고苦이다"라고 해석하여 행고성의 중요성을 강조한다.[14] 행고성은 '여러 조건(諸緣)에 의해 형성된 것이기 때문(pratyayābhisaṃskaraṇāt)'에 고통이라 정의하고 있어 고고성과 괴고성의 논리적 근거를 제공하고 있는 것을 알 수 있다. 행行에 의한 고성(행고성)은

---

13 AKBh, 328.20-329.3, "yadā〈Sh, 872.2에 따라 yathā는 yadā로 교정〉 vedanaikadeśo duḥkhasvabhāvaḥ, kathaṃ sarve sāsravāḥ saṃskārā duḥkham ity ucyante/ **duḥkhās triduḥkhatāyogād yathāyogam aśeṣataḥ/ manāpa amanāpāś ca tadanye caiva sāsravāḥ** (3) 〔Pr 329〕 tisro hi duḥkhatā, duḥkhaduḥkhatā saṃskāraduḥkhatā vipariṇāmaduḥkhatā ca/ tābhir yathāyogam aśeṣataḥ sarve sāsravāḥ saṃskārā duḥkhāḥ/ tatra manāpā vipariṇāmaduḥkhatayā, amanāpā duḥkhaduḥkhatayā, tebhyo 'nye saṃskāraduḥkhatayā/"; 苦의 정의에 관한 논문으로는 藤田宏達(1980), 202-240와 李鐘徹(1989), 404-402가 유용하다.

14 AKVy, 515.25-27.

연기의 진행과정에 따라 형성되는 고통의 성질이다. 생기하는 것은 반드시 소멸하는 무상성에서 고통을 경험하기에, 조건들에 의해 형성(pratyayābhisaṃskaraṇa)되기 때문에 고苦라고 정의한다.[15]

AKBh에 의하면 성자聖者만이 제행諸行이 행고성行苦性을 토대로, 행복(樂)을 포함한 모든 행들이 고통(苦)임을 안다.[16] 성자만이 행복을 포함한 모든 행들은 조건들(諸緣)에 의해 형성된 유위법임을 알기 때문에 무상성에 의해 경험되는 고통이 함축되어 있는 것을 아는 것이다.[17] 이러한 정의를 바탕으로 AKBh에서는 "무상성에 의해 성자들의 마음에 거슬리므로 고통"이라고 규정한다. TA에서도 "성자들의 고통은 행고성에 의해서"라고 해석하여,[18] 조건 지어진 제행은 무상한 존재이며 고통이라는 것을 인정한다. 조건 지어진 모든 유위법은 소멸하는 성질을 지니고 있기 때문에 성자는 무상이라 보고, 무상성에 의해 성자의 마음에 거슬리므로 고통이라고 보는 것이다. AKVy는 무상이며 성자의 마음에 거슬리는 것을 '유루의 사물'이라고 해석한다.[19] 예를 들면 성자가 행복을 자성으로 하는 경험(受)을 고통라고 보는 것은 행복도 무상함에 의해 성자의 마음에 거슬리게 된다는 의미이다. 또한 조건에 의해 생기한 유위법에 불과하기 때문이며

---

15 AKVy, 516.10-13.

16 AKBh, 329.10-11, AKBh, 330.1; 樂受에 관한 설일체유부와 경량부의 입장 표명은 加藤純章(1989), 183-197를 참고 바람.

17 AKBh, 329.7-8; AKVy, 516.10-14.

18 본서 제2장 각주 56 참고 바람.

19 AKVy, 517.12-13.

유루의 사물이기 때문이다.[20] TA와 LA에서도 "행고성에 따라 하나가 되기 때문에 무상행상無常行相을 전제한다"고 해석하여, 무상성이 고통의 근거가 된다고 본다.[21] AKBh에서 "무상행상이 고행상苦行相을 이끌어낸다"[22]고 정의하여, 무상성이 행고성에 함축되어 있는 것을 고통의 특징이라고 보았다. AKBh의 이러한 설명에 관해 TA와 LA에서는 무아행상無我行相을 해석하고 있는 곳에서 "무상인 것은 고이며, 고인 것은 무아이다"라고 해석하여 제행무상·일체개고·제법무아를 특징으로 하는 존재현상의 참모습을 제시한다.[23]

이와 같은 설명은 초기불교에서 설명하는 연기의 형성물인 5온이 무상·고·무아라고 보는 실천적인 관점과 동일하다는 것을 알 수 있다. 또한 이는 범부가 보는 전도된 현상세계의 극복의 중심에 무아의 경험이 자리잡고 있는 것을 의미한다. 이것은 아비달마불교에서 사성제를 현관하여 아라한과가 확정된 견도위에 들어가는 성자의 실천방법이기도 하다. 즉 무아의 인식은 곧 성자의 해탈경험과 등치된다. 인과법칙에 대한 이해를 바탕으로 일체법인 5온이 무아임을 깨닫는 것이다. 위에서 언급한 아비달마 논사의 고성제에 관한 정의는 다음과 같은 AKBh의 유신견의 해석에도 반영된다.

---

20 AKBh, 330.2-3; AKVy, 517.13-14.

21 AKBh, 330.7-9; TA, P. tho 340a3-4, D. do 196a4-5; LA, P. Ñu 185b6-7, D. chu 149a5-6.

22 AKBh, 330.7-9; AKBh, 400.13-15.

23 TA, P. tho 462a6-7, D. do 300b5-6, LA, P. Ñu 287b5-6, D. chu 234a3-4; 青原令知(2002), 249-250.

아견과 아소견이 유신견이다. sat는 부서진다는 의미이다. 몸은 집합이다. 적집, 온(skandha)이라는 의미이다. '이것은 유有이며, 또한 신(身. 集合)'(동격한정복합어, karmadhāraya)이라고 하는 '유신(satkāya)이며, 5취온'이다. 이 〔유신견〕은 상주의 개념과 〔하나의〕 덩어리라는 개념을 버리게 하기 위해 이와 같이 명시한 것이다. 그것들 〔5취온을〕 나라고 집착하는 것은 이것을 먼저 전제로 하고 있기 때문이다.[24]

위의 설명에서도 알 수 있듯이 유신(satkāya)은 동격한정복합어로 해석하며 5취온과 등치된다. 유신견은 색·수·상·행·식에 의해 가설된 5온의 더미에 자아의 존재를 개입시켜 특정한 한 5온을 나라고 집착하는 그릇된 견해이다. 하지만 5온은 연기법칙을 토대로 생멸하는 무상·고·무아라는 존재론적 특징을 지닌 다섯 가지 덩어리의 복합체로 이해해야 하는 것이다. 때문에 자아가 존재한다는 잘못된 인식을 부정하기 위해 유신견은 소멸하기 때문에 유(有, sat)이며, 신(身, kāya)은 연기법칙에 따라 형성된 5온의 모임에 불과한 것이라고 이해한다. 즉 5온이 색·수·상·행·식으로 구성된 것이라고 통찰하는 것에 의해 하나의 덩어리라는 개념(想)은 없어진다. 따라서 5온에 대한 집착(5취온, 유신견)도 사라진다.

---

24 AKBh, 281.19-21, "ātmadṛṣṭir ātmīyadṛṣṭir vā satkāyadṛṣṭiḥ/ sīdatīti sat/ cayaḥ kāyaḥ saṃghātaḥ skandha ity arthaḥ/ sac cāyaṃ kāyaś ceti satkāyaḥ pañcopādānaskandhāḥ/ nityasaṃjñāṃ piṇḍasaṃjñāṃ ca tyājayitum evaṃ dyotitā/ etatpūrvako hi teṣv ātmagrahaḥ/"

한편 『비바사론』에서는 유신견은 실유인 5취온을 '나(我)와 내 것(我所)'이라고 그릇되게 이해하는 것이라고 설명한다. 이러한 견해는 『순정리론』에 전승된다. 『순정리론』에서는 『비바사론』의 해석을 기반으로 유신견을 해석하는데 유신이란 '화합된 신身이 존재(有, sat)한다'고 설명하여, 무상·고·공·무아의 특성을 지닌 5온이 존재(有)한다는 것에 초점을 맞추고 있다.[25]

이와 같이 유신견의 어의 해석에 대한 정통유부 문헌과 AKBh가 각자 강조하는 점은 다르지만, 무상·고·공·무아의 성질을 지닌 일체법인 5온의 특징을 강조하고 있는 것을 알 수 있다.

3. 아비달마불교에 있어서 유신견

앞에서 살펴본 것과 같이 유신견(satkāyadṛṣṭi)은 5취온이며, 5온과 자아관념을 관련지어 5온의 집합을 '나'라고 실체시하는 관념이다. 이와 같이 5온 각각에 영속적인 자아관념을 설정한다.[26]

---

25 『毘婆沙論』 第8卷(T27, 36a17-25); 『順正理論』 第47卷(T29, 605c19-22), "論曰, 由因敎力, 有諸愚夫, 五取蘊中, 執我我所. 此見名爲薩迦耶見, 有故名薩. 聚謂迦耶. 卽是和合積聚爲義. 迦耶卽薩名薩迦耶. 卽是實有非一爲義. 此見執我, 然我實無." 〔이와 같이〕 논한다. 〔여러 가지〕 원인과 〔잘못된〕 가르침을 〔접한〕 범부들은 5취온을 我와 我所라고 집착한다. 이러한 見을 유신견이라고 한다. 존재하기 때문에 有(sat)라고 한다. 모임은 身(kāya)을 말한다. 즉 이것은 화합적취라는 의미이다. 모임(身)이 즉 존재(有)한다고 하는 것을 sat-kāya(유신)라고 한다. 즉 이것은 실유實有이지 단일한 것이 아니라는 의미이다. 이 〔유신〕견은 '나'에 집착하는 것이나 '나'는 실재하지 않는다.

유부 문헌에서 유신견은 존재론적 관점과 인식론적 관점에서 전개된다. 전자는 네 가지 방법으로 5온을 '나'와 관련지어 20가지 종류의 자아에 관한 견해가 성립한다고 주장하는 것이다. 후자는 견소단 번뇌인 5견이나 3결 가운데 하나로 분류되는 것이다.

유신견에 관한 이와 같은 관점은 『비바사론』에 이르러서야 본격적으로 논의되지만, 초기 유부 문헌에서부터 그 단서를 찾아볼 수 있다.[27]

---

26 5온에 자아를 구축해 가는 범부중생들의 관점은 본 장 1) 존재론적인 관점을 참고 바람.

27 『集異門足論』 第12卷(T26, 419c17-18), "有身見云何. 答於五取蘊等. 隨觀見我或我所. 從此起忍欲慧觀見."; 『集異門足論』 第8卷(T26, 399c5-7) 견소단 번뇌로 분류되는 5견이나 3결의 하나; 『集異門足論』 第8卷(399c12-13) 견취 가운데 하나; 『集異門足論』 第12卷(419c7-420a2); 5순하분결順下分結 중 유신견순하분별, 『集異門足論』 第17卷(439a26-28); 5견인 견수면 가운데 하나로 열거되어 있다; 『法蘊足論』 第9卷(T26, 497a17-19), "云何有身見. 謂於五取蘊. 起我我所想. 由此生忍樂慧觀見. 名有身見."; 『法蘊足論』 第3卷(463c12-14): 3결을 단절하여 얻는 이익인 예류과 설명; 『法蘊足論』 第3卷(T26, 463c25-27): 불환과의 설명에서 5순하분결 중 하나; 『法蘊足論』 第12卷(T26, 511c25); 연기지 가운데 取의 설명 가운데; 『界身足論』 卷上(T26, 614b22-23, 615b2-3); 『品類足論』 第1卷(T26, 693b17-18), "有身見者. 於五取蘊等. 隨觀執我或我所. 由此起忍樂慧觀見."; 『品類足論』 第2卷(T26, 698c18-19), "五見云何. 謂有身見. 邊執見. 邪見. 見取. 戒禁取."; 『品類足論』 第3卷(T26, 700c1-2), "有身見云何. 謂於五取蘊等. 隨觀執我或我所. 由此起忍樂慧觀見. 是名有身見."; 『品類足論』 第4卷(T26, 707a9-10), "見苦所斷十隨眠云何. 謂有身見. 邊執見. 見苦所斷邪見見取戒禁取疑貪瞋慢無明."; 『發智論』 第1卷(T26,919a22-24), "若謂道爲不淨. 見道所斷. 若非我我見. 於五見. 何見攝. 何見所斷. 答有身見攝. 見苦所斷."; 『發智論』 第3卷(T26, 929b13), "有三結。謂有身見結. 戒禁取結. 疑結."; 『發智論』 第3卷(T26, 929b26), "五見. 謂有身見. 邊執見. 邪見. 見取. 戒禁取."

하지만 아비달마불교에서 존재에 대한 명확한 분석은 곧 실천론의 사전정지 작업으로 이해할 수 있기 때문에 두 가지 관점은 분리해서 생각할 수 없다. 이것은 『비바사론』에서 볼 수 있는데, 『비바사론』은 먼저 '일체법은 비아'라고 주장하여 외도들이 주장하는 아我의 개념을 부정한 뒤[28] 다음과 같이 설명한다.

> 유신견에 포함된 것이 그(유신견의) 자성을 나타낸다. 5취온에 대해 내(我)가 존재한다고 집착하기 때문이다. 견고소단見苦所斷이라는 것은 그에 대한 치료법을 제시한 것이다. 고제苦諦를 볼 때 그것은 영원히 단절되기 때문이다.[29]

유신견은 '무아를 아我'라고 하는 다른 현상과 구분되는 특징을 지니고 있으며 견고소단이 그에 대한 치료방법으로써 제시된다. 5온의 집합에 가설되는 아我가 존재한다는 착각은 인과법칙을 이해함으로써 사라진다.

『비바사론』에서는 유신견을 설명하고자 하는 두 가지 이유를 다음과 같이 제시한다. 하나는, 『잡아함경』 제109경인 『지유경池喩經』을 토대로 『잡아함경』에서 5온 각각에 적용되는 20가지의 자아에 대한 견해(유신견)가 설명되지만 아견과 아소견으로 분류되지 않은 것을 지적한다.[30] 다른 하나는 비유자譬喩者가 "유신견에 대상이 존재하지

---

28 『毘婆沙論』 第9卷(T27, 40c25-27).

29 『毘婆沙論』 第9卷(T27, 41a2-4), "此中有身見攝者, 顯彼自性. 於五取蘊, 執有我故. 見苦所斷者, 顯彼對治. 見苦諦時, 永斷彼故."

않는다"고 하여 실재하지 않는 대상에 대한 인식을 주장하는 것에 대한 유부의 반박이다. 이것은 인식대상에 대한 양자의 관점 차이로 요약할 수 있다. 즉 비유자에 의해 유신견은 존재하지 않는 '나(我)'를 인식대상으로 하며 존재하지 않는 대상도 인식대상으로 상정할 수 있다고 주장된다. 하지만 유부는 '나(我)'를 부정하지만 유신견의 인식대상인 5온의 실유實有는 인정해야 한다고 반박한다.[31] 이러한 주장의 배경에는 인식되는 것이라면 반드시 자기동일성을 유지하는 자성을 지닌 존재대상에 대해서만 인식이 성립한다고 보는 무소연심을 부정하는 유부의 근본명제가 함축되어 있다.

유부는 유신견의 5취온을 인식대상으로 하지만 그 행상이 전도되어 있다고 주장한다.[32] 즉 5취온은 고성제의 자성이기 때문에 고성제의 무상·고·공·무아의 네 가지 행상 가운데 '무아'의 행상이 '아'의 행상으로 잘못 인식되고 있다는 것이다. 여기서 『비바사론』에서 설명하는 유신견에 대한 해석은 초기불교의 해석을 토대로 한 것에 아비달마적 입장을 가미하여 재해석하고 있는 것을 알 수 있다. 유신견에 대한 유부의 견해는 다음과 같이 존재론(자성)과 인식론(자상)의 두 가지 관점에서 살펴볼 수 있다.

(1) 유신견에 대한 20가지의 견해를 유신견의 자성自性이라고 정의한다.

---

30 『毘婆沙論第8卷(T27, 36a10-16).

31 『毘婆沙論』 第8卷(T27, 36a17-25); 『旧婆沙論』 第4卷(T28, 26a18-23)에서는 譬喩者를 毘婆闍婆提라고 설함.

32 『毘婆沙論』 第8卷(T27, 36a22-25).

(2) 유신견을 아행상我行相과 아소행상我所行相의 방식으로 파악한다.

1) 존재론적인 관점

과거·현재·미래 3세의 실유實有와 법체의 항유恒有를 주장하는 유부교학에서 제법(다르마)의 항상성과 연기된 존재물의 필연적 상태인 무상성이라는 양면성을 모순되지 않게 어떻게 설명할 것인가는 주요한 문제가 되었다. 유부에 따르면 제법은 3세에 자성(自性, svabhāva)을 지니고 존재하나 작용(kāritra)의 유무에 의해 현재와 과거, 미래가 구분된다.[33] 자성은 법이 다른 법과 구별되는 자기동일성을 유지하며 존재하는 것이다.[34] 여기서 법을 다른 본질을 지닌 법과 구별할 때 인식의 문제가 개입된다. 인식되는 법은 확정된 자성에 대한 인식을 의미하기 때문이다.[35] 그렇다면 유부는 다른 존재현상들과 구별되는 유신견의 자성(自性, svabhāva)을 어떻게 정의하는지 살펴볼 필요가 있다고 생각한다.[36]

『비바사론』의 해석을 검토하기에 앞서 유부가 왜 『잡아함경』 제109

33 宮下晴輝(1994), 125.

34 加藤純章(1985), 491-494; 宮下晴輝(1994), 106.

35 宮下晴輝(1994), 106; 宮下晴輝(1997), 87; Cox, Collect(2004), 565.

36 『毘婆沙論』 第59卷(T27, 307a13-18)에서는 제법의 自性을 관찰할 때 얻는 이익으로 아상我想과 일합상一合想을 제거하고 법상法想과 별상別想을 수습하여 완성한다고 설명한다. 즉 유정有情은 아상과 일합상이 있는 경우에는 貪·瞋·痴 등의 번뇌가 증대하고, 증대하기 때문에, 생로병사 등의 괴로움으로부터 해탈할 수가 없다고 설명하여 제법의 자성에 대한 관찰의 중요성을 설명한다.

경을 중심으로 유신견의 특징을 정리하는지 살펴보겠다. 먼저 초기불교에서 색·수·상·행·식 5온 각각에 '나(我)'라는 자아관념이 네 가지 방식으로 관련되어 성립하는 도합 20가지 견해가 생기는 방식으로 유신견을 설명한다. 초기불전 『상응부』 「온상응」에 유신견에 관한 설명이 주로 제시되어 있다. 여기서 중생들이 자아라는 관념에 집착하는 이론적인 근거를 20가지 종류로 분석한다.[37] 유신견에 대한 이러한 인식태도는 후나하시에 의하면, 『무아상경無我相經』과 더불어 무아無我의 논리적 근거인 무상無常·고苦의 설명과 함께 무아를 논증하는 대표적인 방식이기도 하다.[38]

초기경전에서 유신견을 설명하는 다른 경전들 중에서 무슨 이유로 『비바사론』이 『잡아함경』 제109경을 토대로 유신견을 설명하고 있는지 정확하게 언급하지 않지만, 여기서 주목해야 할 것은 사견邪見은 유신견의 근본이고, 유신견에서 발생하는 것이며, 어리석고 불법을 접하지 못한 범부(愚癡無聞凡夫)는 5온과 자아를 20가지 상호관계로 설정한다는 것이다.[39] 한편 불법을 많이 접한 성제자聖弟子는 사진제(四眞諦, 사성제)를 보고 무간등과無間等果를 얻어서 사견을 단절한다.[40] 이와 같이 5온에 대한 잘못된 사유방법은 사성제를 이해했을

37 舟橋一哉(1952), 56에서는 자아와 5온과의 상호관계에 대한 범부중생들의 이해를 도식화하고 있다.

38 舟橋一哉(1952), 53-56: 『무아상경無我相經』에서는 (1) 이것은 '나의 것'이다(etaṃ mama). (2) 이것은 '나'이다(eso' ham asmi). (3) 이것은 '나의 我'이다(eso me attā)라고 설명한다.

39 『雜阿含經』 第5卷(T2, 34b15-27).

40 『雜阿含經』 第5卷(T2, 35a2-3).

때 사라진다. 또한 자기 자신의 구성요소뿐만 아니라 세계의 구성요소가 되는 것에 대해서도 다음과 같이 설명한다.

> 존재하는 모든 색色들이 과거·미래·현재의 것이든, 안 혹은 밖의 것이든, 거친 것 혹은 미세한 것이든, 좋은 것 혹은 추한 것이든, 먼 것 혹은 가까운 것이든 완전히 쌓이고 모인 것이다. 〔이것들은〕 일체는 무상이며·일체는 고이며·일체는 공이며·일체는 비아라고 이와 같이 관찰한다. 애락은 받아들이고 유지해야 할 것이 아니다. 수·상·행·식도 또한 마찬가지이다.[41]

여기서 5온과 등치하는 세간의 무상·고·공·비아(무아)를 설명하고 있다. 따라서 고성제(5취온)는 자아와 세계의 특징을 4행상으로 정의하고 있다고도 생각할 수 있다. 유신견은 범부중생들이 자아관념에 집착하는 근거를 20가지 종류로 분석한 것이다. 즉 5온의 집합에 '나(我)'를 개입시켜 이해하는 잘못된 인식태도를 말한다. 한편 사성제를 관찰한 성제자는 5온을 연기緣起적 생멸관의 이해에 근거하여 무상·고·공·무아라고 통찰하고 5온에 대한 집착을 단절한다. 위의 내용에서 범부와, 사성제를 관찰하여 인과관계를 이해한 성제자의 5온에 대한 인식방식의 차이점을 잘 보여주고 있다.

여기서 짚고 넘어가야 할 것은 『잡아함경』 제109경에 대응하는

---

41 『雜阿含經』 第5卷(T2, 35a3-7), "所有諸色, 若過去若未來若現在. 若內若外若麤若細, 若好若醜若遠若近, 一向積聚. 作如是觀, 一切無常, 一切苦, 一切空, 一切非我. 不應愛樂攝受保持. 受想行識, 亦復如是."

니카야의 설명이다. 이는 『상응부』「현관상응」에 포함되어 있는데, 비록 유신견에 관한 언급은 보이지 않지만, '견見을 구족한 성제자'는 현관한 사람이라고 설명한다.[42] 때문에 3결을 단절하여 예류향의 흐름에 들어간 초기단계의 성자를 지칭하는 것을 알 수 있다. 그리고 고를 소멸하고 얻는 이익인 법현관(dhammābhisamaya)과 법안획득(dhammacakkhupaṭilābha)에 대해 설명한다.[43] '견見을 구족한 성제자'가 무엇을 의미하는지 초기경전의 설명을 중심으로 살펴보자. 먼저 『상응부』「연(緣, Paccaya)」에서는 팔정도(八正道, ariyo aṭṭhaṅgiko magga)만이 행(行, saṅkhārā)을 소멸하는 방법이며, 견을 구족한 성자는 조건(paccaya, 緣)의 발생과 소멸로 이끄는 방법인 팔정도를 알고 있는 자라고 한다.[44] 또한 "세간의 발생과 소멸을 있는 그대로 알고 있다(yathābhūtaṃ pajānāti)"고 하여, 그렇기 때문에 '견을 구족한 성제자'라 설명한다고 한다.[45] 이로써 연기적 발생과정에 대한 통찰과 수행방법인 팔정도를 알지 못한 범부중생들이 자아를 전제하고 5온에 대해 가지는 그릇된 인식이 유신견 발생의 토대가 되는 것을 알 수 있다.

『비바사론』에서 범부중생들이 자아와 5온의 관계를 어떻게 설명하는지 살펴보겠다. 먼저 5온 가운데 색色과 자아관념의 관계에 대해 다음과 같이 설명한다.

---

42 SN, II, 134.21-23.

43 SN, II, 134.28-29.

44 SN, II, 43.10-23.

45 SN. II, 79.1-4, 80.5-7.

(1) 색(몸)은 나(我)이다(色是我).

(2) 나는 색을 지니고 있다(我有色).

(3) 색은 나의 것(我所)이다(色是我所).

(4) 나는 색 가운데 있다(我在色中).[46]

이와 같은 방식으로 나머지 수·상·행·식에도 각각 적용되어 5온에 자아를 확립해 가는 범부중생들의 관점이 제시된다. 또한 이러한 20가지 관점들을 유신견의 자성이라고 설명한다.[47] 『비바사론』의 해석은 『잡아함경』 제109경의 (1) 색시아色是我, (2) 색이아色異我, (3) 아중색我中色, (4) 색중아色中我[48]와 완전히 일치하지 않는다. 하지만 유신견에 대해 연기적 통찰을 토대로 한 성제자들의 비판적 견해를 도출해 내는 우치범부들의 사유라는 것은 동일하다. 여기서는 『비바사론』의 해석을 중심으로 살펴보겠다.

(1) '색色과 수受·상想·행行·식識은 나(我)이다'라고 등수관하는 것은 지地·수水·화火·풍風의 4대大와 4대로 이루어진 물질적인 몸(所造色)이 '나'라고 파악하는 것이다. 즉 먼저 5온의 덩어리 가운데 하나의 요소인 색을 '나'와 동일시하고, 수·상·행·식도 마찬가지로 생각한다. 유부에 따르면 유신견은 무루(無漏, 道諦와 3무위)가 아닌

46 『毘婆沙論』 第8卷(T27, 36a25-29), "此二十句薩迦耶見, 幾我見幾我所見耶? 答五我見, 謂等隨觀色是我, 受想行識是我. 十五我所見, 謂等隨觀我有色. 色是我所, 我在色中. 我有受想行識. 受想行識是我所. 我在受想行識中."

47 『毘婆沙論』 第8卷(T27, 37a15-16).

48 『雜阿含經』 第5卷(T2, 34b15-27).

유루有漏의 5온을 인식대상으로 하여 발생한 것이라고 본다.[49]

(2) '내가 색을 지니고 있다'는 것은, 색온과 행온 가운데 많은 다르마가 실제로 존재(실유)하지만, 그중 하나의 다르마를 인식대상으로 하여 '나'라고 생각하고, 나머지 다르마를 '나의 것'이라고 파악하는 것이라고 설명한다. 수·상·식에는 많은 종류의 다르마는 없지만 각자를 구별하는 자성이 있기 때문에 하나의 다르마를 '나'라고 파악할 수 있으며 나머지 다르마는 '내 것'이라고 한다.[50] 이와 같은 설명에서 유부는 색 등을 실유하는 다르마로 생각하고 있으며, 아견과 아소견은 5온 가운데 어떤 한 온의 실유하는 다르마를 '나' 혹은 '내 것'이라고 파악하는 것을 알 수 있다.

(3) '색은 나의 소유(我所)'라고 생각하는 것은, 나머지 수·상·행·식 4온을 돌며 각각 '나'라고 집착하여, 특정한 하나의 온에 대해 '내(我)'가 존재한다고 집착하고, '색을 내 것(我所)'이라고 파악한다. 예를 들면 어떤 사람이 시종과 어린 종을 소유하고 있는 것에 비유하고 있는데, 시종과 어린 종이 주인 소유인 것과 같이 5온도 자아에 포함된 현상이라는 것이다. 5온의 하나를 '나'로 판단하고 '몸'은 '나의 소유물'로 생각하지만, 실은 '나'로 오인된 5온 가운데 특정한 하나와 '색(몸)'과의

---

49 『毘婆沙論』 第8卷(T27, 37a16-21), "問等隨觀色是我, 受想行識是我者, 云何等隨觀色是我, 受想行識是我耶? 答諸所有色, 若四大種, 若四大種所造, 彼一切等隨觀是我, 乃至識隨所應當說. 問薩迦耶見, 唯有漏緣非無漏. 自界地緣非他界地. 自界地中亦非一切一時而緣."

50 『毘婆沙論』 第8卷(T27, 37a25-28), "問頗有於一蘊執我我所耶? 答有. 謂色蘊行蘊中, 各有多法, 執一爲我, 餘爲我所. 受想識蘊, 雖無多類, 而有種種差別自性. 是故亦得計一爲我, 餘爲我所."

관계에 불과하다.[51]

(4) '나(我)는 색 가운데 있다'고 생각하는 것은, 자아가 색色 가운데 있거나, 나머지 수·상·행·식 4온을 돌아다니면서 각각을 나라고 판단하고, 색 등은 나의 그릇이고 내가 존재하는 장소라고 생각하는 것을 말한다. 자아는 특정한 5온 가운데 존재하는 것에 비유된다. 예를 들면 칼이 칼집에서 보호되고, 또는 기름이 기름항아리라는 저장용기 내부에 보존되듯이 자아는 5온 안에 보존되는 존재라고 이해한다. 또한 혈액이 몸속을 돌고 있는 것에 비유하여, 자아(혈액)는 몸에 의해 보존되고 몸은 혈액 없이 유지될 수 없는 서로에게 필요한 존재에 비유된다.[52]

이상과 같이 유부는 5온과 자아관념의 상호관계를 유신견의 자성의 관점에서 설명한다. 이는 자아관념을 전제로 5온을 설명한 것으로 자아가 존재한다고 믿는 범부중생들의 잘못된 판단이며 고통의 직접적인 원인이 된다. 그러나 연기과정에 의해 발생한 5온 현상에 자아는 존재하지 않는다. 자아의 부정은 『비바사론』에서 '일체법은 무아'라고 설명하여, 외도들이 일체법에 자아관념을 설정하는 것에 대한 반박에서도 잘 드러난다.[53]

---

51 『毘婆沙論』第8卷(T27, 37b2-5), "云何等隨觀色是我所? 答於餘四蘊, 展轉隨執一是我已. 然後於色執爲我所. 如人有侍有僮僕等."

52 『毘婆沙論』第8卷(T27, 37b5-8), "云何等隨觀我在色中? 答於餘四蘊, 展轉隨執一是我已, 然後於色執爲我器我處. 其中如油在麻中, 膩在摶中. 蛇在篋中, 刀在鞘中, 酥在酪中, 血在身中等."

2) 인식론적 관점

자상(自相, svalakṣaṇa)은 인식과 대상과의 관계에서 성립된다. 『비바사론』에서 자상은 주로 공상(共相, sāmānyalakṣaṇa)과 함께, 다르마의 분석(dharmapravicaya), 견(dṛṣṭi), 혜(prajñā) 등 의식의 발생과 작용을 논의하는 경험적이며 인식론적 맥락에서 제시된다.[54] 여기서 자상은 다르마의 개별적인 특징을, 공상은 다르마가 공유하는 특징을 말한다. 예를 들어 사성제의 자성을 관찰하는 것은 고·집·멸·도 각각의 인지적 특징을 관찰하는 반면, 공상으로 이해하는 것은 사성제 각각이 지닌 공통적인 특징을 통찰하는 것을 의미하는데 이는 성자의 관점에서 보는 사성제이다. 예를 들면 고성제의 자성은 5취온이며 이것은 다른 다르마와 구별되는 고성제만의 특징을 말한다. 한편 자상은 자성의 인식론적 측면으로 5취온이 아상我相과 아소상我所相으로 인식되는 것이다.

유부는 자아관념이 형성되는 과정을 다른 존재현상과 유신견을 구별하는 근거인 자성(自性, svabhāva)의 관점이라고 보았다. 한편 자상(svalakṣaṇa)은 자성의 인식론적 측면이다. 즉 유신견에 자아관념을 개입시켜 아상我相과 아소상我所相으로 잘못 인식하는 것을 말한다.[55] 자아의식은 5온을 '나'와 '내 것'으로 동일시하여 상·락·아를

---

53 『毘婆沙論』 第9卷(T27, 40c26-41a2).

54 Cox, Collect(2004), 574; 加藤純章(1985), 493는 lakṣaṇa는 a mark, sign, characteristic, attribute, quality(Monier-Williams: Sanskrit-English Dictionary)의 의미를 지니고, √lakṣ(인식하다)에서 유래하기 때문에 인식에 의해 파악된 모양, 표식, 특징을 뜻하며, svalakṣaṇa도 동일한 의미라고 설명한다.

추구하고 본래 5온의 특징을 통찰하는 것을 방해한다. 존재현상에 대해 연기적 법칙을 토대로 무상·고·공·무아의 공통된 특징으로 통찰하는 것이 사성제 16행상인 공상共相에 다름 아니다. 무아상은 고성제의 네 가지 행상 가운데 하나이므로 인식론적 관점은 바로 사제현관의 실천론적 관점과 같은 맥락에서 이해할 수 있다.

앞에서 살펴보았듯이 자아관념은 색·수·상·행·식 5온으로 이루어진 가유假有의 현상에 가상적인 나의 존재를 설정하는 범부중생과 외도들의 잘못된 인식태도에 기인한다.

『비바사론』에 의하면 유신견은 실유인 5취온을 '아'와 '아소'라고 파악하는 것이라 보고, 노끈을 뱀으로, 그루터기를 사람으로 오인하는 것에 비유하여 행상이 전도된 것을 예로 들고 있다.[56] 즉 잘못 인식된 개념(想, saṃjña)으로 전도된 5온에 대한 견해가 인과법칙을 토대로 하는 바른 인식으로 전환되는 것이 곧 해탈경험이라는 것을 암시한다.

앞에서도 살펴보았듯이, 유부는 범부중생과 외도들이 행위와 인식을 통제한다고 주장하는 '아我'를 부정하고 '일체법은 비아非我'라고 본다. 이러한 관점을 '정견正見'이라 설명하는데,[57] 유신견에 대한 정견이 바로 비아라는 것을 알 수 있다. 『비바사론』에서는 '아我'를 '법아法我'와 '인아(人我, 補特伽羅)'의 두 가지로 분류한다. 이 가운데 외도가 주장하는 인아는 인격주체가 아니라는 것을 다음과 같이 설명

---

55 『毘婆沙論』 第9卷(T27, 41a4-6).

56 『毘婆沙論』 第8卷(T27, 36a16-21).

57 『毘婆沙論』 第9卷(T27, 41a22-23).

한다.

【질문】 선설법자가 제법이 항상 실재한다는 특징을 아의 실체라고 해도 악견이 아니라고 하면서, 왜 외도가 '아我가 존재한다'라고 주장하는 것은 악견이라고 하는가?
【대답】 아我에는 두 가지 종류가 있다. 첫째는 법아法我이고, 둘째는 보특가라아補特伽羅我이다. 선설법자는 오직 실유實有의 법아法我를 설명한다. 법성法性은 실유이지만 여실如實하게 보기 때문에 악견惡見이라고 부를 수 없다. 외도가 또한 보특가라아가 실유라고 설해도 보특가라에 실유성은 존재하지 않는다. 허망한 견見이기 때문에 악견이라고 말하는 것이다.[58]

위와 같이 『비바사론』에서는 3세에 실유하는 법성인 '법아'는 존재한다고 설명한다. 하지만 5온의 각각 다섯 가지 다른 특징을 지닌 존재현상들의 집합 위에 가설된 자아인 보특가라아는 인정하지 않는다. 보특가라아를 토끼의 뿔에 비유하여 지각할 수 없는 것으로 보며, 일체법에 '자아(我)' 등의 작자作者는 실재하지 않는 공空, 행行의 모임이라고 설명하여 자아를 부정한다.[59]

---

58 『毘婆沙論』 第9卷(T27, 41a16-22), "問善說法者, 亦說諸法常有實體性相, 我事而非惡見, 何故外道說有實我便是惡見? 答我有二種, 一者法我, 二者補特伽羅我. 善說法者, 唯說實有法我. 法性實有, 如實見故不名惡見. 外道亦說實有補特伽羅我, 補特伽羅非實有性. 虛妄見故名爲惡見."

59 『毘婆沙論』 第9卷(T27, 44a24-27).

자아가 존재하지 않는 것은 승의제의 측면인 성자의 지智로써 인식하는 것으로 일상생활에서의 인식(識) 작용과 다른 것이다. 이는 『비바사론』에서 "승의勝義에는 아我와 아소我所가 존재하지 않는다"[60] 라고 설명하는 것에서도 알 수 있다. '일체법은 무아'라고 아는 것은 관법을 통해 존재요소들의 인과적 활동과정의 흐름을 통찰하는 것이다. 5온에 대해 '나'와 '내 것'으로 동일시하는 유신견적 사고방식이 연기론을 토대로 생멸하는 존재현상의 인과과정으로 이해되는 것에 의해 단절된다. 그러므로 존재현상에 내재하는 인과관계의 흐름을 이해하는 눈(法眼)이 생긴 예류향의 성자에게 (1) 무상無常을 상常, (2) 고苦를 락樂, (3) 부정不淨을 정淨, (4) 무아無我를 아我라고 보는 정반대의 생각은 단절된다. 즉 성자는 연기법칙의 형성물인 5온을 '나'로 오해하지 않는다. 이와 같은 관점은 AKBh에서 아라한의 퇴실 문제와 관련되어 다음과 같이 설명된다.

> 그러면 무엇 때문에 처음에 〔얻는 과(견도)〕에는 퇴실이 없는가?
> 【유부】 견소단〔의 여러 번뇌들〕은 〔발생의〕 근거를 지니지 않는 것(avastukatva)이기 때문이다. 왜냐하면 그것들은 유신견을 근본으로 하기 때문에, 나(我, ātman)에 기반에서 생기하기 때문이다. 그 나(我)라는 것은 〔본래〕 존재하지 않기 때문이다.
> 【대중부】 그렇다면[61] 존재하지 않는 것(無)을 대상으로 하게 되는 〔결과가〕 도출한다.

---

60 『毘婆沙論』 第8卷(T27, 36a16-21).

61 Sh, 995.3에 따라 tahi를 tarhi로 교정.

【유부】 존재하지 않는 것을 대상으로 하는 것이 아니다. 진리(諦)를 대상으로 하고 있기 때문이다. 그러나 〔諦를〕 전도顚倒된 대상으로 〔보기〕 때문이다.

【대중부】 그러나 〔견소단의 번뇌뿐만 아니라 모든〕 번뇌가 그렇지 않은가?

【유부】 〔모든 번뇌가 그렇지만, 그 가운데〕 차이가 있다 〔예를 들면〕 아견我見은 색色 등의 실체에 실재하지 않는 나(我)를 가설해서 행위주체, 감수주체, 의지주체로 실재하는 것이라 하는 것이다.〔그렇기 때문에 근거를 지니지 않는(avastuka) 번뇌이다〕 또한 변집견 등은 그 〔유신견〕에 근거하여 발생하기 때문에 〔역시〕 근거를 지니지 않는 번뇌라고 말해진다.[62]

여기서 견소단 번뇌인 유신견은 본래 존재하지 않는 '나(我)'를 토대로 발생하기 때문에 무소연심을 부정하는 유부의 명제에 위배된다는 대중부의 주장에 반박하여 '대상을 지니지 않는 번뇌'로 분류한다. 견소단의 번뇌들은 5온을 '나'라고 집착하는 아견이 활동기반이 되기 때문에 유신견이 발생의 근본이 되며 그 실체성은 부정된다.[63]

---

62 AKBh, 374.24-375.3, "kiṃ punaḥ kāraṇaṃ prathamānāṃ nāsti parihāṇiḥ/ darśanaheyānām avastukatvāt/ ātmādhiṣṭhānapravṛttā hy ete satkāyadṛṣṭimūlakatvāt/ sa cātmā nāstīti/ 〔Pr 375〕 asadālambanās tarhi prāpnuvanti/ nāsadālambanāḥ, satyālambanatvāt/ vitathālambanās tu/ katamaś ca kleśo naivam asti/ viśeṣaḥ/ ātmadṛṣṭir hi rūpādike vastuni kārakavedakavaśavartitvenātmatvam abhūtam adhyāropayati, tadadhiṣṭhānānuvṛttāś cāntagrāhadṛṣṭyādara ity avastukā ucyante/"

다섯 가지 존재현상의 화합이 '나(我)'로 착각된 것이기 때문이다. '나'라는 인식대상이 화합된 5온에 불과한 것이라고 바르게 인식한 수행자에게 아견은 더 이상 존재하지 않는다. 이와 같이 '나'라는 개념은 5온에 대한 착각에서 발생한 것이기 때문에 5온의 참모습을 이해하면 아견은 사라지고 그 결과 견도에서 물러나지 않게 된다.

앞의 『법온족론』의 예시에서 살펴보았듯이 '나'라는 관념(유신견)은 12지 연기의 전개과정 가운데 '취取'의 발생에서 명확하게 설명된다. 이와 같이 유신견은 연기과정에서 조건에 의해 발생한 심리적 존재요소이지 실체적인 존재가 아니다. 명상수행을 통해 유신견(5취온)은 연기법의 인과관계를 토대로 발생한 것이라고 출세간적 혜(prajñā)로써 관찰하는 수행자에게 소유 집착의 대상은 더 이상 존재하지 않는 것을 알 수 있었다.

4. 결론

지금까지 고통(苦)의 주요 원인인 유신견(satkāyadṛṣṭi)에 대한 유부의 두 가지 시선—존재론(자성, svabhāva)과 인식론(자상, svalakṣaṇa)—을 고찰하였다. 이와 같은 관점은 혜(prajñā)로써 제법의 성격을 분석 정리하고 번뇌를 단절하는 제현관(satyābhisamaya)의 정의이기도 하다. 이는 존재에 대한 정확한 분석이 유부 실천론의 중요한 전제조건이 되는 것을 시사한다.

---

63 AKVy, 587.16-19.

유부의 유신견의 자성과 자상의 관점은 각각 초기불교에서의 불법을 듣지 못한 범부중생 그리고 외도들의 입장과, 불법을 많이 접한 성제자의 입장에서 그 근원을 찾을 수 있었다. 전자의 관점은 5온을 나(자아)와 관련지어 20가지 종류의 자아에 관한 견해가 성립한다고 주장한다. 후자는 연기법칙에 의해 생기한 존재현상은 조건(緣)에 의해 형성된 존재현상으로 파악하는 것이다. 그 결과 '나'로 집착된 5온을 연기적 인과법칙의 결과물로 통찰하여 '나'에 대한 집착을 단절할 수 있게 된다. 자아관념이 형성되어 가는 과정을 고찰하여 다른 존재현상과 구별되는 유신견만의 특징(자성)을 알 수 있었다. 자성의 명확한 탐구를 통해 자아의식은 5온을 '나와 내 것'과 동일시하여 상·락·아를 추구하는 것이라는 것을 파악한 후, 이는 무상·고·무아의 성질이라 통찰한다.

이같이 일체의 존재현상인 5온을 무상·고·공·무아의 공통된 특징으로 통찰한 것은 사성제 16행상인 공상共相 가운데 고성제의 4행상으로 연결된다. 연기적으로 형성된 5온은 '나'로 오인된 것이라고 통찰한 성자에게 집착의 대상은 더 이상 존재하지 않는다. 5온을 '나'와 '내 것'과 동일시하는 유신견적 사고방식은 연기법칙을 이해함으로써 단절된다. 즉 유부에서는 범부중생과 외도들의 행위와 인식을 통제하는 관념적인 '아我'의 존재를 부정하는 인무아의 증득이 깨달음의 핵심이 된다. 이와 같이 유부는 초기불교의 설명을 수용하여 유부교의학의 핵심적인 내용으로 재정립하고 있는 것을 확인할 수 있었다.

제9장 결론

본 연구는 중요한 유부 논서에서의 현관 개념에 주목하여 제법과 현관의 관계를 검토함으로써 '법의 이론'과 '실천의 이론'의 관련성을 고찰하였다.

후라우발러는 초기불교에서 '사성제의 인식'과 '루의 소멸'을 인과적으로 이해하기 위해 5견의 도입에 주목한다. 그 가운데 유신견이 새로운 해탈도인 현관론에서 중요한 개념으로 자리잡게 되었다고 지적하였다. 제2장에서는 후라우발러의 설명을 참고하는 한편, 그가 소홀히 다루었던 정통유부 문헌을 중심으로 현관 개념을 살펴보고 현관의 대상이 되는 사성제법, 법(法, dharma)을 관찰하는 혜(prajñā)에 대한 유부의 이해를 중심으로 검토하였다. 혜에 대한 유부의 이해는 『집이문족론』과 『법온족론』에서부터 법상法相과 위빠사나, 즉 존재론과 인식론적인 두 관점에서 정의된다. 이 두 가지 측면은 간다라 계통 논서인 『심론』·『심론경』·『잡심론』의 단계부터 분리되어 더욱 구체적으로 제시된다. 그리고 법의 간택은 존재현상의 구성요소와 원리를 분석하는 AKBh의 제2 「근품」에, 위빠사나는 수행자의 경험적 실천적 인식을 설명하는 제6 「현성품」에서 존재요소의 분석과 실천수행론으로 발전되었다. 현관은 초기불교에서 설하는 법안法眼과 같은 개념이다. 붓다가 깨달아 가르치고 불제자들이 일체법인 5온의 무상·고·무아를 체험하여 구전하고, 이는 다시 아비달마 사상가이자 수행자들에 의해 5위 75법이라는 학문적인 술어로 언어화 체계화되어 수행의 지침으로 삼아 증득된 것이다. 이것은 유부 아비달마 수행체계에 그대로 반영된다.

이와 같은 유부의 관점을 탐구하기 위해 제3장부터 제5장까지는 견도 이전 가행위에 속하는 부정관과 지식념, 사념주, 사선근을 중심으로 살펴보고 법의 이론과 밀접하게 관련되어 있는 유부의 수행체계에 대해 고찰하였다. 이와 같은 수행체계는 일체법에 대한 수행자의 인식이 변화 발전하는 상태를 나타낸 것이기도 하다. 이를 명확하게 하기 위해 『비바사론』에서 제시하는 두 가지 수행체계를 비교하여 부정관과 지식념이 18계·12처·5온으로 대치되고 있는 것을 단서로 부정관과 지식념의 관찰이 일체법의 관찰과 관련된다는 가설을 고찰하였다.

『비바사론』에서는 이 두 가지를 사소성혜思所成慧에 포함시켜 이론을 토대로 고찰하여 발생한 지적 결택이라고 해석한다. 이로써 전승되어온 붓다의 가르침을 암송 고찰하여 전승하는 것에서 발생한 지적 결택이라고 추정할 수 있었다. 또한 부정관과 지식념 이외에 염念도 사소성혜에 포함시키고 있다. 염은 기억한다는 의미로, 붓다와 불제자 그리고 스승의 가르침에 대한 기억이 수행의 중요한 축을 이루는 것을 알 수 있었다. 수행자가 신체의 부정한 존재요소를 언어적 개념(saṃjñā)을 매개로 기억하고 명료한 영상으로 떠올려 관찰하여 탐욕과 상응하는 성적 욕망을 대치하는 것이 부정관 수습의 목적이다. 한편 지식념은 입식과 출식에 대한 염이며 혜를 자성으로 하고 혜를 생기시키는 힘으로 작용한다. 『순정리론』에서 살펴보았듯이 혜는 염의 힘에 의해 입식과 출식을 인식대상으로 삼아 호흡의 양을 관찰하여 염의 힘에 의해 혜를 성취한다고 설명한다. 지식념은 정법을 기억하는 유정만이 수습할 수 있기 때문에 자아의 존재를 주장하는 외도들에게 지식념은 존재하지 않는다. 또한 입식과 출식을 태어나고 죽는 상태로 인식하는 무상無常의 수습에 적용하고 있다. 이로써 지식념의 수행목적은 5온에 집착함으로써 발생하는 고통을 자각하고, 무아이며 무상이라고 통찰하는 것임을 알 수 있었다. 즉 호흡의 관찰은 5온의 전체로 확대되어 5온에 대한 통찰이라는 수행방법으로 제시된다. 성적인 탐욕을 단절하기 위한 부정관과, 호흡을 매개로 존재현상의 무아와 무상함을 관찰하는 지식념은 수행자 자신의 신체와 직접 관련된 수행법이다. 이로써 성욕 발생의 토대가 되는 신체에 대한 치밀한 관찰과 그 신체를 매개로 무상과 무아를 증득하고자 하는 유부의 중요한 예비 수행단계라는 것을 알 수 있었다.

제4장에서는 다음 단계인 사념주에 대해 제1기에서 제3기 아비달마 논서를 중심으로 검토하여 염주는 혜慧와 같은 의미로 정의되고 있는 것을 살펴보았다. 즉 사념주는 일체법의 관찰과 밀접하게 관련되어 전개된다. 이러한 경향은 사념주의 설명에 제법의 분류와 분석적

사유가 제시되는 『집이문족론』에서부터 드러난다. 그리고 『법온족론』에서는 『대념처경』의 해석을 통해 염주는 위빠사나라는 사실을 명시한다. 유위법을 무상·고·공·무아라고 여실지견如實知見하는 것이라고 해석하여 사념주를 이해하는 데 주요한 단서를 제공한다. 또한 『품류족론』에서는 사념주 각각에 대한 제문분별을 시도한다. 또한 법념주의 해석에 무위법無爲法도 포함시켜 유부의 5위 75법 체계가 형성되는 단서를 제시하고 사념주를 법체계론에 의해 새롭게 해석하고자 하는 것을 알 수 있었다.

한편 『비바사론』에서는 일체법에 대한 수습이 견도 이전의 체계적인 수행단계로 성립되고 있는 모습을 보여준다. 『비바사론』의 이러한 수행단계는 『순정리론』에도 계승된다. 하지만 엄밀히 말하면 이러한 수행단계는 여실지견하는 혜의 인식대상이며, 수행자가 명상에서 경험하는 일체법인 5온의 변화상이라고도 말할 수 있다. 하지만 법의 수습을 강조하는 『비바사론』과 달리 AKBh의 궤범사 세친은 간단한 예시만을 언급하고 있다고 LA에 의해 지적될 정도로 핵심적인 내용만을 제시한다. 이것에 대해서는 본서 제7장에서 자세하게 논의하였다. 제4장에서는 유부는 초기불교의 사념주 설명을 토대로 하면서도 자상념주自相念住·상잡념주相雜念住·소연념주所緣念住의 설명을 통하여 사념주 수행과 일체법의 관련성을 명확하게 제시하고 있는 것을 고찰하였다.

제5장에서는 순결택분(順決擇分, nirvedhabhāgīya)인 난(煖, ūṣmagata), 정(頂, mūrdhan), 인(忍, kṣānti), 세제일법(世第一法, laukikāgradharma)인 네 가지 선근(四善根, catvāri kuśalamūlāni)의 구체적인 내용

에 대해 살펴보고 이 가운데 난선근과 정선근이 전제하고 있는 신信의 의미와 단선근과의 관계를 검토하였다. 특히 정선근은 수행자가 더 높은 수행단계로 발전해 갈지 아니면 후퇴하는지 결정하는 중요한 분기점이 되며, 여기에 삼보三寶에 대한 확고한 신信이 중요한 역할을 한다. 여기서 신信은 삼보에 대한, 또한 5온 무상과 사성제에 대한 신信이기도 하다. 신信은 수행으로 마음을 청정하게 하는 것이며 사성제, 삼보와 업과 과보에 대한 바른 이해를 토대로 하는 확신이다. 한편 불신不信은 사견邪見과 함께 낮은 단계로 후퇴하는 정타頂墮와 단선근斷善根으로 이어지는 직접적인 원인이 된다. 이로써 신信은 정과 정타를 구분하는 중요한 요인이 된다는 것을 확인하였다. 유부 문헌에서 사견은 선인선과善因善果 등의 인과관계를 부정하는 것으로 설명되어 불신不信과 함께 선근 단절(단선근)의 주요한 원인이 된다는 것을 알 수 있었다. 한편 이와 반대로 인과관계가 존재한다고 생각하는 것과 정견에 대한 확신은 선근의 속기(續善根)로 연결되는 것을 고찰하였다. 이와 같이 사견은 불신不信, 정견은 신信과 등치되며 또한 신信은 혜慧와 밀접하게 관련된다는 것을 살펴보았다.

인忍의 단계는 상품인에 속한 고성제 가운데 하나의 행상을 관찰하기에 이르기까지 하계와 상계의 각각의 사제인 여덟 가지 대상과 각각의 사제에 속한 32행상을 상품인의 고성제에 속한 하나의 행상의 관찰에 이르기까지 제거해 가는 것을 말한다. 또한 세제일법은 상품의 인과 같이 욕계에 속한 고제를 대상으로 하여 행상은 무상·고·공·무아 가운데 하나를 관찰한다. 견도와 연결되어 지(地, 未至定, 中間定, 四靜慮)를 같이하기 때문에 욕계에 속한 고제를 대상으로 한다. 이는 사선근의 자성에 대해 여러 가지 견해가 있지만 5온으로도 해석하고 있는 이유라고 생각된다. 이로써 사선근 수습은 궁극적으로 5온에 대한 집착을 제거하기 위한 하나의 과정이라는 것을 추측할 수 있었다.

제6장에서는 유부의 번뇌 개념이 두 가지 관점으로 논의되고 있는 것을 중심으로 살펴보았다. 먼저 존재론적 관점은 5위 가운데 마음(心)과 상응하는 심소법의 범주 내에서 오염된 심리작용을 총칭하는 일반명사로 번뇌의 법상法相을 분류 체계화한다. 한편 실천 인식론적 관점에서는 유부의 수행론에서 중요한 위치를 차지하고 있는 수면隨眠이란 개념을 사용하여 수행력으로 단절하기 어려운 번뇌의 특징을 강조한다. 이러한 관점들은 각각 AKBh에 이르면 제2장「근품根品」과 제5장「수면품隨眠品」에서 상세하게 논의된다는 것을 확인할 수 있었다.

유부는 수면을 (1) 미세微細, (2) 수박隨縛, (3) 수축隨逐, (4) 소연수증所緣隨增과 상응수증相應隨增이라는 네 가지 어의로 분석하여 수면의 핵심적인 내용으로 설명한다. 유부는 번뇌와 수면을 동의어로 보며, 미세하며 심신에 끈질기게 따라다니고 속박하는 수박隨縛과 심상속과 특정 번뇌를 결합시키는(得) 관계로 설명한다. 또한 수면은 인식대상인 유루법에 집착하여 심상속에서 자신의 힘을 성장 유지시키는 소연수증(소연박)과 다른 심소와 상응하여 오염시키는 상응수증(상응박)이라는 방식으로 강화된다.

번뇌(수면)를 단절하는 것은 번뇌에 의한 획득관계를 단절하는 것이다. 이는 마음의 상속이 번뇌의 얽매임에서 벗어나는(離繫) 동시에 무루혜에 의해 획득하는 결과(離繫果)인 열반의 획득인 이계득離繫

得을 의미한다. 이는 무루혜에 의해 얻어지는 소멸인 택멸擇滅을 말한다. 이계離繫의 각각의 단계는 변지遍知라고 하며 지변지智遍知와 단변지斷遍知로 분류된다. 이 가운데 지변지는 여실지견과 유부의 현관과도 같은 의미이라고 할 수 있다. 변지의 대상은 일체법인 5온이며 이것은 수행자가 지니는 혜慧의 통찰대상이다. 유부는 혜를 '법의 간택'과 '위빠사나'라고 정의한다. 이는 제법을 성격 규정에 의해 분석 정리하는 택법(dharmapravicaya)과 사제의 실천적 인식을 토대로 고제인 5취온(유신견)이 인과법칙에 의해 원래 실재하지 않는 것이라고 바르게 이해하는 인무아의 증득에 해당된다. 이와 같은 고찰을 통해 이제까지 번뇌에 관한 선행연구에서 중시되지 않았던 일체법에 대한 바른 이해가 수행론의 이론적 전제가 되고 있는 것을 확인할 수 있었다.

유부가 설명하듯이 심리작용이 지향하고 집착하는, 단절해야 하는 인식대상은 유루有漏의 5온이다. 이러한 5온에 대한 바른 인식(遍知, 여실지견, 현관)에 의해 번뇌가 단절된다는 것을 본 연구의 제6장에서 중점적으로 다루었다.

제7장에서는 다나까가 주장한 『심론』 계열의 논서를 계승하는 AKBh와 정통유부 계열 논서의 수행 순서가 다른 점에 주목하여, 여기서 중요한 것은 수행의 차이점보다는 혜가 통찰하는 대상이라고 지적하였다. 『비바사론』에서 제시한 수행체계는 수행자가 명상체험하고 인식하는 대상인 경험적인 일체 세계인 5온을 통찰해 가는 과정이며, 무아無我를 천명하기 위해 붓다의 깨달음의 경험을 언어화 체계화하여 실천 증득한 것이다. 이는 AKBh의 총연의 법념주를 해석하는 주석서들과 『순정리론』의 설명에서도 확인할 수 있었다. AKBh

는 3의관 7처선을 생략하고 있지만 AKBh의 주석서들과 『순정리론』에서는 염주 다음에 3의관 7처선을 설명한다. 이는 초기불교에서 여실지견의 통찰 내용이며, 5온을 7가지 관점에서 관찰하여 유신견적 견해를 철저히 제거하고자 하는 의도에서 제시된 것이다. 이와 같이 유부의 논서와 AKBh의 주석서들에서 제시한 수행체계는 경험 가능한 범위인 5온에 대한 혜를 지닌 성자와 수행자의 통찰이라는 것을 알 수 있었다.

유부는 경험할 수 있는 모든 것인 5온·12처·18계의 범주를 궁극적인 존재로 이해한다. 유부는 존재를 2제론에 의해 세속제와 승의제 두 가지로 분류하고, 또한 세속유와 승의유의 방식으로 구분한다. 세속제는 유리컵과 같이 산산조각으로 파괴되었을 때 컵이라는 인상이 사라지거나 인식으로 물이라는 인상을 없앨 수 있는 것으로 분류된다. 한편 승의제는 더 이상 분석할 수 없는 자성(svabhāva)이 사라지지 않는 실체적 존재(dravyasat)인 일체법이다. 유부는 경험할 수 있는 모든 존재현상(일체법)은 궁극적인 존재의 범위에 포함시키고 5위 75법으로 체계화하여 3세에 실유한다고 주장한다. 이러한 일체법은 수행자가 명상에서 경험하는 궁극적인 실재이며, 수행체계는 유부의 법 이론을 토대로 하고 있는 가설에 대해 논의하였다. 이러한 관점에서 유부가 제시하는 수행체계는 수행자가 명상체험에서 인식하는 궁극적 실재인 일체법의 변화상이라는 것을 추측할 수 있었다.

제8장에서는 고苦의 주요한 원인인 유신견을 존재론과 인식론의 관점에서 검토하여 존재의 특징에 대한 바른 이해와 유부 수행도론이 밀접하게 관련되어 있는 것을 고찰하였다. 『법온족론』에 따르면 5온과 자아를 동일시하는 자아의식도 연기적 발생과정에서 생기한 심리

적인 존재요소이다. 연기적 존재현상인 5온의 한 요소를 나(我)와 동일시하여 20종류의 자아의식이 생기고 이것에서 다른 번뇌가 발생되는 근본번뇌로 설명된다. 또한 유부는 견고소단을 유신견의 대치법으로 제시한다. 이와 같은 유부의 유신견에 대한 이해는 초기경전에서의 두 가지 관점을 토대로 한다. 즉 5온이 조건 지어져 형성된 세계라고 있는 그대로 바라보는 것과, 이와 달리 형이상학적인 자아를 전제하는 인식태도이다. 전자는 불법을 많이 접한 성제자들의 관점인데 5온과 자아개념의 관계를 단절하는 무아를 체험한다. 나라고 집착하는 5온이 연기법칙에 따른 결과물에 불과한 것이라고 통찰하여 나에 대한 집착을 단절하는 것이다.

한편 초기경전과 다른 점은 『비바사론』에 따르면 먼저 『잡아함경』 제109경에는 아견과 아소견으로 분류하지 않았기 때문이라고 설명한다. 또한 무소연심을 주장하는 유부는 '나'의 존재는 인정하지 않지만 자아의식이 향하는 대상인 5온은 실유한다고 보는 것이다. 견소단의 번뇌들은 유신견을 근본으로 하므로 연기적 존재인 '나(我)'를 토대로 발생하는 것이기 때문에 생기의 대상을 지니지 않는다(avastukatva). '나'를 연기적 형성물에 불과하다고 보기 때문에 견소단 번뇌들은 의지처가 없다. 인과법칙을 이해하여 5온과 자아개념의 관계가 단절되면 견도라는 아라한과로 향하는 초입에 들어서게 되는 것이다.

참고문헌

1차 자료(텍스트와 약어)

AKBh: *Abhidharmakośabhāṣya* of Vasubandhu, ed., by Pradhan, Tibetan Sanskrit Work Series 8, Patna, Kashi Prasad Jayaswal Research Institute, 1967(repr. 1975).

AKVy: *Sphuṭārthā Abhidharmakośavyākhyā* by Yaśomitra. ed., by U. Wogihara, Tokyo, The Publishing Association of the Abhidharmakośavyākhyā, 1932-1936(repr. 1971).

AN: Aṅguttaranikāya, 2nd ed., rev., A. K. Warder, London: PTS. vol.1, 1961. 1st ed., Rev. Richard Morris, 1885(repr. 1976-1979).

Apte: Prin. Vaman Shivaram Apte. The Practical Sanskrit-English dictionary. Rev. and enl. ed., Poona 1957. Kyoto: Rinsen Book Co., (repr. 2003)

DN: *Dīghanikāya*, ed., T. W. Rhys Davids and J. E. Carpenter, London: PTS. vol.1-2, 1889-1903(repr. 1975, 1982).

MN: *Majjhimanikāya*, ed., V. Trenckner, London: PTS. vol.1, (repr. 1979).

SN: *Saṃyuttanikāya*, ed., L. Feer, London: PTS vol. 1-5, 1888-1898. (repr. 1970, 1973, 1975, 1976).

Sh: *Abhidharmakośa & Bhāṣya* of *Ācārya* Vasubandhu with *Sphuṭāthā Commentary of Ācārya* Yaśomitra, ed., Swami Dwarikadas Shastri, Varanasi: Bauddha Bharati Series5, 6, 7, 9(1970, 71, 72, 73). (repr. 1987).

LA: *Abhidharmakośabhāṣyaṭīkā Lakṣaṇānusāriṇīnāma*, by Pūrṇavardhana, Peking No. 5594(ju, Ñu); sDe dge No. 4093(cu, chu).

TA: *Abhidharmakośabhāṣyaṭīkā Tattvārthanāma*, by Sthiramati, Peking No. 5875(to, tho); sDe dge No. 4421(tho, do).

Vin: *Vinayapiṭaka*, ed., by H. Oldenberg, London: PTS vol. 1-5, 1879-1883, (repr. 1969-1995).

T: 大正新脩大藏経(大藏出版)

https://21dzk.l.u-tokyo.ac.jp/SAT/satdb2015.php

『旧婆沙論』浮陀跋摩·道泰 等譯,『阿毘曇毘婆沙論』60卷, T28, No. 1546.

『俱舍論』世親造, 玄奘譯,『阿毘達磨俱舍論』30卷, T29, No. 1558.

『俱舍釋論』世親造, 眞諦譯,『阿毘達磨俱舍釋論』22卷, T29, No. 1559.

『光記』普光述『俱舍論記』30卷, T41, No. 1821.

『鞞婆沙』僧加跋澄譯,『鞞婆沙論』12卷, T28, No. 1547.

『界身足論』世友造, 玄奘譯,『阿毘達磨界身足論』3卷, T26, No. 1540.

『甘露味論』瞿沙造, 失譯,『阿毘曇甘露味論』2卷 T28, No. 1553.

『毘婆沙論』五百大阿羅漢 等造, 玄奘譯,『阿毘達磨大毘婆沙論』200卷, T27, No. 1545.

『發智論』迦多衍尼子造, 玄奘譯,『阿毘達磨發智論』20卷, T26, No. 1544.

『法蘊足論』尊者大目乾連造, 玄奘譯,『阿毘達磨法蘊足論』12卷, T26, No. 1537.

『寶疏』法寶撰,『俱舍論疏』30卷, T41, No. 1822.

『心論』法勝造, 僧伽提婆·慧遠 等譯,『阿毘曇心論』4卷, T28, No. 1550.

『心論經』優派扇多釋, 那連提耶舍譯,『阿毘曇心論經』6卷, T28, No. 1551.

『順正理論』衆賢造, 玄奘譯,『阿毘達磨順正理論』80卷, T29, No. 1562.

『雜阿含經』求那跋陀羅譯,『雜阿含經』50卷, T2, No. 99.

『雜心論』法求造, 僧伽跋摩 等譯,『雜阿毘曇心論』11卷, T28, No. 1552.

『集異門足論』尊者舍利子說, 玄奘譯,『阿毘達磨集異門足論』20卷, T26, No. 1536.

『品類足論』世友造, 玄奘譯,『阿毘達磨品類足論』18卷, T26, No. 1542.

『顯宗論』衆賢造, 玄奘譯,『阿毘達磨顯宗論』40卷, T29, No. 1563.

2차 자료

Anālayo, Ven. (2003), *Satipatthana: the Direct Path to Realization*, Birmingham: Windhorse Publications.

Buescher, John B. (2005), *Echoes from an Empty Sky: The Origins of the Buddhist Doctrine of the Two Truths*, New York: Snow Lion Publications.

Buswell, Robert E. Jr. (1997), "The Aids To Penetration(*nirvedhabhāgīya*): According to the *Vaibhāṣika* school". *Journal of Indian Philosophy*, 25. 589-611.

Conze, Edward (1962), *Buddhist Thought in India: Three Phases of Buddhist Philosophy*, reprinted by special arrangement Published in the United States of America by The University of Michigan Press, Michigan: Ann Arbor Paperbacks.

Cox, Collect (1988), "On the Possibility of a Nonexistent Object of Consciousness: *Sarvāstivādin* and *Dārṣṭāntika* Theories", in *The Journal of the International Association of Buddhist Studies* 11-1, 31-87.

___________ (1992), "Attainment through Abandonment: The *Sarvāstivādin* Path of Removing Defilements", *Paths to Liberation*, ed., By Robert. E. Buswell and Robert M. Gimello, Honolulu: University of Hawaii Press, 63-105.

___________ (2002), "Mindfulness and Memory", *In the Mirror of Memory, Reflections on Mindfulness and Remembrance in Indian and Tibetan Buddhism*, ed., by Janet Gyatso, New York: State University of New York, 67-108.

___________ (2004), "From Category To Ontology: The changing Role Of Dharma In *Sarvāstivāda Abhidharma*," Netherland; *Journal of Indian Philosophy* 32, 543-597.

Deleanu, Florin (1992), "Mindfullness of Breathing in the *Dhyāna Sūtras*", *Transaction of the International Conference of Orientalists in Japan*. 37, 42-57.

Dhammajoti, KL (2007), *Sarvāstivāda Abhidharma*, Centre for Buddhist Studies, Hong Kong. 3rd ed.,: The University of Hong Kong, 1st. ed., in 2002.

_______________ (2009), "The *aśubhā* Meditation in the *Sarvāstivāda*", *Journal of the Centre for Buddhist Studies, Sri Lanka*, 248-295.

Frauwallner, Erich,

_______________ (1995), "The *Abhisamayavāda*", *Studies in Abhidharma Literature and the Origins of Buddhist Philosophical Systems*, Translated from the German by Sophie Francis Kidd: under supervision of Ernst Steinkellner, New York: State University of New York Press, 149-184.

Gethin, R.M.L. (2001), *Buddhist Path to Awakening*, Oxford: Oneworld Publications.

____________ (2004), "HE WHO SEES DHAMMA SEES DHAMMAS: DHAMMA

IN EARLY BUDDHISM", Netherland; *Journal of Indian Philosophy* 32. 513-542.

Giustarini, Giuliano (2006). "Faith and Renunciation in Early Buddhism: *Saddhā* and *Nekkhamma*." *Rivista Di Studi Sudasiatici*, 1(1), 161-179.

Kritzer, Robert (2017), "*Aśubhābhāvanā* in *Vibhāṣā* and *śrāvakabhūmi*". *In śrāvakabhūmi and Buddhist Manuscripts*, ed., Seongcheol Kim and Jundo Nagashima, 27-60. Tokyo: Nombre, 27-60

Kuan, Tse-fu, (2008), *Mindfulness in Early Buddhism-New approaches through psychology and textual analysis of Pali, Chinese and Sanskrit sources*, London and New York: Routledge Critical Studies in Buddhism.

Li Xuezhu and Ernst Steinkellner (ed.) (2008), *Vasubandhu's Pañcaskandhaka*, China Tibetology Publishing House & Austrian Academy of Science Press.

Pruden, Leo M, (1989), *Abhidharmakośabhāṣyam* by Louis de La Vallée Poussin, English Translation, Vol. III. Berkeley, California: Asian Humanitie Press.

Park, Changhwan (2007), *The Sautrāntika Theory of Seeds (bīja) Revisited: With Special Reference to the Ideological Continuity between Vasuabandhu's Theory of Seeds and its Śrīlāta/ Dārṣṭāntika Precedents*, (Ph. D. Dissertation). University of California at Berkeley.

Schmithausen, L. (1981), "On Some Aspects of Descriptions or Theories of 'Liberating Insight' and 'Enlightenment'". *Studien zum jainismus und Buddhismus, Gedenkschritf fűr Ludwig Asdorf, Wiesbaden*, 199-250

Vetter, Tilmann, (1988), *The ideas and Meditative Practices of Early Buddhism*, Leiden: Brill.

Willemen, Charles., Dessein, Bart., Cox, Collect (1998), *Sarvāstivāda Buddhist Scholasticism*, Leiden · New York · Koln: Brill.

金倉圓照 (1973),「仏教における法の原意と変轉」「仏教における法の意味」,『インド哲學仏教學』東京: 春秋社.

河村孝照 (1971),「阿毘達磨仏教における信について」,『印度學仏教學研究』19(2): 558-562.

________ (2004),『倶舍概説』, 東京: 山喜房佛書林.

片山一良 (1997),『パーリ仏典 第一期1 中部(マッジマニカーヤ)根本五十経篇 I』,

東京: 大藏出版.

________ (2004),『パーリ仏典 第一期4 中部(ディーガニカーヤ)大篇 II』, 東京: 大藏出版.

木村泰賢 (1982),『阿毘達磨論の研究』, 東京: 大法輪閣 (『木村泰賢全集』第4卷所收, 1922年初版發行)

木村泰賢·西義雄·坂本辛男 (1930-34),『國譯一切経印度撰述部, 毘曇部 1-3, 10(repr. 1994)』, 東京: 大東出版社.

木村紫 (2015),『『倶舍論』を中心とした有身見の研究ー刹那的な諸行を常住な一個体(piṇḍa)と把握する想と聖者の諦ー』, 立正大學大學院 博士學位請求論文.

加藤純章 (1985),「自性と自相－三世實有說の展開」,『仏教思想の諸問題』, 東京: 春秋社, 487-509.

________ (1989),『経量部の研究』, 東京: 春秋社.

________ (1990),「随民 － anuśaya －」,『佛教學』28:1-32.

加藤宏道 (1980),「說一切有部における遍知」,『仏教文化研究所紀要』19: 27-33.

________ (1982a),「說一切有部における遍知」(承前),『仏教文化研究所紀要』2: 139-152.

________ (1982b),「隨眠のはたらき」,『佛教學研究』38: 28-58.

________ (1982c),「隨眠のはたらきー『倶舍論』所說の隨眠の十事ー」,『宗學院論集』53: 1-23.

________ (1985),「斷惑論の特質」,『印度學仏教學研究』33(2): 471-476.

________ (1987),「得と種子」,『印度學仏教學研究』35(2): 63-67.

中村元編 (1981),『自我と無我 インド思想と仏教の根本問題』, 京都: 平樂寺書店.

西義雄 (1957),「止觀と智」,『印度學仏教學研究』5(2): 329-340.

______ (1975),『阿毘達磨仏教の研究－その眞相と使命－』, 東京: 國書刊行會.

西村實則 (1993),「四念住の一考察」,『仏教論叢』37: 43-46

_______ (2002),『アビダルマ教學－倶舍論の煩惱論』, 京都: 法藏館.

高橋晃一 (2005),『『菩薩地』「眞實義品」から「攝決擇分中菩薩地」への思想展開－vastu概念を中心としてー』, TOKYO: THE SANKIBO PRESS.

高橋審也 (1983a),「原始仏教における行(サンカーラ)の意味について(1)」,『仏教學』15: 27-48.

________ (1983b),「原始仏教における行(サンカーラ)の意味について(2)」,『仏教研究』13: 89-104.

高橋壯 (1970),「『倶舍論』の二諦説」,『印度學仏教學研究』37: 130-131.

田中敎照 (1975),「阿毘曇心論系と大毘婆沙論の修行道論のちがいについて」,『印度學仏教學研究』24(1): 172-173.

________ (1976),「修行道論より見た阿毘達磨論書の新古について－『雜阿毘曇心論』を中心に－」,『仏教研究』5: 41-54.

________ (1982),「初期アビダルマ論書における四念處説」,『田村芳朗博士還暦記念論集－仏教教理の研究』, 東京: 春秋社.

________ (1983),「有部の四念住について」,『印度學仏教學研究』31(1): 14-18.

________ (1987),「使品より見た『阿毘曇心論』の位置」,『印度學仏教學研究』36(1): 28-35.

________ (1993),『初期仏教の修行道論』, 東京: 山喜房佛書林.

田中裕成 (2017),「有部系論書における七處善三義觀」,『仏教大學仏教學會紀要』22: 69-88.

田端哲哉 (1977),「説一切有部の基本命題とsatkāyadṛṣṭi」,『印度學仏教學研究』25(2): 714-717.

桝田善夫 (1984),「發智・大毘婆沙論における世第一法説の一考察」,『仏教大學仏教文化研究所所報』1: 7-9.

松田和信 (2014),「スチィラマチィ疏から見た倶舍論の二諦説」,『印度學仏教學研究』63(1): 166-174.

村上眞完 (1987),「諸行考(1)－原始仏教の身心觀－」,『佛教研究』(國際) 16: 51-95.

________ (1993),「何が眞實であるか－ウパニシャドから仏教へ－」,『東北大學文學部研究年報』43: 1-53.

________ (2005),「最初の仏語「諸々の法が明らかになるpātubhavanti dhammā」考」,『印度學仏教學研究』54(1): 164-170.

________ (2006),「〈諸法考〉－dhammaの原義の探求と再構築－」, (1) 諸法と縁起『佛教研究』(國際)34: 63-133.

________ (2007),「仏教における法の意味－sabbaṃ taṃ nirodha dhammaṃ考－」,『印度哲學仏教學』22: 236-260.

森章司 (1995),『原始佛教から阿毘達磨への佛教教理の研究』, 東京: 東京堂出版.
宮下晴輝 (1994),「アビダルマにおける自性の意味－三世實有説の再檢討－」,『仏教學セミナー』59: 98-126.
_________ (1997),「有部の論書における自性の用例」,『仏教學セミナー』 65: 97-94.
_________ (2007),「善の斷絶と續起－有部教義學における斷善根論」,『仏教學セミナー』86: 1-27.
_________ (2014),「緣起説研究初期がのこしたもの」,『仏教學セミナー』 100: 3-26.
三友建容 (2007),『アビダルマディーパの研究』, 京都: 平樂寺書店.
水野弘元 (1961),「Abhisamaya(現觀)について」,『東海佛教』7: 50-58.
________ (1964),『パーリ仏教を中心とした仏教の心識論』, 東京: 山喜房佛書林.
________ (1997),『水野弘元 著作選集 第二卷 仏教教理研究』, 東京: 春秋社.
水野和彦 (2015),「satkāyadṛṣṭi再考」,『印度學仏教學研究』63(2): 965-962.
櫻部建 (1955),「九十八隨眠説の成立について」,『大谷學報』35(3): 20-30.
______ (1969),『俱舍論の研究－界·根品－』, 京都: 法藏館.
______ (1997),「俱舍論に説かれる「慧」と「見」」, 增補版『佛教語の研究』, 京都: 文榮堂書店.
櫻部建·上山春平 (2007),『存在の分析〈アビダルマ〉』, 仏教の思想2, 5版, 東京: 角川書店
櫻部建·小谷信千代 (1999),『俱舍論の原典解明－賢聖品－』, 京都: 法藏館.
櫻部建·小谷信千代·本庄良文 (2004),『俱舍論の原典解明－智品·定品－』, 東京: 大藏出版株式會社.
櫻部建·加治洋一 (1996), (2000),『新國譯大藏経 毘曇部 發智論』東京: 大藏出版株式會社.
佐々木現順 (1953),「智慧の概念」,『大谷學報』6: 153-215.
___________ (1972),『阿毘達磨思想研究』, 東京: 清水弘文堂.
佐々木閑 (2015),「有部の順解脱分と「想起触媒型」大乘経典」,『印度學仏教學研究』64(1): 348-341.
佐藤蜜雄 (1960),「俱舍論賢聖品の三十二行相について－称友の俱舍論釋により

－」, 『東洋思想論集 福井博士頌壽記念』, 東京: 早稲田大學出版社, 270-277.
齋藤滋 (2007), 「三十七菩提分法の成立について」, 『パーリ學仏教文化學』 21: 65-78.
齊藤明 외 (2011), 『『倶舍論』を中心とした五位七十五法の定義的用例集』, 東京: 山喜房佛書林.
釋惠敏 (1994), 『「聲聞地」における所緣の硏究』, 東京: 山喜房佛書林.
孫儷茗 (2003), 『婆沙論』を中心とする說一切有部の修道論－主に見道以前の修習を中心とした研究－』, 龍谷大學文學研究科仏教學專攻 博士學位請求論文.
李鐘徹 (1989), 「『倶舍論』におけるduḥkhaの概念」, 『印度學仏教學研究』 38(1): 404-402.
_____ (2001), 『世親思想の研究－『釋軌論』を中心として』, 東京: 山喜房佛書林.
榎本文雄 (2009), 「「四聖諦」の原意とインド仏教における「聖」」, 『印度哲學仏教學』 24: 354-336.
阿部眞也 (2005), 「說一切有部の四善根について」, 『印度學仏教學研究』 53(2): 621-624.
青原令知 (2002), 「『倶舍論』における四諦十六行相의 定義」, 『櫻部建博士喜壽記念論集・初期佛教からアビダルマへ』, 京都: 平樂寺書店.
_____ (2007), 「『集異門足論』のアビダルマ的特質」」, 『印度學仏教學研究』 56(1): 357－351.
山田龍城 (1959), 『大乘佛教成立論序說』, 京都: 平樂寺書店.
山部能宜 (2011), 「大乘仏教の禪定實踐」, 『大乘仏教の實踐』 シリーズ大乘仏教 3, 東京: 春秋社, 95-125.
阿部貴子 (2020), 「『聲聞地』の不淨觀－諸経論との關係性をめぐって－」, 『智山學報』 69: 119-139.
小川宏 (1992), 「斷善根論考」, 『印度學仏教學研究』 41(1): 19-23.
吉元信行 (1983), 「邪見と斷善根」, 『日本仏教學會年報』 48: 33-54.
池田練太郎 (1979), 「『倶舍論』隨眠品における煩惱論の特質」, 『仏教學』 7: 119-140.
________ (1986), 「『倶舍論』に見られる二種類の煩惱說」, 『駒澤大學仏教學部研究紀要』 44: 417-399.

今西順古 (1978),「品類足論の成立試論（二）」,『三藏集』3, 國譯一切経印度撰述部, 東京: 大東出版社, 220-227.

_______ (1986),「我と無我」,『印度哲學仏教學』1: 28-43.

一色大悟 (2020),『順正理論における法の認識一有部存在論の宗教的基盤に關する一研究－』, TOKYO: THE SANKIBO PRESS.

中村元編(1981),『自我と無我 インド思想と仏教の根本問題』, 平樂寺書店.

周柔含 (2009),『說一切有部の加行道論「順決擇分」の研究』, 東京: 山喜房佛書林.

塚本啓祥 (1985),「アンダカ派の形成と他派との論爭－念處論を中心として－」,『雲井昭善博士古稀記念 仏教と異宗教』, 京都: 平樂寺書店, 143－158.

塚本啓祥·松長慶賀·磯田熙文 (1990),『梵語仏典の研究』III 論書篇, 京都: 平樂寺書店.

林寺正俊 (2005),「アビダルマにおける四念處－「念處とは何か」をめぐる部派の解釋－」,『日本佛教學會年報』70: 43－58.

本庄良文 (1984),『倶舍論所依阿含全表 I』, 京都, 私家版.

_______ (1988),「シャマタデーヴァの伝える阿含資料－賢聖品(1)」－『三康文化研究年報』21: 1-29.

_______ (1995),「玄奘譯,『倶舍論』における「順の意味」」,『佛教論叢』39: 3-8.

兵藤一夫, (1986),「說一切有部の修行体系における信－隨信行·信勝解を手掛りにして－」,『仏教學セミナー』43: 31-46.

_______ (1990),「四善根について有部に於けるもの－」,『印度學仏教學研究』38(2): 73-81.

_______ (2000),「有部論書における『阿毘曇心論』の位置」,「加藤純章博士還暦記念」,『アビダルマ仏教とインド思想』」, 東京, 春秋社, 129-150.

福田琢 (1990),「『婆沙論』における得と成就」,『大谷大學大學院研究紀要』7: 2-21.

_______ (1996),「說一切有部の斷惑論と『倶舍論』」,『東海佛教』42: 122-107.

福原亮嚴 (1952),「阿毘達磨における聲聞道」,『佛教學研究』6: 46-66.

_______ (1956),「阿毘達磨の實踐道」,『佛教學研究』12-13: 16-27.

藤田宏達 (1957),「原始仏教における信の形態」,『北海道大學文學部紀要』6: 65-110.

_______ (1980),「苦の伝統的解釋」,『苦－仏教思想研究會編』, 京都: 平樂寺書店, 202-240.

________ (1992),「原始仏教における信」,『仏教思想 信』, 京都: 平樂寺書店, 91-142.

舟橋一哉 (1952),『原始佛教思想の研究－緣起の構造とその實踐－』, 京都: 法藏館.

________ (1987),『俱舍論の原典解明－業品－』, 京都: 法藏館.

平川彰 (1953),「說一切有部の認識論」,『北海道大學文學部紀要』 2: 1-19.

________ (1995),『法と緣起』, 東京: 春秋社.

平川彰·平井俊榮·高橋莊·袴谷憲昭·吉津宜英

________ (2001),『俱舍論索引第一－三』, 東京: 大藏出版(1973年初版發行).

平澤一 (1985),「聖諦現觀における忍の働きについて」,『印度學仏教學研究』 33(2): 698-702.

金敬姬 (2013),『說一切有部における現觀道形成の研究』, 大谷大學大學院學位請求論文, 京都: 大谷大學大學院.

_____ (2011),「阿含·ニカーヤにおける現觀」,『印度學仏教學研究』 59(2): 878-874.

_____ (2023),「說一切有部における煩惱說の考察__隨眠の槪念や斷絶の意味を中心に」,『對法』 4: 19-35.

김경희 (2013),「說一切有部에 있어서 四念住의 전개」,『한국불교학』 67: 455-486.

_____ (2015),「說一切有部에 있어서 四善根-信과 斷善根과의 관계를 중심으로-」,『인도철학』 45: 39-69.

_____ (2020),「說一切有部에 있어서 現觀道의 전개」,『동아시아불교문화』 43, 175-198.

틸만 페터 저, 김성철 역 (2009),『초기불교의 이념과 명상』, 씨아이알.

김성철 (2004),『초기 瑜伽行派의 無分別智 연구』, 동국대학교 대학원 박사학위논문.

_____ (2008),「『유가사지론』「성문지」의 입출식념」,『명상치유연구』 창간호(봄), 한국명상치료학회: 63-90.

_____ (2010),「부파불교의 지관수행법-『구사론』의 입출식념을 중심으로」,『불교사상과 문화』 2: 57-85.

김준호 (2008), 「'사띠(Sati) 논쟁'의 공과功過」, 『불교학리뷰』 4: 187-206.

권오민 (2012), 『上座 슈리라타와 經量部』, 씨아이알.

박창환 (2012), 「구사론주(kośakāra) 세친(Vasubandhu)의 번뇌론 – 『구사론』 5장 「수면품」k. 5-1의 경량부 번뇌종자설을 중심으로」, 『불교와 사회(구 불교사상과 문화』 4: 79-157.

_____ (2013), 「구사론주(kośakāra) 세친(Vasubandhu)의 현상주의적 언어철학」, 『동아시아불교문화』 14: 25-75.

이종철 (1998), 「논소論疏의 전통에서 본 불교철학의 자기이해」, 『철학사와 철학-한국철학의 패러다임 형성을 위하여-』, 철학과 현실사, 79-110.

_____ (2015), 『구사론 계품·근품·파아품-신도 영혼도 없는 삶』, 한국학중앙연구원.

안성두 (2002), 「瑜伽行派에 있어 見道(darśana-mārga)說 (1)」, 『인도철학』 12(1): 145-171.

_____ (2003), 「『禪經』에 나타난 유가행 유식파의 단초-4善根을 중심으로-」, 『불교학연구』 6: 249-280.

_____ (2010), 「불교에서 욕망과 자아의식」, 『철학사상』 36(1): 3-32.

에리히 후라우발너, 안성두 역 (2007), 「아비다르마연구 III. 現觀論(Abhisamayavāda)」, 『불교학리뷰』 2: 139-176.

안양규 (2009), 「비파사나(vipassana) 명상이 심신치유(Psychosomatic Therapy)에 미치는 치유원리-MBCT (Mindfulness-Based Cognitive Therapy, 비파사나 명상에 기초한 인지치료) 프로그램을 중심으로-」, 『불교학보』 52: 173-203.

임승택 (2001), 「사띠(Sati)의 의미와 쓰임새에 관한 고찰」, 『보조사상』 16: 9-39.

윤희조 (2012), 『불교의 언어관』, 씨아이알.

櫻部 建·上山春平, 정호영 역 (1990), 『아비달마의 철학 「존재의 분석」』(2판), 민족사.

찾아보기

【ㄱ】

가다연니자(迦多衍尼子, Kātyāyanī-putra) 170

가상假想 85, 93, 94, 105, 245, 283

가설적 개념(prajñapti) 241, 246

가행위加行位 59, 75, 95, 136

간택簡擇 42, 49, 50, 55~57, 67, 78, 123~125, 213, 258, 290, 295

감로문甘露門 70, 142

감연감행滅緣滅行 165, 16.

견도(見道, darśanamārga) 40, 46, 49, 52~54, 58, 60, 65, 69, 73~75, 79, 86, 95, 99, 101~103, 111, 107, 108, 110, 119, 131, 133, 134, 142, 151, 153~157, 159

견소단(見所斷, darśanaheya) 33, 53, 155, 177, 183, 191, 206, 252, 272, 285, 286, 297

결정혜決定慧 87, 88

경량부(經量部, sautrāntika) 198, 202, 268

경전의 해석 122, 149

경험적 사물 72, 73

경험적 인식 41, 73, 237, 290

고통의 발생과 소멸 44, 234

고고성(苦苦性, duḥkhaduḥkhatā) 266, 267

고성제(duḥkhāryasatya) 43, 51, 58, 60, 66, 78, 105, 126, 156, 164, 166, 213, 224, 228, 230, 235, 257, 259, 260, 266, 267, 269, 274, 277, 282, 283, 288

고통의 원인 64, 184, 195, 232, 231, 234, 235, 258, 259, 262, 281

골쇄(뼈의 연결, śaṃkala) 84, 89, 90

공상(共相, sāmānyalakṣaṇa) 43, 58, 78, 102, 128, 129, 230, 282

공상작의共相作意 94, 135, 136, 141, 144, 149, 245

괴고성(壞苦性, vipariṇāmaduḥkhatā) 266, 267

구유인(俱有因, sahabhūhetu) 170

구성요소 41, 42, 47, 129, 156, 176, 237, 239. 247, 248, 249, 251, 277, 290

구십팔수면(九十八隨眠, aṣṭānavatia-nuśaya, 98수면) 183, 191

구제법 60, 62

근거를 지니지 않는 것(avastukatva) 285, 286, 297

깨끗한 믿음(avetyaprasāda) 44

【ㄴ】

나와 내것(아상과 아소상) 218, 221, 257, 258, 260, 261, 265, 275, 283
나(아)는 색(몸)을 지니고 있다고 관찰한다(我有諸色) 264, 265
나라는 생각(我想) 190, 275
난(煖, ūṣmagata) 58, 75, 156, 160
내가 색 가운데 있다고 관찰한다(我在色中) 265, 279
논모(論母, mātṛkā) 41, 48, 120, 239
누진명漏盡明 45

【ㄷ】

다섯 가지 평등성(五事平等, pañcasamatā) 189
단변지(斷遍知, prahāṇa-parijñā) 210~212, 216, 295
단선근(斷善根, kuśalamūlasamuccheda) 151~153, 171~173, 176
대념처경(大念處經, Mahāsatipaṭṭhāna-Suttanta) 116, 124, 136, 292
대면념(對面念, pratimukhī smṛti) 79, 80, 109
대중부(大衆部, Mahāsaṃghika) 33, 195, 198, 215, 285
동류인(同類因, sabhāgahetu) 168, 204
둔근자(鈍根者, mṛdvindriya) 93, 94, 110
둔신관(循身觀, kāyānupaśyin) 78, 123
득(得, prāpti) 34, 175, 192, 194, 195, 202, 208
등무간연(等無間緣, samanantarapratyaya) 169

【ㄹ】

루(漏, āsava, āsrava) 45, 46, 113, 118

【ㅁ】

마음의 집단(cittakalāpana) 199
말(vācā) 236
명기(明記, abhilapana) 145, 146
무명(無明, avijjā, āvidyā) 46, 152, 175, 178, 184, 258, 260, 266
무루지(無漏智, anāsravajñāna) 153, 208, 211, 253
무루혜에 의해 얻어지는 결과(離繫果) 208, 216
무상성(無常性, anitya) 43, 102, 118, 178, 260, 269, 268, 275
무생지(無生智, anutpādajñāna) 56
무소연심의 부정 184, 203, 274, 286
무아(無我, anattā, anātman) 43, 50, 51, 64, 66, 74, 82, 99, 101, 108, 110, 113, 119, 124, 126, 139, 140, 147, 155, 156, 168, 185, 218, 222, 223, 226, 230, 235, 236, 252, 255, 259,

261, 270, 271, 273, 274, 277, 281, 283, 285, 288
무아상경(無我相經, Anattapariyāya) 47, 51, 102, 107, 118, 276
무위법(無爲法, asaṃskṛtadharma) 30, 127, 149, 126, 187, 209, 292
무학도(無學道, aśaikṣa) 54, 58, 60, 69, 108, 132, 133, 220, 225
무퇴타법(無退墮法, avinipātakadharmā) 44
문소성혜(聞所成慧, śrutamayīprajña) 57, 58, 75, 76, 86, 87, 110, 128, 131, 224, 226
문장(句, pada) 87, 88
미세(微細, aṇu) 192, 294

【ㅂ】

배면념(背面念, vimukhī smṛti) 82, 109
번뇌(煩惱, kleśa) 185, 201, 203, 209, 210, 212, 213, 217, 222, 230, 232, 245, 264, 272, 285, 286
번뇌의 단절 54, 61, 63, 136, 139, 149, 200, 202, 205, 206, 210, 214
번뇌의 작용(kleśakṛta) 197, 198
법(다르마, dhamma, dharma) 41, 63, 73, 79, 186, 195, 222, 239, 248
법념주(法念住, dharmasmṛtyupasthāna) 92, 120, 121, 127, 130, 133, 135, 136, 139, 141, 144, 149, 222, 234, 245
법상法相의 간택 42, 55
법(존재현상)의 변별(dharmapravicaya) 54, 55, 62, 67, 184, 217, 214, 240, 282
법안(法眼, dhammacakkhu) 47, 66, 118
법안획득(dhammacakkhupaṭilābha) 278
법현관(dhammābhisamaya) 278
법체계 54, 57, 73, 127, 149, 188
변지(遍知, parijñā) 58~60, 200, 204, 206, 207, 210, 212, 214
변행인(遍行因, sarvatragahetu) 204
별상념주別相念住 142, 147, 148, 220
보특가라아補特伽羅我 283, 284
부정관(不淨觀, aśubhā) 69, 70, 72, 74, 78, 82, 84, 86, 89, 90, 92, 95, 102, 110, 133, 136, 138, 220, 221
부정상不淨相 74, 78, 79, 85, 92, 93, 109, 123, 124
불법을 듣지 못한 범부중생(assutavā puthujjano) 257, 262, 276
불법을 많이 들은 성제자(sutavā ariyasāvako) 257, 260, 276
분별론자(分別論者, Vibhajyavādin) 147, 169, 192, 196, 198, 215
불성취(不成就, asamanvāgama) 173, 174
붓다의 가르침 72, 110, 256

비득(非得, aprāpti) 34, 208
비바사사(毘婆沙師, Vaibhāṣika) 62, 145, 146
비택멸(非擇滅, apratisaṃkhyānirodha) 131, 187, 244

【ㅅ】

사견(邪見, mithyādṛṣṭi) 46, 152, 153, 160, 163, 171, 173~175, 179, 276
사념주(catvāri smṛtyupsthāna) 57, 59, 75, 77, 78, 98, 102, 109, 112, 116, 118~120, 122, 125, 130, 133, 136, 139, 141, 142, 144, 145, 222, 226, 229, 245, 254
사대(4大, caturmahābhūta, bhūta)와 4대로 이루어진 물질적인 몸(所造色, catvāry upādāyarūpāṇi, bhautika) 106, 231, 279
사마타(止, śamatha) 31, 96, 108, 129~131, 142, 221
사법邪法 82
사사문과四沙門果 53, 114, 209
사성제(사제)의 16행상行相 43, 51, 58, 59, 66, 78, 126, 129, 133, 156, 158, 159, 163, 180, 223, 226, 229, 234
사선근(四善根, catvāri kuśalamūlāni: 順決擇分, nirvedhabhāgīya) 58, 69, 75, 107, 108, 112, 119, 128, 133, 136, 137, 142, 151, 153, 156, 159, 162, 220, 254
사소성혜(思所成慧, cintāmayī) 57, 76, 77, 87, 94, 110, 128, 225
사전도四轉倒 140, 148
사예류지(四預流支, cattāri sotāpatti-yaṅgāni) 52, 155, 156, 159, 162, 163, 171, 176, 178~181
사용과(士用果, puruṣakaraphala) 190
삼결(三結, trīṇi saṃyojanāni, 3결) 44, 272, 278
삼보三寶 44, 157, 160~162, 171, 176, 181
삼학三學 155
삼세실유 184, 195, 196, 207, 208, 215, 218, 239
삼십칠보리분법三十七菩提分法 53, 113, 119, 122, 155, 159, 176
삼장십이분교三藏 十二分教 77, 86
삼의관칠처선三義觀 七處善 75, 133, 136, 148, 218, 220, 226
삼현위(三賢位: 順解脫分, mokṣabhāgīya) 69, 142, 220
상응수증相應隨增과 소연수증所緣隨增 199
상속과 함께(sānubandha) 193, 195, 215
상응인(相應因, saṃprayuktakahetu) 189, 190, 199
색은 나의 소유이다(我所)라고 관찰한

다(色是我所) 265, 279
선근(善根, kuśalamūla) 44, 58, 132, 172, 175
선근의 버림(捨, vihāni) 160
설일체유부(說一切有部, Sarvāstivāda) 41, 69, 112, 151, 183, 240, 257
성욕의 대치 82, 109
성자(聖者, āryapudgala) 45, 51, 60~62, 66, 79, 159, 171, 184, 202, 218, 224, 230, 235, 244, 248, 252, 255, 257, 268, 278, 282, 285, 288
성자의 직접지각(pratyakṣa) 247
성적인 탐욕(kāmarāga) 71, 291
상잡념주(相雜念住, saṃsargasmṛtyupasthāna) 121, 134, 135, 137, 139, 141, 143, 144, 147
세속제(世俗諦, saṃvṛtisatya: 일상생활에서의 경험대상) 219, 240, 242~244, 246, 247, 248, 253
세제일법(世第一法, laukikāgradharma) 51, 58, 60, 61, 131, 153, 155, 167, 171, 223, 230
세친(世親, Vasuabandhu) 63, 66, 105, 145, 146, 151, 164, 178, 186, 192, 195, 198, 194, 197, 200, 202~204, 206, 227
소연념주(所緣念住, ālambanasmṛtyupasthāna) 121, 127, 143, 147
소연단(所緣斷, tadālambanakleśaprahāṇa) 202
속선근(續善根, pratisaṃdhitāni kuśalamūlāni) 171
수관(隨觀, anupassin) 102, 117, 147, 263, 279
수도(修道, bhāvanāmārga) 46, 58, 63, 69, 107, 108, 132, 133, 177, 225
수도론적 관점 33
수면(隨眠, anuśaya) 46, 53, 183, 191~193, 195, 204, 209
수면의 작용(anuśayakṛta) 197, 198
수면과 함께(sānuśaya) 193~195, 198
수소단(修所斷, bhāvanāheya) 46, 53, 155, 206, 252
수소단수면修所斷隨眠 155, 177, 183, 191
수소성혜(修所成慧, bhāvanāmayī) 57, 58, 75, 86~88, 129, 131, 135, 141, 139, 225
수박(隨縛, anubadhnanti) 192, 195
수법행보특가라隨法行補特伽羅 50, 155
수신행보특가라隨信行補特伽羅 49, 155
수증(隨增, anuśerate) 192, 199, 203
수축(隨逐, anugata) 192
수행단계 72, 75, 96, 97, 102, 103, 108, 109, 113, 128, 133, 137, 148, 163

숙련자(熟練者, kṛtaparijaya) 89, 91
승의제(勝義諦, paramārthasatya: 종교적 명상체험에서의 인식대상) 219, 240, 242, 244~248, 250, 252, 253, 285
삼전십이행상三轉十二行相 47, 54, 58
신(信, śraddhā) 151~153, 156~158, 160, 161, 163, 171, 175~177
신체(ātmabhāva) 221
심상속(心相續, cittasaṃtati) 190~192, 198, 199, 202, 204, 208
심상응행법(心相應行法, cittasaṃprayuktasaṃkāra) 183, 198, 209
심불상응행(心不相應行, cittaviprayuktasaṃskāra) 174, 187, 196, 198, 208
실체(dravya) 64, 73, 189, 239, 251
십이연기의 유전流轉과 환멸還滅의 관점 231, 234
스무 가지 종류의 자아 258, 262, 266, 273, 274, 276, 277, 279, 288
승해(勝解, adhimukti) 49, 84, 85, 89, 90, 93
승해작의(勝解作意, adhimuktimanaskāra) 91, 99, 100, 105, 106

【ㅇ】

아라한(阿羅漢, arhat) 47, 67, 118, 171, 178, 179, 208, 212, 213, 218, 269, 285
아만(我慢, asmimāna) 165, 265
아집(我執, ahaṃkara) 82, 100, 101, 109, 252, 263
언어적 개념(saṃjñā) 86, 89, 109
여실지견(如實知見, yathābhūtañāṇadassana) 57, 59, 77, 113, 117, 175, 177, 178, 181, 210, 211, 228, 236
여러 조건(諸緣)에 의해 형성된 것이기 때문(pratyayābhisaṃskaraṇāt) 267, 268
연기법칙 136, 228, 235, 237, 238, 258, 265, 266, 270, 285
예류향(預流向, srotaāpattiphalapratipannaka) 45, 53, 278, 285
오견(五見, pañcadṛṣti) 46, 47, 229, 272, 289
오근(五根, pañcaindriya) 153, 169~171, 176, 178~180
오온(五蘊, pañcaskandha) 20, 21, 26~28, 32, 36, 38, 39, 41, 44, 47, 51, 55, 57, 59, 61, 63, 67, 70, 73, 75, 76, 79, 99, 102, 106~108, 111, 118, 129, 130, 133, 136, 137, 141, 148, 162, 170, 171, 180, 181, 184, 185, 187, 205, 216, 223~225, 228, 234, 238, 246, 257, 260, 266, 268, 270, 271, 285, 288
오온십이처십팔계(5蘊·12處·18界) 61, 63, 73, 187, 218, 234, 236, 238,

239, 248, 251
오위칠십오법 54, 63, 73, 183, 187, 214, 218, 239, 241, 252
오염된 심리현상 187, 188, 203, 215
오정심관(부정관과 지식념) 20, 69
오취온(pañcaupādānaskandha) 51, 64, 101, 102, 205, 206, 214, 212, 213, 216, 230, 252, 257, 259, 262, 270, 271, 273, 274, 277, 280, 283. 284, 285, 290
요의설(nītārtha, 진실어) 247
이근자(利根者, tīkṣṇendriya) 93, 94, 110
이계득(離繫得, visaṃyogalābha) 209, 210
이계과(離繫果, visaṃyogaphala) 212
이름(名, nāman) 87
이유二有 219, 240
이제二諦 219, 240, 242, 244, 246~248
인(忍, kṣānti, 인선근) 44, 46, 58, 131, 153, 156, 160, 163, 165, 167, 223
인무아人無我 39, 238, 257, 261
인식(buddhi) 73, 107, 248, 251
인식대상(ālambana) 189, 206
인식범위 65, 73, 186
일체법(一切法, sarvadharma) 50, 51, 53, 58~60, 62, 63, 67, 70, 73, 76, 102, 128, 133, 136, 142, 144, 155, 174, 184, 210, 213, 214, 218, 222, 225, 228, 229, 235, 236, 238~241, 245, 253, 255, 273, 281, 284
일합상一合想 24~246, 275
있는 그대로 알고 있다(yathābhūtaṃ pajānāti) 45, 278
유가행자(瑜伽行者, 瑜伽師, yogācāra) 72, 73, 86~89, 91, 93, 94, 110, 165, 245
유신견(satkāyadṛṣṭi, sakkāya) 46, 47, 79, 82, 109, 218, 224, 229, 231, 232, 235, 252, 257, 258~262, 264~266, 269, 270, 271, 273~275, 277~279, 283, 285, 286, 288
유위법(有爲法, saṃskṛtadharma) 57, 59, 64, 77, 102, 118, 119, 124~126, 136, 142, 184, 186, 187, 208, 215, 217, 222, 228, 229, 238, 246, 268
유루법(有漏法, sāsravadharma) 43, 58, 59, 64, 66, 131, 168, 199, 200, 205, 208, 212, 214, 215, 259
유루지(有漏智, sāsravajñāna) 227, 228, 232, 253, 254, 255
유정상有情想 244, 245
육족과 발지(六足과 發智) 77, 86, 112
위빠사나(毘鉢舍那, vipaśyanā) 42, 55~57, 78, 102, 108, 109, 119, 123~125, 127, 221, 222, 258, 289
은유적 표현(aupacārika) 194, 195
음소(文, vyañjana) 87

의근(意根, manaindriya) 73
의지처(āśraya) 73, 189

【ㅈ】

자성(自性, svabhāva) 42, 57, 63, 65, 66, 71, 97~99, 137, 142, 143, 146, 147, 170, 171, 174, 178, 184, 186, 191, 204, 221, 222, 239~243, 246, 247, 248, 250~252, 255, 257~259, 266, 268, 273~275, 279, 281, 282
자성념주(自性念住, svabhāvasmṛtyupasthāna) 121, 122, 127, 134, 138, 144, 145, 147
자성단(自性斷, svabhāvaprahāṇa) 201, 202
자상(自相, svalakṣaṇa) 58, 59, 87, 129, 136, 139, 142, 186, 222, 247, 253, 258, 274, 282, 287
자아관념 110, 224, 258, 263, 260, 266, 271, 276~278, 281~283
작용(kāritra) 275
잠재심 192, 195, 196, 198, 203, 204, 215
전(纏, paryavasthāna) 196, 198
정(頂, mūrdhan) 58, 131, 152, 153, 159, 160, 161, 174, 223
정견(正見, samyagdṛṣṭi) 56, 67, 125, 152, 153, 172, 175, 178, 181, 283
정근(正勤, ātāpī) 78, 116, 117, 123
정념(正念, smṛti, sati) 78, 116, 117, 123, 147
정법(正法, saddharma) 49, 52, 82, 99, 100, 110, 157, 161, 162, 163
정성결정(正性決定, niyāma) 165, 169
정의와 관련된(lākṣaṇika) 194
정타頂墮 152, 156, 174
제문분별諸門分別 126, 127, 149
제현관(諦現觀, satyābhisamaya) 62, 63, 217
존재론적 관점(측면) 183, 195, 215, 217, 247, 258, 272, 275
종자(bīja) 178, 196, 198, 202
존재요소 42, 73, 78, 79, 86, 94, 109, 237, 238, 257, 266, 285, 287
중현(衆賢, Saṅghabhadra) 73, 142, 148, 204, 207, 211
지변지(智遍知, jñānaparijñā) 210~212, 216
지식념(持息念, ānāpānasmṛti) 69
지식념의 6단계설 96, 70, 72, 74~77, 85, 86, 89, 95~102, 105, 108, 109, 133, 136, 220
지식념의 여섯 가지 원인 70, 102, 103
진실작의(眞實作意, tattvamanaskāra) 99, 100, 105
진리(satya) 50, 51, 53, 63, 67, 87, 242, 244, 245, 252, 286
진지(盡智, kṣayajñānā) 56, 75, 107,

211, 254

【ㅊ】

초심자(初心者, ādikarmika) 89~91

초작의자(初作意者, atikrāṃtamana-sikāra) 89, 91

초정려(初靜慮, prathamadhyāna) 74

초전법륜경(Dhammacakkappavatana-sutta) 47, 60, 66, 67, 211

총상념주總相念住 136, 142, 147, 220

총연의 법념주(samastālambanadhar-masmṛtyupasthāna) 223, 225~227, 229, 255

칠수면(七隨眠, saptānuśaya) 46

【ㅌ】

택멸(擇滅, pratisaṃkhyānirodha) 131, 187, 208, 209, 212, 259

통찰(pajānāti) 42, 43, 45, 67, 73, 79, 99, 231, 236, 278

【ㅍ】

팔정도(八正道, ariyo aṭṭhaṅgiko magga) 231, 278

풀려나는 것(離繫, visaṃyoga) 207, 208, 216

표면심 192, 196, 198, 203, 215

【ㅎ】

하나의 번뇌군(一切結縛隨眠隨煩惱纏) 188

행(行, 조건 지어진 현상, saṃskāra) 263

행고성(行苦性, saṃskāraduḥkhatā) 266~269

행상(ākāra) 189

허공(虛空, ākāśa) 131, 187, 244

현관(現觀, abhisamaya) 41, 44~46, 52, 55, 56, 60, 62, 65, 119, 177, 211, 215, 218, 221, 224, 229, 257, 259

현관론(abhisamayavāda) 48

현관의 순서 64, 206, 235

현상의심상 73

현색(색깔, varṇa) 86

현색탐(顯色貪, varṇarūpa) 82, 93, 94

형색(모양, saṃsthana) 86

형색탐形色貪 93, 94

형태를 지닌 세속(saṃsthānasaṃvṛti) 250

혜(慧, prajñā) 42, 47, 56, 62, 97, 112, 118, 122, 123, 125, 159, 163, 176, 178, 184, 211, 215, 222, 246

혜근(慧根, prajñendriya) 125, 181

화합된 세속(samudayasaṃvṛti) 250

화합물(samūha) 247, 251, 257

확신(abhisaṃpratyaya, abhisaṃ-pratipatti) 177, 178

김경희

동국대학교(경주) 불교학과 학사와 동국대학교 대학원(서울)에서 석사학위를 마치고 동 대학 대학원 박사과정 재학 중 도일, 일본 오타니대학 대학원에서 불교학전공으로 박사학위(아비달마 전공)를 취득하였다.

설일체유부의 수행도론

초판 1쇄 인쇄 2024년 7월 1일 | **초판 1쇄 발행** 2024년 7월 10일
지은이 김경희 | **펴낸이** 김시열
펴낸곳 도서출판 운주사
(02832) 서울시 성북구 동소문로 67-1 성심빌딩 3층
전화 (02) 926-8361 | **팩스** 0505-115-8361
ISBN 978-89-5746-787-9 93220 값 23,000원
http://cafe.daum.net/unjubooks 〈다음카페: 도서출판 운주사〉